Photo de couverture : Procès de Jean Hérold-Paquis

L'ÉPURATION FRANÇAISE
1944-1949

Peter Novick

L'ÉPURATION FRANÇAISE
1944-1949

traduit de l'anglais par Hélène Ternois

Préface de Jean-Pierre Rioux

BALLAND

Titre original :
The Resistance versus Vichy :
The purge of collaborators in liberated France.
Chatto and Windus, Londres, 1968

Pour ma mère et mon père

Préface

Un jeune Américain bien tranquille, natif de Jersey City et formé à Columbia, débarque à Paris en 1960. Il a vingt-six ans, il aime les fiches précises, les additions vérifiées et les grands espaces panoramiques. Sans désemparer, l'œil vif et les mains libres, le voici qui se met à sonder en historien une plaie purulente de notre mémoire nationale, l'épuration qui sévit à la Libération. En solitaire et sans tapage, il soupèse et circonscrit ce tragique épilogue des années noires, ce mélange explosif de revanche et de renouveau, cette mêlée confuse pour un « rang » toujours incertain après des batailles perdues et une guerre victorieuse. Notre Huron plonge ainsi sans hésiter dans la plus forte et la plus trouble résurgence d'une guerre franco-française multiforme et séculaire, où Vichy vient de creuser « le grand fossé »[1].

Ce fut un de ces raids fructueux en terre de France auxquels nous habituaient déjà tant d'historiens américains depuis Stanley Hoffmann et Laurence Wylie : une solide logistique, un bel effet de surprise puis un décrochage sans bavures. Trois ans de dépouillements et de conversations, un diagnostic argumenté, une rédaction dans la foulée, et Peter Novick est docteur en 1965. Son livre, *The Resistance versus Vichy. The Purge of Collaborators in Liberated France,* sort en 1968 à

New York. Le voici, enfin traduit, avec toute sa poudre encore sèche.

Cet excellent travail universitaire n'avait eu en effet qu'un faible écho en France. Quelques spécialistes l'ont certes salué et même ne lui ont pas marchandé les éloges [2]. Mais aucun éditeur français ne s'était laissé tenter. Pourquoi ? le marché était-il déjà trop encombré par la monumentale *Histoire de l'épuration* de Robert Aron, dont le premier volume venait de sortir en 1967 et qui sera achevée, trois tomes plus tard, en 1975 [3] ?

A tout prendre, en s'entourant bien, le très académique auteur d'une *Histoire de Vichy* qui fit date savait lui aussi maîtriser une belle documentation et il enquêta pendant dix ans avec conscience et talent. Le petit challenger yankee n'avait aucune chance face au tenant du titre. Ses 245 pages précises ne pouvaient donc qu'être ensevelies sous les milliers de feuillets d'un mémorandum navré et à répétition sur l'excommunication des épurés et l'inconséquence de leurs juges, tous chiffres à la hausse et tous effets dramatiques garantis par une plume féconde et quasiment illustre.

L'argumentation par le sain marketing fut vraisemblablement la plus convaincante sur l'heure. Mais, rétrospectivement, on se prend à penser qu'elle en dissimulait peut-être une autre, plus probante historiographiquement. Les Français étaient-ils prêts à lire Novick vers 1968 ? On sait que d'autres soucis les occupèrent alors et quelques cris de la rue qui nazifiaient les C.R.S. ne firent qu'étouffer un débat qui ne pouvait pas s'engager. Les nostalgies de Vichy ne se découvrant encore qu'à bon escient, les résistants vivant paisiblement de leurs rentes de situation dans la mémoire collective, une jeunesse passablement amnésique regardant ailleurs, tout conspirait à abandonner le dossier de l'épuration aux seuls joueurs professionnels.

Aujourd'hui, le flair des éditions Balland aidant, l'affaire pourrait être plus chaude. Qui sait même si le succès ne récompensera pas enfin ce livre qui décape sans aigreur et qui informe à distance avec une objective et attentive minutie ? Quarante ans ont passé, dans le renouvellement des générations et dans la banalisation médiatisée d'horreurs variées. La douleur des épurés, l'angoisse de leurs proches, leurs appels à la revanche politique n'occupent plus le devant de la scène. Le traumatisme de 1944-1945 se vit moins souvent au quotidien, mais sa lecture est toujours aussi conflictuelle. Car à l'impossible oubli des uns répond plus que jamais la mémoire déchirée des autres.

Du *Chagrin et la Pitié* aux « révisionnismes », du pèlerinage de Colombey au procès de Barbie, en passant par les retours de flamme du drame d'Algérie et le génocide cambodgien, une France qui voit s'effondrer par pans entiers les mémoires gaulliste et communiste qui avaient si longtemps structuré sa vision de la guerre, vit confusément une sorte d'appel rajeuni à une pédagogie de l'événement. L'épuration avait-elle un sens qui dépassât les exigences brutales de la revanche et du retour à la normale ? Que voyons-nous dans son miroir ? Au refoulement, le temps apporte sa thérapie banale. A la mémoire toujours ravivée, qui dira la vertu de l'oubli et l'enseignement apaisé de l'histoire ?

C'est ici que Peter Novick nous attend. En historien : il a lu, vérifié et comparé toutes les sources alors accessibles, documents officiels, minutes des procès, statistiques des Cours de justice et des Chambres civiques, presse et témoignages ; il a même pressenti l'apport inestimable du document oral et ne s'est pas dispensé d'entrouvrir des dossiers publics ou privés réputés inaccessibles. En historien américain aussi : aux douleurs si vives, au psychodrame sans péroraison il résiste par la placidité new-yorkaise ; aux cris de haine, aux désillusions et aux critiques, il oppose avec une honnêteté distante le verdict des chiffres, le poids des urgences et, tous comptes réglés, ce mélange d'irréalisme et de conscience qui légitime les circonstances atténuantes et dicte les attendus d'une jurisprudence historique.

Des chiffres, dans leur sécheresse qui dédramatise et qui déshumanise, ce livre en apporte beaucoup, et des meilleurs. Pour peu qu'on consente à le feuilleter à l'envers, des annexes si denses au chapitre 8, on y lira la vérification méticuleuse d'une statistique gouvernementale et judiciaire versée au dossier dès 1949 et relue avec passion à l'occasion du vote parlementaire des lois d'amnistie du 5 janvier 1951 et du 6 août 1953.

Novick reprend les deux enquêtes menées en mars 1946 et en novembre 1948 par les Renseignements généraux et la gendarmerie, il vérifie les conclusions de l'investigation plus fine reprise en 1952 et, surtout, à la différence de Robert Aron, il flaire les erreurs contenues dans la dernière statistique conduite par les gendarmes à partir de décembre 1958, qui délaisse les grandes villes et mêle indistinctement les victimes des deux camps, les Résistants assassinés par les Allemands et la Milice et les épurations sauvages de collaborateurs avant le 6 juin 1944. Puis il recompte et cartographie la longue liste des internements préventifs, des non-lieux, des poursuites et des jugements, il soumet à la critique historienne l'action de la Haute Cour, des Cours de justice et des Chambres civiques qui siégèrent de 1944 à 1951.

Au bilan, faute d'investigations régionales sur archives, une prudence dans l'estimation chiffrée des exécutions sommaires, avant, pendant et après le débarquement, avec ou sans passage devant quelque cour martiale des maquis, mais une conclusion qui ne contredit pas le chiffre officiel de 10 882 exécutions annoncé par l'enquête de 1952 et celui de 10 842 que le chef du Gouvernement provisoire cautionne dans ses *Mémoires de guerre* [4].

On est très loin, on le voit, des affabulations sur le « bain de sang » ou sur les « 100 000 victimes des maquis » que répandirent dès 1945 et 1946 quelques journalistes allemands ou américains et que reprennent avec pugnacité les survivants sans repentir de l'épuration qui se posent en innocentes victimes des crimes du « résistancialisme ». On est loin aussi des 30 000 à 40 000 morts annoncés par Robert Aron dès 1959 dans son *Histoire de la Libération* [5] et confirmés dans l'*Histoire de l'épuration,* affirmation qui fait souvent encore autorité.

Quant aux internements, dont 45 % furent suivis d'instruction judiciaire, puis aux procès eux-mêmes, les chiffres de Novick qu'on lira, et auxquels il faut joindre ceux des cours martiales et des tribunaux militaires, donnent le seul ordre de grandeur fondé : environ 126 000 internés, 160 000 dossiers instruits et 87 000 condamnés à des peines qui varient de la dégradation nationale à la mort. Un lourd bilan, en réponse à d'autres dizaines de milliers de victimes des nazis, de la Collaboration et de Vichy, mais que ses responsables, conclut Novick, ont assumé « aussi consciencieusement et aussi bien que tout autre groupe d'hommes l'aurait fait dans les mêmes circonstances ».

Au reste, précise-t-il, la France ne se distingue pas par un acharnement particulier contre ses vaincus, si l'on consent à comparer sa tragédie à celle que connurent d'autres pays de l'Europe nazifiée. L'âpreté des combats au point de départ de la bataille de la reconquête de l'Europe, l'ampleur de la guerre civile dans la seule nation qui s'offrît un gouvernement comme celui de Vichy, expliquent que le chiffre absolu des exécutions sommaires et des condamnations à mort ait été en France le plus élevé. Mais le général de Gaulle gracia 63 % des condamnés à mort, contre 16 % de grâces en Norvège et 50 % au Danemark. Et le pourcentage des personnes internées et poursuivies fut chez nous de 0,94 pour mille habitants, contre 3,74 au Danemark, 4,19 aux Pays-Bas, 5,96 en Belgique et 6,33 en Norvège.

Cette comptabilité n'est qu'un premier apport du livre. Il en est un second : Novick se dégage d'une problématique de l'affrontement civil et des amertumes recuites de part et d'autre pour tracer les premières pistes d'une histoire qui dépasse la chronique de l'épuration et qui fait de cette douleur un préalable et un test pour l'ambition de la Résistance : renouveler la France. Prisonnier volontaire de ses sources officielles, Novick ne cède à aucun lamento sur les espoirs avortés ou les morales défaites qui succédèrent à l'unanimisme de la Libération ; il n'entre pas, délibérément, dans le débat sur la justice et la charité où s'illustrèrent alors Camus et Mauriac : il montre qu'une logique de vainqueurs peut se traduire en raison d'État, il décrit du social quand il comptabilise du judiciaire.

D'une description rapide des « deux France » à laquelle on accolerait volontiers aujourd'hui, grâce à Pierre Laborie [7], celle d'une troisième France, tous ces « autres » qui vivent l'épuration sans en être les acteurs, il passe aux urgences d'ordre public que méditaient déjà, à Londres comme en territoire occupé, les responsables de la Résistance. Comment endiguer le flot des listes noires que diffuse la presse clandestine dès le printemps de 1942 - sans parler des divagations dont l'affaire du journal *Bir-Hakeim* offre un bon exemple [8] -, comment faire comprendre que le châtiment nécessaire des traîtres n'est qu'un aspect de l'œuvre de rénovation ? En frappant vite et en visant haut, en légiférant et en encadrant au plus tôt les justiciers trop « populaires ».

Novick décrit ainsi l'attitude de De Gaulle - qui ne se prononce clairement, fait significatif, qu'à l'été 1943, quand il conquiert sur Giraud le vrai pouvoir d'État [9] -, la très hésitante répétition générale d'Alger, avec l'exécution de Pucheu en mars 1944, puis l'élaboration et la mise en place, via le Comité général d'Études [10], du dispositif judiciaire et administratif qui devait contenir les ardeurs des maquis et des Comités départementaux de libération.

Suit la description du temps chaotique de « la justice

au coin d'un bois », quand il fallut choisir entre le désordre, l'injustice et la « révolution », comme on disait alors volontiers dans les éditoriaux de *Combat.* Novick ne dissimule ni les règlements de comptes, ni le goût du sang de la vengeance, tout en argumentant à bon droit sur l'impossible « double pouvoir » des communistes et en rendant aux Commissaires de la République l'hommage qui leur est dû [11]. Enfin, de cours de justice en commissions d'épuration professionnelles, il parcourt la société française, d'un pas qui nous semble aujourd'hui trop pressé, mais sans concessions sur les vraies conclusions : la nature du délit de « collaboration » ne fut souvent définie qu'après le verdict, la sévérité des peines ne fut pas toujours en rapport avec la gravité des fautes, les individus payèrent puisqu'on n'avait pas su, ou pas voulu, donner toute sa dimension sociale à « l'indignité nationale ».

La France ne sortira ni plus pure ni plus dure de cette tourmente. Rude échec pour des Résistants, haine amère pour les épurés, malaise chez tous les Français affrontés aux urgences du provisoire et tenaillés par la tentation du renouveau [12]. Le premier, Novick avait dit que l'épuration touchait au passé, au présent et à l'avenir de la France.

Cela suffisait à faire un très bon livre daté. Mais Novick a déjà eu une revanche *a posteriori,* dès lors que de nouvelles recherches ne faisaient qu'étendre ses investigations de départ, confirmaient ses meilleures démonstrations et n'infirmaient pas ses intuitions [13]. Il n'y a plus guère à revenir sur sa statistique de l'épuration judiciaire, sinon pour préciser de fortes nuances départementales. Souhaiterait-on même fouiller les reins et les cœurs, plonger dans l'anonymat du procès obscur pour échapper au précoce vedettariat de plume dont ont joui les ténors de Vichy et de la Collaboration [14], que la loi sur les archives du 3 janvier 1979 l'interdirait : le délai de communication est de 60 ans pour les documents publics mettant en cause la vie privée, de 100 ans pour les dossiers judiciaires, sans parler même de l'amnistie. Chiffrage et philosophie d'ordre public de l'internement et des poursuites judiciaires passèrent donc, intacts du livre de Novick aux premières synthèses [15].

Pour les exécutions sommaires, tout, semblait-il, était à faire, ou à refaire, sans nourrir trop d'illusions sur notre capacité à cerner une bonne fois une vérité intangible, tant les enquêtes demeurent contradictoires, soumises aux aléas de la connaissance du terrain dans chaque brigade de gendarmerie, perdant dans l'amnésie - volontaire ou non - des témoins et des acteurs tout ce qu'elles pouvaient gagner en minutie de 1946 à 1958, abandonnées sans recours dès que les rangs des survivants se clairsèment. Et combien de cadavres de 1943 à 1945 n'ont pas été retrouvés ou ont été dissimulés ? Comment distinguer toujours le crime de droit commun de l'exécution ordonnée ou « spontanée » ? Les coins de bois et les fosses discrètes ne laissent pas d'archives [16].

Le défi fut toutefois relevé, avec une enquête lancée par le Comité d'histoire de la Deuxième Guerre mondiale, dirigée par Marcel Baudot et que l'Institut d'Histoire du Temps Présent achève [17]. La diligence de leurs correspondants départementaux, leur connaissance intime des archives, leurs contacts personnels firent merveille : tout ce qui pouvait être passé au crible le fut dans la plupart de nos départements.

Conclusion : un peu plus de 9 000 exécutions sommaires, dont 75 % interviennent avant le 6 juin 1944 au feu des combats, auxquelles il convient d'ajouter les 767 exécutions après verdict des cours de justice. Cette enquête affine en outre la vision sociologique de cette répression, en confirmant une remarque de Novick : cette justice « politique », cette justice de « classe » rendue au nom d'un avenir plus égalitaire, a frappé avec une particulière insistance les obscurs et les lampistes, préservant les plus notables ou les plus habiles au double jeu ; elle est bien plus rurale qu'urbaine ; ses aspects parfois aveugles augurent mal des rêves de régénération du pays, mais les responsables de la Résistance n'ont pas systématiquement poussé à la vengeance.

Novick ainsi confirmé dans ses chiffres, vint ensuite l'offensive relativement coordonnée des historiens dans les provinces, l'assaut des milliers de cartons désormais consultables dans les Archives départementales.

A coups répétés de maîtrises, de thèses et de travaux divers déjà publiés [18], la cartographie qui avait laissé notre Américain perplexe s'est faite plus lisible : tout confirme, par exemple, que la géographie de l'épuration légale est l'envers de celle des exécutions sommaires. Ces dernières, si nombreuses dans les zones bien tenues par les maquis F.F.I., assurent d'entrée l'épuration maximale ; la justice n'intervient que plus tard, dans les régions qui ne se sont pas libérées elles-mêmes et dans les grandes villes où l'anonymat préservait mieux les suspects. Çà et là, le tableau se colore, plus ou moins sombre : une épuration nourrie par l'affrontement de classes dans le Nord minier, mais peu de préoccupations idéologiques dans la région d'Orléans ; des C.D.L. très impulsifs, comme celui des Alpes-Maritimes, un fort racisme dans les Bouches-du-Rhône ; une région toulousaine finalement beaucoup moins « sanglante » qu'on ne l'avait hâtivement proclamé dès 1944, une Bretagne de vengeance tôt lassée.

Et partout, confortant Novick, joue la dialectique de la punition et du renouveau : l'épuration politique est strictement proportionnée au crédit dont jouissent, *hic et nunc,* les mouvements de résistance et leurs chefs qui se jettent dans le combat civique ; l'opinion reporte sur l'épuration, ses « lenteurs » ou ses « excès », toutes ses autres désillusions matérielles ou morales de l'immédiat après-guerre, mais sans jamais consentir à s'interroger sur les culpabilités collectives.

S'ouvrent enfin les grands chantiers du socio-professionnel, que ce livre se contente de repérer. Des trésors des Archives nationales, d'autres grands dépôts publics de l'administration ou de l'armée, des sources privées et des interviews, les historiens distillent peu à peu des vérités moins incertaines et renouvellent leurs hypothèses. Les épurations dans l'administration, l'armée ou l'Église [19], celles du personnel politique [20], sont mieux connues dans leur relative indulgence pour cause d'impératif national de restauration rapide d'un État. Celles qui touchent les professions libérales demeurent encore largement inconnues, mais le front progresse en direction des entreprises et des autres professions.

Les Comités de confiscation des profits illicites, dont le maigre butin fut sur l'heure objet de tant de colères, livreraient sans doute leurs secrets. Les Commissions d'épuration professionnelles, vite découragées au nom des urgences de la reconstruction et dont le gouvernement interdit très tôt l'accès aux représentants des C.D.L., peuvent être à l'occasion soumises - avec les précautions d'usage concernant les personnes - à l'interrogation des historiens [21] et leur richesse documentaire fait rebondir les débats sur la justice sociale qui devait aller de pair avec les nationalisations [22]. Seules les professions de la presse, du spectacle et de la culture, qui ont il est vrai alimenté tant de charges et tant de plaidoyers depuis 1944 mais dont les représentants ont été les plus durement frappés, se dérobent largement à l'enquête [23].

Sous bien des aspects, l'épuration nous échappe encore, mais tandis que les batteries de la recherche peu à peu s'installent, l'angle d'observation se modifie : on s'aperçoit que les effets sociaux, politiques et moraux de ce tragique affrontement recouvrent un autre enjeu, la capacité de renouvellement des élites dans une vieille France des années 1930 qui va se lancer dans la modernisation des « Trente Glorieuses » [24].

De cette heureuse effervescence scientifique le livre de Peter Novick ne sort pas diminué. Il faut lui souhaiter d'être un jour obsolète, quand trop d'historiens l'auront exploité. Mais aujourd'hui, quand de Gaulle écrase plus que jamais de sa grande ombre le souvenir commun de la Libération et que Pétain, autant qu'hier, demeure le meilleur symbole de guerre civile, y compris chez les plus jeunes générations [25], les attendus, les volontarismes, les échecs et les déchirements de l'épuration à la française méritent d'être enfin lus avec des yeux neufs, sans préjuger du rôle de ce renfort d'outre-Atlantique dans nos batailles de la mémoire.

Ouvrons ce livre. Mieux : entendons-le. Nous aurons tout loisir ensuite pour écrire l'histoire des fantasmes sur l'épuration [26].

JEAN-PIERRE RIOUX
Chargé de recherche au CNRS
Institut d'Histoire du Temps Présent
Paris 1985

Notes de la Préface

1. Voir H. Rousso, « Vichy, le grand fossé », *Vingtième siècle, revue d'histoire,* n° 5, spécial « Les guerres franco-françaises », janv.-mars 1985, p. 55-79.

2. A. L. Funk, note de lecture au *Bulletin du Comité d'histoire de la Deuxième Guerre mondiale,* n° 183, sept.-octobre 1969, p. 21-22 et M. Baudot dans *La Libération de la France,* Paris, Ed. du CNRS, 1976, p. 771 et 813.

3. R. Aron, *Histoire de l'épuration,* Paris, Fayard, tome 1, 1967 ; tome 2, 1969 ; tome 3 vol. 1, 1974 et vol. 2, 1975.

4. Ch. de Gaulle, *Mémoires de guerre,* t. 3, *Le salut,* Paris, Plon, 1959, p. 38.

5. R. Aron, *Histoire de la Libération de la France,* Paris, Fayard, 1959, p. 655 et 724.

6. Un exemple récent, J. Harding, *Étonnant Sacha Guitry,* Paris, Jacques Grancher, 1985, p. 202.

7. Voir sa thèse pionnière, *Résistants, Vichyssois et autres. L'évolution de l'opinion et des comportements dans le Lot de 1939 à 1944,* Paris-Toulouse, Éd. du CNRS, 1980.

8. Voir A. Jacquelin, *Toute la vérité sur le journal clandestin « Bir-Hakeim »,* Paris, Éd. de Kénérac, 1945.

9. Ch. de Gaulle, discours prononcé à Casablanca le 8 août 1943, dans *Discours et messages 1940-1946,* Paris, Plon, 1970, p. 337 de l'éd. au « Livre de poche », 1974.

10. Voir D. de Bellescize, *Les neufs sages de la Résistance. Le Comité général d'Études,* Paris, Plon, 1979.

11. Et que reprend avec une impressionnante documentation C.-L. Foulon, *Le pouvoir en province à la Libération,* Paris, Presses de la Fondation Nationale des Sciences Politiques, 1975. De nombreux Commissaires de la République ont publié des *Mémoires.* Le dernier en date, M. Debré, *Trois républiques pour une France,* Paris,

A. Michel, 1984, qui dresse au chap. 7 un vif tableau de la situation dans la région d'Angers.

12. Voir J.-P. Rioux, *La France de la IVe République*, t. 1, *L'ardeur et la nécessité (1944-1952)*, Paris, Le Seuil, 1980, 1re partie.

13. On suivra l'excellente mise au point récente de C. Lévy en coopération avec D. Veillon, « L'épuration en France : approche bibliographique », *Bulletin de l'Institut d'Histoire du Temps Présent*, nº 4, juin 1981, p. 24-45.

14. Dont l'histoire peut être néanmoins renouvelée. Voir, par exemple, F. Kupferman, *Le procès de Vichy : Pucheu, Pétain, Laval*, Bruxelles, Éd. Complexe, 1980.

15. M. Baudot, « La répression de la collaboration et l'épuration politique, administrative et économique », dans *La Libération de la France*, Paris, Éd. du CNRS, 1976, p. 759-783, à compléter par les interventions qui suivent p. 785-811, en particulier celle de F. de Menthon ; J.-P. Rioux, « L'épuration en France » *L'Histoire*, nº 5, oct. 1978, P. 24-32, repris dans *L'Histoire* », *Études sur la France de 1939 à nos jours*, Paris, Éd. du Seuil, 1985, p. 162-179.

16. Mais les sources privées peuvent relayer à l'occasion les fonds publics dans les affaires les plus mystérieuses. Voir, par exemple, P. Bourget, *Paris, année 1944*, Paris, Plon, 1984, chap. 9.

17. Voir M. Baudot, « La Résistance française face aux problèmes de répression et d'épuration », *Revue d'histoire de la Deuxième Guerre mondiale*, nº 81, janv. 1971, p. 23-47 et « État des recherches sur la répression de la collaboration à la Libération », *Bulletin de l'Institut d'Histoire du Temps Présent*, nº 4, juin 1981, p. 19-23. 51 statistiques départementales ont été établies et publiées dans le *Bulletin du Comité d'histoire de la Deuxième Guerre mondiale* jusqu'en 1980. 21 autres ont été élaborées depuis.

18. Voir la bibliographie citée de C. Lévy et D. Veillon. De 1973 à 1975, une première vague d'études régionales précises paraît dans la collection « La Libération de la France », dirigée par H. Michel, Paris, Hachette. Puis, dans des numéros spéciaux de la *Revue d'histoire de la Deuxième Guerre mondiale*, par exemple : J. Larrieu, « L'épuration judiciaire dans les Pyrénées-Orientales », nº 112, oct. 1978, p. 29-35 ; L. Gaillard, « Les étrangers et l'épuration dans les Bouches-du-Rhône », nº 113, janv. 1979, p. 44-62 ; C.-L. Foulon, « L'opinion, la Résistance et le pouvoir en Bretagne à la Libération », nº 117, janv. 1980, p. 75-100 ; J.-L. Panicacci, « Le Comité départemental de Libération dans les Alpes-Maritimes (1944-1947) », nº 127, juillet 1982, p. 98-107 ; J. Goueffon, « La Cour de justice d'Orléans (1944-1945) », nº 130, avril 1983, p. 51-64 ; G. Labedan, « La répression à la Libération dans la région de Toulouse », nº 131, juillet 1983, p. 106-112. A compléter avec E. Dejonghe, « Problèmes sociaux dans les houillères du Nord et du Pas-de-Calais pendant la Seconde Guerre mondiale », *Revue d'histoire moderne et contemporaine*, janv.-mars 1971, p. 124-147. De nombreux autres travaux sont en cours.

19. Voir J. Mourgeon, *La répression administrative*, Paris, LGDJ,

1967 et P. Gerbod et *al.*, *Les épurations administratives,* XIXe *et* XXe *siècles,* Genève, Droz, 1977 ; J. Vernet, « L'armée de terre en 1945-1946 », *Revue d'histoire de la Deuxième Guerre mondiale,* n° 110, avril 1978, p. 58, qui s'en tient aux premiers chiffres ; A. Latreille, *De Gaulle, la Libération et l'Église catholique,* Paris, Cerf, 1978, utile témoignage. Une thèse est en cours sur les PTT.

20. Les droites sont encore trop négligées, mais on dispose pour la SFIO du remarquable travail de M. Sadoun, *Les socialistes sous l'Occupation,* Paris, Presses de la Fondation nationale des sciences politiques, 1982. Les communistes posent un problème particulier puisque dans leurs rangs la « traîtrise » peut remonter au pacte germano-soviétique de 1939.

21. Voir l'article pionnier de H. Rousso, fondé sur des archives qu'avait consultées R. Aron, « Les élites économiques dans les années quarante », *Le élites in Francia e in Italia negli anni quaranti,* Rome, Mélanges de l'École Française, t. 95, 1983-2, p. 29-49. Du même, « L'aryanisation économique. Vichy, l'Occupant et la spoliation des Juifs », *Yod,* n° 15-16, 1982, p. 51-79.

22. Voir deux colloques encore inédits : « La France en voie de modernisation (1944-1952) », Paris, Fondation nationale des sciences politiques, 1981 ; « Gestion ouvrière et nationalisations à la Libération en France », CRHMSS de l'Université de Paris 1, 1984.

23. Avec d'heureuses exceptions. Sur la presse, complétant C. Bellanger et *al., Histoire générale de la presse française,* t. 4, Paris, PUF, 1975, voir en particulier B. Montergnole, *La presse grenobloise de la Libération (1944-1952),* Grenoble, Presses universitaires de Grenoble, 1974 et H. Fréville, *La presse bretonne dans la tourmente (1940-1946),* Paris, Plon, 1979 ; et on relira J. Dutourd, *Le demi-solde,* Paris, Gallimard, 1965. Sur l'édition, la voie est ouverte par P. Assouline, *Gaston Gallimard. Un demi-siècle d'édition française,* Paris, Balland, 1984. Sur le cinéma, voir l'article très neuf de J.-P. Bertin-Maghit, « 1945, l'épuration du cinéma français. Mythe ou réalité ? », dans M. Ferro *dir., Film et histoire,* Paris, Éd. de l'EHESS, 1985, p. 131-142.

24. Voir J.-P. Rioux, « A Changing of the Guard ? Old and new Elites at the Liberation in France », dans J. Howorth et G. Cerny *éd., Élites in France : Origins, Reproduction and Power,* Londres, Frances Pinter, 1981, p. 78-92 et la publication de Rome citée note 21.

25. Voir R. Frank et H. Rousso, « Quarante ans après : les Français et la Libération », *L'Histoire,* n° 67, mai 1984, p. 60-71.

26. Lisibles dès 1944. Voir l'article subtil de P. Laborie, « Opinion et représentation : la Libération et l'image de la Résistance », *Revue d'histoire de la Deuxième Guerre mondiale,* n° 131, juillet 1983, p. 65-91.

Avant-propos

Le fait que la Résistance française n'ait pas réussi à accomplir le programme qu'elle avait conçu pour la France libérée constitue le grand cliché, et le point de départ, de toute l'historiographie de la IVe République. Cet échec fut, pour ceux qui partageaient les rêves et la vision de la Résistance, la tragédie cruciale de leur existence politique. A cause de cela, la IVe République ne serait guère que le prolongement de la IIIe et non la République pure et dure pour laquelle ils s'étaient battus. Dans leur désenchantement, les résistants s'exagéraient fréquemment l'ampleur de l'échec et niaient les changements réellement importants qui avaient eu lieu.

Le programme d'après-guerre du Conseil National de la Résistance (dit « Charte du C.N.R. ») présentait l'épuration des vichysois et des collaborateurs comme la tâche première du nouveau Gouvernement provisoire. Cette priorité ne reflétait pas l'opinion de la Résistance sur l'importance relative de l'épuration par rapport aux réformes sociales et économiques par exemple. On considérait plutôt l'épuration comme un préalable nécessaire au « renouvellement de la France », soit supprimer les obstacles réels ou potentiels au renouvellement et à la reconstruction de la nation. Ce désir de « renouvellement » sous-tendait tous les projets de la Résistance, et il en était au moins de même concernant l'épuration. C'est ce désir qui donne leur cohérence d'ensemble aux projets de confiscation de la presse parue sous l'occupation, au fait de décréter l'inéligibilité de ceux qui avaient voté les pleins pouvoirs au maréchal Pétain en 1940 et d'infliger des pertes de droits civiques à des dizaines de milliers de vichysois er de collaborateurs. D'autres motivations jouaient aussi un rôle important. Le châtiment n'était une fin en soi que pour ceux qui souhaitaient prendre leur revanche ou « faire justice ». Dans les autres cas, la considération suprême était le profit que soi-même ou le parti pouvait en tirer. En dépit de cette complexité, qui existait souvent au sein d'un même individu, c'est ce désir de « renouvellement » qui me semble être au cœur de l'épuration, et je l'ai envisagé dans cet esprit.

J'ai accumulé bien des dettes en préparant cette étude et c'est pour moi un devoir agréable que d'en faire état ici, en exprimant à qui de droit ma très grande reconnaissance et mes remerciements les plus sincères.

Mes recherches en France ont été facilitées par une bourse du Gouvernement français en 1960-61 et une William Bayard Cutting Travelling Fellowship de l'Université de Columbia en 1962-63.

Le personnel des bibliothèques suivantes ont été extrêmement dévoués : Bibliothèque de l'Assemblée Nationale, Bibliothèque de Documentation Internationale Contemporaine, Bibliothèque de « La Documentation Française », Bibliothèque de l'Institut national des Sciences Politiques, Bibliothèque de la Faculté de Droit de l'Université de Paris, Bibliothèque Nationale, Centre de Documentation de la Fondation Nationale des Sciences Politiques, Direction des Journaux Officiels, Musée de la Grande Guerre, Library of Congress, New York Public Library, et les bibliothèques de l'Université de Columbia.

Parmi ceux qui ont généreusement donné de leur temps pour me fournir des informations : MM. André Boissarie et Raymond Lindon, anciens Procureurs généraux de la Cour d'Appel de Paris ; M. Jean Robert, Procureur général, et M. Jean Tréglos du même bureau ; le Président du Conseil Constitutionnel René Cassin, Mme Alice Gorgeon-Demartres de La Documentation Française ; Mme Marcelle Kraemer-Bach de « La France Combattante » ; M. Christian Le Gunéhec du ministère de la Justice ; le sénateur Jean Odin, Secrétaire général des « Quatre-vingts » ; et M. Charles Veillon, Secrétaire de la Confédération Générale du Travail - Force Ouvrière.

Les spécialistes mentionnés ci-dessous m'ont aidé par leurs suggestions : M. Robert Aron ; MM. Louis de Jong et Eduard G. Groeneveld du Rijksinstituut voor Oorlogsdocumentatie (Amsterdam) ; M. Mattei Dogan, du Centre d'Études Sociologiques ; M. Alfred Grosser de l'Institut National des Sciences Politiques ; M. Henri Michel du Comité d'Histoire de la Deuxième Guerre Mondiale ; le professeur Robert Paxton de l'Université d'État de New York à Stonybrook ; Mrs. Dorothy Pickles de la London School of Economics ; et Mr. Philip Williams du Nuffield College (Oxford). Les professeurs Fritz R. Stern et Shepard B. Clough de l'Université de Columbia m'ont donné d'utiles conseils au sujet d'un projet antérieur et ont fait, ainsi que les professeurs René Albrecht-Carrié, L. Gray Cowan et Louis Henkin, des commentaires très pertinents sur la version que j'ai présentée sous forme de thèse.

M'ont rendu des services de plusieurs sortes : M. et Mme Raymond Jeanclos, Mrs. Shirley Lerman, Mr. Michael Novick, Mr. Herman Roseman, M. Hans van Marle, Mrs. Beatrice Waldman, Mrs. Deirdre Wulf, et Mr. Leon Wyszewianski.

J'ai pu pénétrer de façon plus approfondie la psychologie du collaborationniste grâce à ma femme Joan et à la manière dont elle a travaillé avec enthousiasme et sans la moindre honte, à cette étude qui a si puissamment occupé notre existence pendant si longtemps.

Peter Novick

Quelques dates importantes : 1940-1946

16 juin 1940	Le maréchal Philippe Pétain remplace Paul Reynaud à la présidence du conseil.
18 juin 1940	Le général Charles de Gaulle diffuse son appel à la poursuite de la résistance depuis Londres.
22 juin 1940	Armistice franco-allemand signé à Rethondes.
10 juillet 1940	L'Assemblée nationale vote les pouvoirs constituants au maréchal Pétain.
11 juillet 1940	Établissement du régime de Vichy.
24 octobre 1940	Le maréchal Pétain rencontre Adolf Hitler à Montoire.
30 octobre 1940	Le maréchal Pétain annonce publiquement sa volonté d'entrer dans la voie de la collaboration.
13 décembre 1940	Le maréchal Pétain démet Pierre Laval de ses fonctions. (Triumvirat de l'amiral François Darlan, du général C.-L. Huntziger et de P.-E. Flandin).
9 février 1941	Dissolution du Triumvirat ; l'amiral Darlan gouverne seul.
22 juin 1941	L'Allemagne envahit l'Union soviétique.
18 avril 1942	Pierre Laval reprend ses fonctions, et remplace l'amiral Darlan.
8 novembre 1942	Débarquements alliés en Afrique du Nord.
11 novembre 1942	L'Allemagne occupe la « Zone Libre ».

24 décembre 1942	Assassinat de l'amiral Darlan à Alger ; le général Henri Giraud lui succède.
16 février 1943	Institution du Service du Travail Obligatoire.
15 mai 1943	Formation du Conseil National de la Résistance.
3 juin 1943	Établissement du Comité Français de la Libération Nationale ; les généraux Giraud et de Gaulle sont co-présidents.
3 septembre 1943	Le C.F.L.N. se résout à juger le maréchal Pétain et ses ministres.
3 novembre 1943	Première session de l'Assemblée Consultative Provisoire à Alger.
9 novembre 1943	Réorganisation du C.F.L.N. Le général de Gaulle en est l'unique président.
21 décembre 1943	Le C.F.L.N. arrête Pierre Boisson, P.-E. Flandin, Marcel Peyrouton.
20 mars 1944	Exécution de Pierre Pucheu.
3 juin 1944	Le C.F.L.N. devient le Gouvernement provisoire de la République française.
6 juin 1944	Débarquement allié en Normandie.
15 août 1944	Débarquement allié en Provence.
25 août 1944	Libération de Paris.
23 octobre 1944	Ouverture de la cour de justice de Paris ; procès de Georges Suarez.
15 mars 1945	Ouverture de la Haute Cour : procès de l'amiral Estéva.
29 avril 1945	Élections municipales.
7 mai 1945	Reddition inconditionnelle de l'Allemagne.
15 août 1945	Condamnation à mort du maréchal Pétain par la Haute Cour.
9 octobre 1945	Condamnation à mort de Pierre Laval par la Haute Cour.
21 octobre 1945	Référendum constitutionnel et élection de la première Assemblée constituante.
19 janvier 1946	Le général de Gaulle démissionne de la présidence du Gouvernement provisoire ; Félix Gouin lui succède.
5 mai 1946	Référendum constitutionnel.

2 juin 1946	Élection de la deuxième Assemblée constituante.
26 juillet 1946	P.-E. Flandin condamné à cinq ans de dégradation nationale (avec sursis) par la Haute Cour.
30 juillet 1946	Grève des jurés communistes à la Haute Cour.
13 octobre 1946	Référendum constitutionnel.
10 novembre 1946	Élection de l'Assemblée nationale.

Abréviations

A.C.P.	Assemblée Consultative Provisoire.
A.M.G.O.T.	Allied Military Government of Occupied Territory.
A.N.	Assemblée Nationale.
A.N.C. (I)	(Première) Assemblée Nationale Constituante [élue le 21 octobre 1945].
A.N.C. (II)	(Seconde) Assemblée Nationale Constituante [élue le 2 juin 1946].
B.D.I.C.	Bibliothèque de Documentation Internationale Contemporaine.
C.D.L.	Comité Départemental de la Libération.
C.F.L.N.	Comité Français de la Libération Nationale.
C.F.T.C.	Confédération Française des Travailleurs Chrétiens.
C.G.E.	Comité Général d'Études.
C.G.T.	Confédération Générale du Travail.
C.G.T.-F.O.	Confédération Générale du Travail-Force Ouvrière.
C.G.T.U.	Confédération Générale du Travail Unitaire.
C.N.E.	Comité National des Écrivains.
C.N.R.	Conseil national de la Résistance.
C.R.	Conseil de la République.
F.F.I.	Forces Françaises de l'Intérieur.
F.N.P.C.	Fédération Nationale de la Presse Clandestine.
F.N.P.F.	Fédération nationale de la Presse Française.
F.T.P.[F.]	Francs-Tireurs et Partisans [Français].
G.P.R.F.	Gouvernement Provisoire de la République Française.
J.O.	Journal Officiel.

L.V.F.	Légion des Volontaires Français.
M.L.N.	Mouvement de Libération Nationale.
M.R.P.	Mouvement Républicain Populaire.
M.U.R.	Mouvements Unis de la Résistance.
O.C.M.	Organisation Civile et Militaire.
O.S.S.	Office of Strategic Services.
P.C.F.	Parti Communiste Français.
P.P.F.	Parti Populaire Français.
P.R.L.	Parti Républicain de la Liberté.
P.T.T.	Postes, Télégraphes et Téléphones.
R.H.D.G.M.	Revue d'Histoire de la Deuxième Guerre Mondiale.
R.G.R.	Rassemblement des Gauches Républicaines.
R.P.F.	Rassemblement du Peuple Français.
S.F.I.O.	Section Française de l'Internationale Ouvrière [Parti Socialiste].
S.N.E.P.	Société Nationale des Entreprises de Presse.
S.S.S.	Service de Sondages et de Statistiques.
S.T.O.	Service du Travail Obligatoire.
U.D.S.R.	Union Démocratique et Socialiste de la Résistance.

1

Les deux France

Le 10 mai 1940, après huit mois de « drôle de guerre », Hitler attaqua à l'ouest. Le 25 mai, un bon nombre de personnalités du gouvernement de Paul Reynaud - notamment le nouveau vice-président, le maréchal Philippe Pétain, et le nouveau commandant en chef des armées, le général Maxime Weygand - étaient déjà persuadées que la seule possibilité qui restait à la France était d'engager la procédure d'armistice.

Durant les trois semaines qui suivirent, Reynaud mena - sans compétence - un combat perdu d'avance contre les membres de son cabinet, de plus en plus partisans d'une négociation avec Hitler. Finalement, au soir du 16 juin, le chef d'État épuisé remit sa démission au président Lebrun et recommanda pour lui succéder le maréchal Pétain, le plus prestigieux des partisans d'un armistice [1]. Six jours devaient encore s'écouler avant la signature d'un armistice avec l'Allemagne (il n'entra officiellement en vigueur que le 25 juin) mais la bataille de France était terminée.

Plus tard, bien des résistants devaient voir dans la négociation d'armistice un complot de longue haleine. On allégua alors que Pétain était depuis longtemps en contact secret avec les dirigeants nazis ; que depuis le tout début de la guerre, en septembre 1939, il intriguait pour conquérir le pouvoir et faire la paix avec Hitler. Il n'y a jamais eu aucune preuve solide pour fonder ces accusations. Les résistants, malgré tout, ont de sérieuses raisons de douter des motivations de ceux qu'ils appelaient les « capitulards ». S'il existait à coup sûr des facteurs d'ordre militaire, contraignant à suspendre les combats en France métropolitaine, des motivations non militaires semblaient également être en jeu.

D'une part, on constatait que les partisans d'un armistice, en 1940, étaient à de très rares exceptions près les anciens « munichois » de 1938 et les futurs « vichyssois » ; leurs adversaires, en revanche, avaient pris position contre Munich et plus tard contre le régime de Vichy [2]. D'autre part, dans les esprits de quelques-uns au moins des partisans d'un armistice, prévalaient de toute évidence un anticommunisme hystérique et la crainte d'une vague de bolchevisme. Beaucoup de « capitulards » appartenaient à des milieux dont la devise avait été « Plutôt Hitler que le Front Populaire ». Enfin, comme devaient le montrer les événements ultérieurs, une proportion plus grande encore de ces « capitulards » étaient fondamentalement hostiles à la République, considéraient la déroute militaire comme un jugement de Dieu sur ses crimes et profitaient de la défaite pour étrangler « cette salope de Marianne ». Même pour ceux qui, comme le général de Gaulle, ne se ralliaient pas explicitement à l'idée que l'Armistice fût le résultat d'un complot,

> « la faute capitale de Pétain et de son gouvernement c'était d'avoir conclu avec l'ennemi, au nom de la France, le soi-disant « armistice » (...) Toutes les fautes que Vichy avait été amené à commettre ensuite : (...) combats livrés à la résistance en liaison directe avec les polices et les troupes allemandes ; remise à Hitler de prisonniers politiques français, de juifs, d'étrangers réfugiés chez nous ; ... découlaient infailliblement de cette source empoisonnée. » [3]

Si, rétrospectivement, on peut envisager l'Armistice comme un complot, un crime, une lâcheté, une erreur de jugement ou encore un acte douloureux mais nécessaire dicté par la responsabilité politique, en 1940 la grande majorité des Français était certainement très loin de voir les choses sous cet angle. Consternée par l'impact de l'offensive éclair des Allemands, la nation quasiment tout entière se rangea aux côtés du « vainqueur de Verdun » sans mettre en doute le bien-fondé de sa décision, avec des sentiments mêlés de lâche soulagement et de honte [4]. Au choc émotionnel de la défaite s'ajoutait l'apparente évidence d'un verdict militaire : l'Allemagne avait gagné la guerre ; la capitulation des Britanniques serait l'affaire de quelques semaines. Penser le contraire - c'était le cas de Paul Reynaud, de Georges Mandel, de Charles de Gaulle - c'était faire preuve d'une bravade insensée ; c'était même vaguement antipatriotique. Ainsi que l'écrivit Paul-Marie de la Gorce à propos de Weygand, il était comme tous les militaires

> « appartenant à la génération victorieuse en 1918 : il pensait qu'il n'existait pas d'armée comparable à l'armée française, si ce n'est l'armée allemande. Puisque l'armée allemande venait de remporter une victoire décisive en France, il ne voyait pas quelle autre puissance pouvait se mesurer à elle. L'Allemagne avait donc virtuellement gagné la guerre » [5].

D'aucuns se félicitaient même secrètement de voir la Grande-Bretagne, qui aux yeux de beaucoup avait fait faux bond à la France en évacuant Dunkerque, exposée bientôt à l'assaut qui venait d'écraser leur pays.

Quels que soient leurs motifs, désespérés ou secrètement satisfaits, les Français acceptèrent la défaite et l'Armistice comme des faits accomplis et se préparèrent à vivre pendant un temps indéfini dans l'Europe d'Hitler.

Pour les Français libres, le « régime d'usurpation, de capitulation et de collaboration » s'instaura le 16 juin 1940 à Bordeaux, lorsque le maréchal Pétain devint le dernier président de la IIIe République. Mais Bordeaux était en zone occupée et le gouvernement, qui ne souhaitait pas fonctionner sous l'ombre des baïonnettes allemandes, s'établit dans la station thermale de Vichy, dont les nombreux grands hôtels permettaient d'installer les bureaux gouvernementaux. L'hôtel du Parc devint l'Élysée de Pétain. Ce fut là que le régime de Vichy, « l'autorité de fait se disant gouvernement de l'État français » ainsi que devait le formuler la législation d'après la Libération, fut mis en place le 11 juillet.

Le Sénat et la Chambre des députés ne s'étaient pas réunis depuis le mois de mai précédent et l'Armistice avait été négocié sous la seule responsabilité du Cabinet. Pétain aurait pu continuer indéfiniment à gouverner sans la moindre caution législative, en utilisant le système des décrets-lois si largement employé dans les années trente pour pallier la paralysie parlementaire. Il fut décidé pourtant d'opérer une rupture formelle avec le passé : la République allait céder la place à un régime autoritaire sous les ordres du Maréchal.

Le cabinet de Pétain avait plusieurs raisons de vouloir suivre cette voie. Pour beaucoup de ses membres, depuis longtemps hostiles à la République, l'Armistice offrait une occasion unique d'en finir avec ce régime abhorré et d'en construire un nouveau, soit en s'inspirant d'une tradition de hiérarchie et de stabilité, soit en se tournant vers une nouvelle sorte de corporatisme et vers « le principe du *leadership* ». D'autres membres du Cabinet étaient convaincus que la France devait aligner ses institutions politiques sur les principes du « Nouvel Ordre » européen [6]. Pierre Laval (entré au Cabinet le 23 juin et désigné par Pétain pour manigancer l'opération) avait en outre des motivations personnelles. En présentant Pétain comme doté d'un pouvoir absolu, il pensait gagner la reconnaissance du Maréchal et, étant donné le grand âge et l'incompétence politique de celui-ci, devenir son « dauphin régent ». Laval mena l'opération avec succès. Le 9 juillet, il persuada la Chambre des députés et le Sénat d'approuver presque unanimement (395 voix pour, 3 contre, et 229 pour, 1 contre respectivement) le principe du changement de constitution. Le jour suivant, par un vote de 569 voix contre 80, les deux chambres réunies en Assemblée nationale donnèrent les pleins pouvoirs non seulement législatifs mais constitutionnels au Maréchal âgé de quatre-vingt-quatre ans.

> « L'assemblée nationale accorde les pleins pouvoirs au gouvernement de la République placé sous l'autorité du maréchal Pétain, avec pour mission de promulguer (...) une nouvelle constitution... » [7].

Pourquoi Laval avait-il si bien réussi ? Pourquoi la République, qui depuis soixante-dix ans « gouvernait mal mais se défendait bien », s'était-elle sabordée le 10 juillet 1940 ? Cette question revêtit après la Libération, lorsque les auteurs du changement et ceux qui l'avaient approuvé durent justifier leurs actions, un intérêt qui n'était pas seulement historique. Certains d'entre eux, sans aucun doute, avaient été convaincus par les arguments de *Realpolitik* de Laval :

> « De même qu'après sa défaite de 1918 l'Allemagne adopta le régime des nations victorieuses, de même nous devons aujourd'hui adapter nos institutions publiques à celles du vainqueur. La démocratie parlementaire a perdu la guerre ; elle doit disparaître pour céder la place à un régime autoritaire, hiérarchisé, national et social » [8].

Les antirépublicains de tous bords - fascistes, monarchistes, autoritaires de tous acabits - n'avaient pas besoin de tels arguments. Même parmi ceux qui n'étaient pas, par principe, hostiles à la République, beaucoup considéraient le temps venu d'opérer des changements radicaux.

Pour certains, les menaces et l'intimidation ont dû influer. Léon Blum (qui vota « non » le 10 juillet) allégua après la guerre que :

> « le vote du 10 juillet avait été un vote obtenu sous la triple pression... des bandes de Doriot dans la rue ; d'autre part Weygand à Clermont-Ferrand et, je le répète, les Allemands à Moulins à 50 km de Vichy. Et

> le bruit qu'on faisait courir, le bruit qui circulait, c'est : « Ceux qui ne voteront pas ne coucheront pas dans leur lit ce soir ». Et à la vérité, il n'y a pas un des hommes qui ont voté « contre » à Vichy qui en son for intérieur, fût si assuré de sortir libre » [9].

Aucun facteur ne pouvait avoir plus de poids que l'appui personnel du maréchal Pétain à la proposition. Dans un message lu à l'Assemblée le matin du 10 juillet, il transformait pratiquement l'acceptation du texte de Laval en un vote de confiance envers lui-même. L'opposition organisée ne put que s'effondrer à cette lecture. Pas un dirigeant politique de l'époque moderne (à l'exception peut-être du général de Gaulle à la Libération) n'a joui d'une confiance et d'un soutien comparables. Edouard Herriot, qui s'était opposé à Pétain sur la question de l'Armistice et s'était abstenu le 10 juillet, conseilla pourtant aux députés de « prendre garde à ne pas troubler l'accord qui s'est établi sous son autorité » [10].

Même les quatre-vingts qui avaient voté « non » exprimaient dans leurs formules leur confiance en Pétain [11].

Tout simplement, les dirigeants politiques français en juillet 1940 « n'ont pas supporté le choc ». Consternés par la victoire éclair des Allemands, effondrés devant l'étendue du désastre, ils abdiquèrent toute responsabilité et remirent la destinée de la France aux mains d'un soldat octogénaire.

Cette abdication n'était pas unanime. Il y avait eu quatre-vingts votes contre et dix-sept abstentions [12]. On peut supposer que la plupart de ceux qui s'étaient embarqués pour l'Afrique du Nord en juin sur le *Massilia,* pour y continuer le combat, auraient gonflé les rangs des quatre-vingts opposants, mais au moment du vote ils étaient échoués sur l'autre rive de la Méditerranée [13]. Par ailleurs, certains des 150 députés ou sénateurs, alors absents de Vichy pour une raison ou une autre, auraient à coup sûr rejoint l'opposition [14].

A ce moment-là, tout effort pour maintenir un aspect républicain au gouvernement échoua. Le lendemain du vote du 10 juillet, les premiers « Actes Constitutionnels », commençant par ces mots : « Nous, Philippe Pétain... », établissaient le régime de Vichy.

L'idéologie de la « Révolution nationale » était vague et ne fut jamais définie avec précision. On a dit du général Weygand que son idéal politique était « situé quelque part aux confins nébuleux de l'Ordre Moral et de la "République des Ducs" orléaniste » [15] ; c'est là peut-être une définition aussi bonne qu'une autre de l'idéologie de Vichy.

Au premier abord, la plupart des marques du régime de Vichy ne semblent être que le reflet de l'opinion populaire en 1940. Presque tout le monde en France était convaincu que l'Allemagne avait gagné la guerre et que la France devait s'adapter à cet état de choses ; la IIIe République maintenant défunte avait été presque universellement impopulaire ; l'anglophobie était (pour peu de temps) générale et depuis le pacte germano-soviétique un anticommunisme virulent s'était largement répandu ; tous les Français ou presque voyaient en Pétain le père et le sauveur de la France.

Mais à Vichy, ces idées largement partagées l'étaient avec quelque nuance. Les hommes de Vichy ne se contentaient pas de croire qu'il fallait accepter la victoire allemande mais chérissaient souvent l'idée que l'ingéniosité des Français, moyennant une collaboration habile et de subtiles manœuvres, leur permettrait de manipuler la lourdeur germanique et même de récupérer à leur profit la mise en œuvre de « la nouvelle Europe ».

A Vichy, non seulement on ne pleurait pas la IIIe République mais on déployait des efforts systématiques pour extirper les moindres vestiges de l'« ancien régime » méprisé. Sur les pièces de monnaie, les timbres, les documents et les bâtiments officiels, « État français » remplaça « République française » et « Travail, Famille,

Patrie » remplacèrent « Liberté, Égalité, Fraternité » ; au buste de Marianne fut substitué celui de Pétain. Ces changements ne furent pas uniquement symboliques : des milliers de fonctionnaires, de maires et de conseillers municipaux furent démis de leurs fonctions. Des officiers de marine furent souvent mis aux postes des fonctionnaires évincés ; cette pratique se généralisa si bien que le cardinal Lienart, archevêque de Lille, put se demander si à sa mort il resterait encore un amiral pour le remplacer. On instaura une Cour suprême de justice à Riom pour juger les anciens ministres et les hauts fonctionnaires pour des actes liés à la déclaration de guerre et à la conduite de celle-ci.

Bien des Français en voulaient aux Britanniques d'avoir fait évacuer Dunkerque ; et un plus grand nombre encore étaient aigris par les tragiques événements de Mers-el-Kébir où, le 3 juillet, les Britanniques avaient coulé des unités de la Marine française, l'officier qui les commandait ayant refusé de garantir de façon suffisante que jamais les navires ne seraient livrés aux Allemands. Mais alors que chez la plupart des Français la rancune se mua rapidement en admiration pour la vaillante résistance des Britanniques face à Hitler, à Vichy l'anglophobie était profondément enracinée et souvent fanatique. Pierre Laval « espérait ardemment que les Anglais seraient battus », et son successeur, l'amiral François Darlan, était dans ses tirades antibritanniques à la limite de l'hystérie [16]. La rancune envers la « traîtrise » de la Grande-Bretagne se renforçait de mépris pour les institutions libérales britanniques. L'anglophobie en France, phénomène marquant traditionnellement la droite et la Marine (par opposition à l'Armée de terre), se manifestait très ouvertement dans les milieux dirigeants de Vichy.

L'anticommunisme de Vichy n'était pas l'opposition dogmatique au système soviétique ou la répugnance envers les acrobaties des communistes français, sentiments largement répandus dans bien des milieux y compris parmi les Résistants. C'était plutôt un réflexe irrationnel, paranoïaque et hystérique : « la grande peur des bien-pensants », selon l'expression de Georges Bernanos. Les communistes étaient persécutés sans merci par le Régime et le maréchal Pétain, peu favorable à toute autre forme de collaboration militaire avec l'Axe, cautionnait la Légion des Volontaires Français qui combattait en uniforme allemand sur le front russe. Les supporters actifs de Vichy ne se contentaient pas de partager le respect universel envers le Maréchal et la confiance en sa manière de diriger ; on créa autour de sa personne un culte qui atteignit des proportions absurdes. On fit circuler une adaptation du Notre-Père adressée à Pétain. Des historiens bien-pensants prirent une part prépondérante à la promotion de ce culte :

> « Durant ces années, il ne paraissait pas un livre sur Jeanne d'Arc, Henri IV, Louis XIV ou Bonaparte sans que la préface mentionne les stupéfiantes ressemblances entre le héros de l'ouvrage et le glorieux Maréchal » [17].

Comme dans l'Allemagne nazie, les officiers et les juges devaient prêter un serment personnel au chef de l'État.

Ainsi le régime de Vichy était soutenu au départ par la majorité de la population ; néanmoins, quelques groupes facilement identifiables en vinrent à représenter des piliers particulièrement indestructibles du Régime. Bien sûr, aucune fraction de la communauté nationale n'était à cent pour cent vichyssoise. L'Académie française comptait parmi les siens un François Mauriac et un Georges Duhamel, l'armée des généraux comme de Larminat et Catroux, les partis de droite un Louis Marin, un Georges Mandel. Des hommes d'affaires, des monarchistes, des agriculteurs et des Cagoulards étaient des « résistants de la première heure ».

Cependant seul le nominaliste le plus fanatique contesterait le fait que les bien-pensants, les militaires, la hiérarchie catholique, le monde des affaires, les hauts fonctionnaires, les agriculteurs et les divers groupes antiparlementaires étaient presque unanimement vichyssois. Il leur faudrait ajouter l'ensemble de certains « sous-groupes » comme les minorités anticommunistes pacifistes et munichoises du Parti Socialiste (Paul Faure et Cie) ainsi que le mouvement syndical (René Belin et Cie) [18]. Le Régime contrôlait en fait moins de la moitié de la France (et moins encore après novembre 1942) et, même dans la « zone libre », il était constamment exposé au chantage des Allemands. Vichy, qui se vantait d'avoir mis fin au chaos et à l'instabilité de la IIIe République, était à peine plus solide que son prédécesseur. Durant la première année du gouvernement de Pétain, il y eut quatre ministres des Affaires étrangères, cinq ministres de l'Intérieur, cinq ministres de l'Éducation et six ministres de la Production Industrielle. L'atmosphère était celle d'une cour byzantine, « dirigée par un vieil homme faible et effrayé, entouré d'aspirants conspirateurs » [19].

En dehors de mutations mineures de personnel (résultat à la fois d'intrigues de cour et d'incitations contradictoires de Berlin), il y eut un certain nombre de réorganisations importantes au sein du gouvernement. Laval perdit sa position de « dauphin régent » le 13 décembre 1940. On lui substitua un triumvirat formé de l'amiral Darlan, du général Huntziger et de P.-E. Flandin. Le 9 février 1941, Darlan évinça ses collègues et se mit en devoir de cumuler les fonctions de vice-président du Conseil, de ministre des Affaires étrangères, de l'Intérieur et de l'Information, en sus de son « dauphinat ». Son règne dura un peu plus d'une année : le 18 avril 1942, Laval revint au pouvoir. L'occupation totale de la France en novembre 1942, à la suite du débarquement allié en Afrique du Nord, ne provoqua aucun changement majeur au sein du cabinet de Vichy, si ce n'est la défection de l'amiral Darlan. Laval demeura en poste jusqu'à la fin, bien qu'une série de modifications soient intervenues dans la composition du gouvernement début 1944, lorsque entrèrent au Cabinet plusieurs des collaborateurs « ultras » basés à Paris.

Entre les diverses crises au sein du gouvernement et les changements de dirigeants, le fil rouge de la politique étrangère de Vichy resta intact de l'été 1940 à l'automne 1942, période où Vichy perdit les derniers lambeaux de son indépendance et de sa raison d'être [20].

En novembre 1942, les deux principales justifications de la politique de collaboration de Vichy, et de son existence même, s'écroulèrent. La première - empêcher l'occupation totale - disparut le 11 novembre quand les troupes allemandes franchirent la ligne de démarcation. La seconde - le pari sur la victoire allemande - fut dissoute à mesure que la guerre changeait de cours et s'orientait en faveur des Alliés, en Afrique du Nord, dans le Pacifique et à Stalingrad.

Paradoxalement, la collaboration s'intensifia à bien des égards après novembre 1942, alors qu'elle avait perdu, ou était en train de perdre à toute allure sa justification.

Les victoires soviétiques à l'est incitèrent beaucoup d'anticommunistes fanatiques de Vichy à soutenir l'effort de guerre allemand, afin de sauver l'Europe de la « bolchevisation ». Il en est ainsi de la remarque fatale de Laval : « Je souhaite la victoire allemande, car sans cela, le communisme régnera sur l'Europe » [21]. Les activités accrues de la Résistance entraînèrent de la part de Vichy une répression plus vigoureuse souvent menée en coopération avec les Allemands. A cet égard, il est instructif de considérer l'évolution de la Légion des Combattants. Formée en 1940 en consolidant une organisation de vétérans, peut-être en vue de constituer le noyau d'un parti unique paitiniste, la Légion incorpora en novembre 1941 le Parti Social Français, du colonel de La Rocque (parti qui succédait aux Croix-de-Feu d'avant-guerre). En mars 1942 on constitua un Service d'Ordre Légionnaire militaire au sein de la Légion. En janvier 1943, on créa à partir du S.O.L la Milice Nationale. Elle devint un instrument de répression sanglant qui luttait en étroite collaboration avec les Allemands contre la Résistance. Enfin, ceux qui en 1940-42 avaient été collaborateurs par opportunisme (personnel ou politique) se virent remplacés à Vichy par des collaborateurs « fidèles à un dogme » : fascistes authentiques et germanophiles zélés qui avaient attendu leur tour dans l'ombre.

Le régime, hissé au pouvoir par la foudroyante entrée en France des Allemands à l'été 1940, prit fin opportunément, quand au milieu d'un départ presque aussi précipité ceux-ci prirent Vichy sous le bras pour l'emporter vers Sigmaringen [22].

Mais l'histoire de Vichy n'est qu'une moitié de l'histoire de la France de 1940 à 1944. A chaque étape, que ce soit dans le cabinet de Reynaud en juin 1940, à Vichy le mois suivant, ou dans toute la France métropolitaine et dans les possessions françaises d'outre-mer pendant les années qui suivirent, il y avait une autre France. Aucune remarque en histoire de France ne peut rivaliser en ubiquité et en banalité avec l'évocation des « deux France ». La France de l'ancien régime contre la France de la Révolution ; le parti du Mouvement contre le parti de l'Ordre ; les hommes de la Commune contre ceux de Versailles ; les Dreyfusards contre les anti-Dreyfusards ; chaque époque de l'histoire française a ses « deux France ».

Mais jamais elles n'ont été confrontées dans un antagonisme aussi amer et aussi durable, jamais les partitions n'ont été si rigoureuses que durant les quatre années de l'occupation germanique et du régime de Vichy.

La division de la France en 1940-44 (comme dans les autres cas) était loin d'être complète. Nous ne savons pas grand-chose sur l'état d'esprit de la population pendant ces années-là. Les indicateurs habituels (élections, presse libre, sondages) étaient totalement absents. Vraisemblablement le gros de la population, comme toujours, acceptait passivement le gouvernement de facto, bien que la qualité de son enthousiasme n'ait cessé de décliner après l'été 1940 et ait diminué de façon brutale après novembre 1942. Mais dans la France de cette époque, la politique était polarisée et l'histoire de ces années-là est l'histoire d'hommes qui, avec d'inévitables nuances (et parfois avec des volte-face dramatiques) se rangeaient résolument d'un côté ou de l'autre.

L'« autre France » portait des noms variés : « La France Libre », « La France Combattante », « La France Résistante ». Quel que soit le nom sous lequel elle agissait, quels que soient les hommes désignés (en France métropolitaine ou à l'extérieur) « La Résistance », au fond, « n'a été qu'un refus » : refus d'accepter comme définitif le verdict militaire de 1940, refus d'accepter la politique de collaboration, refus d'accepter Vichy pour porte-parole légitime de la France.

« Ce refus nous a permis de regarder un soldat russe, anglais ou américain sans rougir... » [23].

Dater la naissance de la Résistance ne présente aucune difficulté : elle débuta le 8 juin 1940, lorsque le général Charles de Gaulle, parlant sur les ondes radiophoniques depuis Londres, dit à ses compatriotes stupéfaits que « la flamme de la résistance française ne devait pas s'éteindre » [24].

Pendant les trois années suivantes, le comité de De Gaulle à Londres symbolisa le fait que tous les Français n'avaient pas capitulé, mais militairement, il était insignifiant et politiquement ne représentait que lui-même. Le mouvement gaulliste aurait fort bien pu - et il le fut un certain temps - « être enfoui dans les poubelles de l'histoire » par ses protecteurs, les Britanniques. Le fait qu'il ne l'ait finalement pas été et qu'il soit devenu « Le Gouvernement provisoire de la République Française » fut le résultat d'événements tout à fait indépendants survenus en France.

L'appel du 18 juin de De Gaulle s'était adressé aux

soldats, aux marins, aux techniciens français, ainsi qu'aux hommes compétents en matière de munitions, qu'ils soient en Grande-Bretagne ou puissent y venir. Les déclarations et les écrits gaullistes ultérieurs ont clairement montré que les Français libres de Londres ne préconisaient ni n'espéraient la formation et l'amplification de groupements clandestins en France métropolitaine. Dans les mois qui suivirent, l'attention se porta sur le ralliement de l'Empire. En mars 1941 seulement, les gaullistes de Londres mentionnèrent pour la première fois les groupes de résistance de la métropole. Bien avant cela des groupes de ce type s'étaient constitués ; de fait, à cette époque beaucoup avaient déjà été décimés ou détruits par la police allemande ou celle de Vichy.

Avant la fin de l'été 1940, le capitaine Henri Frenay avait formé à Lyon le noyau de *Combat ;* à Paris, quelques jeunes savants du Musée de l'Homme fondèrent le Comité National de Salut Public. Avant la fin de l'année 1940 des groupes de résistance commencèrent à publier les premiers journaux clandestins : *Quand Même, Pantagruel, L'Université Libre, Libération,* et bien d'autres. D'autres groupes établirent le contact avec les Services de Renseignements britanniques. Mais la Résistance n'était pas née pour éditer des journaux ou transmettre des renseignements militaires ; c'était plutôt parce qu'elle existait qu'elle menait ces activités, parce que, une fois organisée, elle se cherchait une raison d'être pratique. L'élan qui l'avait poussée à s'organiser était non pas pratique mais moral : le sentiment de devoir témoigner d'un refus.

S'il est si difficile et si délicat de faire des généralisations sociologiques ou politiques à propos de la Résistance, c'est parce qu'elle était un phénomène *individuel,* fondé davantage sur des considérations de tempérament que d'idéologie. Quoi qu'il en soit, les « valeurs » de la Résistance allaient à l'encontre des idéologies traditionnelles. Comme l'a fait observer Jean Bloch-Michel, les idéaux de la gauche sont la liberté, la justice et la paix ; ceux qui placèrent le troisième en premier aboutirent souvent à la collaboration. Les idéaux de la droite sont le nationalisme et l'ordre ; nombre de ceux qui privilégièrent l'ordre finirent par abandonner les vieux fétiches de la droite, l'uniforme et le drapeau [25]. Le groupe auquel adhérait un individu dépendait généralement davantage du hasard et de l'occasion que d'un choix politique. Dans un même maquis

> « cohabitaient l'ouvrier parisien communiste, l'étudiant catholique, l'officier revenu au combat après une cure de « dépétainisation », le fonctionnaire socialiste demeuré au fond de lui-même pacifiste » [26].

Les partis politiques d'avant-guerre jouèrent un rôle très secondaire dans la Résistance : leurs dirigeants étaient souvent en prison ou sous surveillance étroite ; leurs membres choisissaient la résistance, la collaboration, ou bien une attitude personnelle située entre les deux positions (la proportion de ceux qui suivaient l'une ou l'autre voie variait cependant fortement d'un parti à l'autre).

Malgré la diversité des individus et des courants politiques de la Résistance, malgré toutes les exceptions et les réserves qu'il convient de faire, il ne serait pas injustifié de présenter la Résistance comme un mouvement « de gauche » ; et cela pour plusieurs raisons. L'enrôlement massif de la droite sous la bannière de Vichy déterminait la composition politique de la « clientèle » de la Résistance. Des anticléricaux de toujours réagissaient contre le parfum d'encens qui émanait de Vichy. Il y avait bien sûr de nombreux catholiques dans les mouvements de résistance, mais il s'agissait souvent des vétérans des luttes du « catholicisme social » contre la hiérarchie de l'Église, ou de leurs sympathisants. Les travailleurs de l'industrie et les intellectuels de gauche s'opposaient plus volontiers à l'autorité que les hommes d'affaires et les « bien-pensants ». D'autre part, les motivations en jeu n'étaient pas seulement liées aux tempéraments. Les travailleurs furent les plus grandes victimes du régime de Vichy - en 1943-44 ils étaient contraints à l'enrôlement pour le travail obligatoire en Allemagne - alors que bien des hommes d'affaires (et des agriculteurs) prospéraient sous l'occupation. Les intellectuels de gauche perdirent leurs postes d'enseignants et se virent supprimer leurs débouchés journalistiques.

L'orientation à gauche de la Résistance devait aussi beaucoup à une sorte d'auto-consolidation. L'unité y était hautement prisée et bien des résistants de droite choisirent d'épouser pour la forme les idéaux socialistes plutôt que de provoquer des dissensions internes. Les représentants des partis de droite endossèrent la Charte du Conseil National de la Résistance qui, entre autres choses, préconisait des nationalisations généralisées. Après la Libération, bien entendu, cette miraculeuse unité fut rapidement dissoute, mais toutes les conversions ne furent pas temporaires ni dictées par la nécessité. Certains (Emmanuel d'Astier, Claude Roy par exemple) durent à leur expérience dans la Résistance de passer de l'extrême droite à l'extrême gauche. Le général de Gaulle, issu d'un milieu de droite et respectueux de l'ordre établi, fut contraint d'admettre que

> « à quelques exceptions près, il avait dû constater que, non seulement, son appel n'avait guère été entendu dans ces milieux, ce qu'auraient pu expliquer les difficultés du moment, mais encore que, dans leur grande majorité, ils ne réagissaient guère à la politique, d'humiliation nationale à ses yeux, que pratiquait Vichy. Bien mieux encore, des prélats, des industriels, des écrivains de talent, de grands administrateurs, approuvaient la collaboration avec l'ennemi. Par contre, il savait que prenaient une grande part dans la Résistance clandestine les humbles, les sans-grade, ouvriers, employés, cheminots, petits fonctionnaires. Il voyait venir à lui des inconnus, des hommes politiques de gauche, des syndicalistes. Ce fut un déchirement, et une révélation : la hiérarchie sociale n'était pas une hiérarchie de la valeur » [27].

Un élément de la coalition de la Résistance mérite une mention particulière : le Parti communiste français. Depuis des années les dirigeants du Parti étaient les antifascistes les plus acharnés en France, les principaux avocats de la résistance à l'agression allemande ; à la veille de la guerre, juste après la signature du pacte germano-soviétique, ils firent brusquement volte-face et dénoncèrent la « guerre impérialiste ».

Le gouvernement de Daladier établit rapidement des sanctions ; le Parti fut dissout, ses journaux furent supprimés, ses représentants parlementaires expulsés de l'Assemblée et des milliers de ses militants arrêtés et incarcérés. Les décrets gouvernementaux étaient presque superflus - le Parti était totalement démoralisé. Des militants de longue date quittèrent le Parti ; un tiers de la délégation parlementaire - probablement les éléments les plus disciplinés - démissionnèrent. Le Parti était dans un chaos total : certains dirigeants comme Maurice Thorez fuirent à l'étranger [28] ; ceux qui restèrent devinrent clandestins et s'efforcèrent vainement de justifier le renversement de politique (qu'eux-mêmes avaient du mal à accepter) aux yeux des membres désenchantés de la base.

Après l'invasion, en 1940, le premier acte des communistes français en regard des Allemands fut de solliciter l'autorisation de publier ouvertement *L'Humanité* (ce qui leur fut refusé). Néanmoins, *L'Humanité* clandestine continua à préconiser la fraternisation avec les Allemands, à accuser de Gaulle d'être un réactionnaire à la solde des impérialistes britanniques et à parler de la culpabilité anglo-française vis-à-vis de la guerre. Les Allemands répondirent en relâchant au cours des six premiers mois de l'occupation plus de 300 communistes emprisonnés par les autorités françaises.

La politique communiste envers l'Allemagne était ambiguë : le Parti n'était pas pro-allemand ; il était « contre les anti-allemands ». La propagande communiste attaquait « l'impérialisme britannique » (ou parfois

« les deux impérialismes rivaux ») et les Français qui soutenaient les Britanniques, mais ne faisait pas l'éloge de l'Allemagne, de son système politique ou des forces d'occupation [29]. Bien qu'à l'évidence cette politique servît, « objectivement », les intérêts allemands, la distinction n'est pas superflue : la réorientation des communistes après l'invasion de la Russie par l'Allemagne, le 22 juin 1941, fut certes un coup de théâtre mais ne fut pas, comme on la présente parfois, une totale volte-face.

Envers Vichy, son anticommunisme féroce et ses milliers de communistes incarcérés, l'hostilité des communistes fut dès le début intransigeante.

En se jetant dans l'activisme résistant après l'invasion de la Russie par l'Allemagne le 22 juin 1941, les communistes firent beaucoup pour effacer l'amer souvenir de leur attitude durant les deux années précédentes [30]. Ils constituèrent indubitablement l'élément le plus important de la Résistance (même s'ils étaient loin de composer la majorité) et leurs pertes furent particulièrement graves. Cependant, si à cette période les communistes coopéraient avec tous les autres éléments de la Résistance (y compris les vichyssois repentants), ils n'hésitaient pas à mettre en évidence leur rôle de meneurs. En cela ils étaient aidés par la propagande des Allemands et de Vichy qui faisait de tous les résistants des « terroristes communistes », ou les pions de ceux-ci. Cette propagande profitait doublement aux communistes en signifiant aux résistants non-communistes de ne pas les critiquer ouvertement, sous peine de mettre en péril l'unité de la Résistance et de jouer ainsi le jeu de l'ennemi. Si avant juin 1941 les communistes maintenaient à la fois un comportement ambigu envers les Allemands et leur opposition à Vichy, la plupart des non-communistes de métropole, pourtant anti-allemands dès le départ, avaient conservé plus longtemps encore envers Vichy une attitude ambiguë. En mai 1941, le journal clandestin *Liberté* remarquait qu'à Vichy,

« à côté des profiteurs et des serviteurs de la défaite, il existe des hommes courageux qui ne cherchent qu'à servir leur pays... en sauvant ce qui peut être sauvé ».

Quatre mois plus tard, le journal projetait ses propres espoirs sur la population :

« Les acclamations que recueille le Maréchal dans tous ses déplacements témoignent de ce qu'espère le peuple français : que (contrairement aux souhaits de ses ministres) le chef de l'État attend le moment opportun pour agir conformément aux souhaits unanimes du pays » [31].

En 1942 (surtout après les événements de novembre) les résistants communistes comme les non-communistes avaient adopté une attitude de double opposition, à la fois à Vichy et à Berlin, attitude choisie dès le début par les gaullistes ; mais ni les uns ni les autres n'avaient pris la voie la plus directe pour en arriver là.

Au début de 1943 les gaullistes de Londres et les résistants de l'intérieur étaient unis par quelque chose de plus que la simple reconnaissance commune d'ennemis communs. En 1940-41 de Gaulle n'avait été pour la Résistance en métropole qu'un symbole ; consentir ou non à être mené par lui, la question ne se posait simplement pas. En 1942, à une période qui correspondait à un désenchantement de plus en plus profond vis-à-vis de Pétain, la Résistance commença à se tourner vers de Gaulle en tant que chef, et non simple symbole.

Bien des auteurs qui ont écrit au sujet des « deux France » de 1940-44, ont essayé d'émettre un « verdict » ; de déterminer laquelle servait les intérêts de la France et laquelle y nuisait. D'un certain point de vue, Vichy constituait un effort d'auto-sacrifice pour sauver ce qui pouvait être sauvé, limiter la souffrance matérielle de la France par la négociation, le compromis et l'adaptation ; la Résistance - bien qu'elle comptât beaucoup d'hommes courageux et de bonne volonté - portait préjudice à la nation en divisant les Français et en incitant les Allemands à de terribles représailles. Ce point de vue n'est pas sans mérite. Il serait difficile de nier que la France, à beaucoup d'égards, a bénéficié matériellement des négociations de Vichy avec les Allemands ; et surtout, jusqu'en novembre 1942, que l'existence de Vichy empêchait l'occupation totale du pays. Il est aussi exact que la contribution militaire très réduite de la Résistance paraît doublement insignifiante en regard des déportations et des massacres qu'elle a provoqués.

D'un point de vue diamétralement opposé, et bien qu'un certain nombre de patriotes bien intentionnés en fissent partie, Vichy était un cloaque d'indignité et de trahison - une tache sur l'honneur de la France ; la Résistance, et elle seule, préservait la dignité et les traditions françaises. Cette opinion aussi a beaucoup pour la recommander. L'empressement de Vichy à collaborer avec les Allemands traduit davantage qu'un rôle de gardien ; sans les efforts de De Gaulle et de la Résistance, la France n'aurait guère pu siéger à la table de conférence des vainqueurs [32].

Non seulement ces deux points de vue représentent des évaluations différentes mais chacun est fondé sur un système de mesure propre et le débat est en bonne part un dialogue de sourds. On ne peut additionner les facteurs matériels et moraux dans des colonnes parallèles et en calculer le bilan ; les talents du comptable ou de l'« historien scientifique » ne servent à rien lorsqu'il s'agit d'émettre un « verdict » dans le procès de Vichy contre la Résistance. Mais le propos de cette étude n'en exige aucun.

L'épuration fut l'œuvre des vainqueurs - de la Résistance - et comme toujours, du moins à court terme, ce sont eux qui ont écrit l'histoire. L'Armistice fut un crime, le vote du 10 juillet une trahison, Vichy un régime d'usurpation, la collaboration une politique de trahison : tels furent les postulats historico-judiciaires de l'épuration.

Notes du chapitre 1

1. En réalité, le 16 juin, Reynaud disposait sans doute encore d'une majorité opposée à l'armistice, bien qu'un peu chancelante. Sur ce point très controversé, voir la présentation sous forme de tableau des différents comptes rendus de l'alignement dans *Two years of French Foreign Policy: Vichy 1940-1942* (Genève, 1958), pp. 361-62.

2. Font exception à cette règle un bon nombre de personnalités françaises importantes en Afrique du Nord - y compris le général Noguès, l'amiral Estéva et Marcel Peyrouton - qui pressèrent de continuer la résistance depuis l'Afrique du Nord en juin 1940 mais devinrent plus tard fervents partisans de Vichy. Ceci reflétait le comportement général de la population européenne d'Afrique du Nord à l'époque, qui contrairement à la Métropole, était obstinément résistante, comme elle fut plus tard obstinément pétainiste quand la France métropolitaine, elle, abandonnait le Maréchal. Peut-être le soleil d'Afrique du Nord favorise-t-il l'entêtement ; toujours est-il que dans les deux cas le souci du prestige de la France en regard des populations indigènes semble avoir largement compté. En outre, ils étaient coupés dans un cas comme dans l'autre des expériences qui orientèrent l'opinion dans l'une ou l'autre direction.

3. *Mémoires de guerre* (Paris, 1954-59), III, 248-49.

4. Léon Blum employa cette expression dans *Le Populaire* du 20 septembre 1938 pour décrire sa propre réaction face à l'abandon de la Tchécoslovaquie par les Français et les Britanniques.

5. *The French Army* (New York, 1963), p. 299.

6. Bien que l'argument selon lequel la France devait « s'aligner sur le Nouvel Ordre » ait été invoqué à maintes reprises, rien ne prouve que les Allemands aient exigé ou même souhaité un changement constitutionnel en France. Laval, dans la justification qu'il écrivit peu de temps avant son exécution, arguait que « ... [envers la France]... » (*Laval parle,* Genève, 1947, p. 48). Mais les hommes politiques qui auraient pu mettre à l'épreuve la magnanimité du

Führer ne se trouvaient pas dans le cabinet de la IIIe République de Pétain.

7. J.O., 11 juillet 1940.

8. Cité dans *Hier... demain*, de Vincent Auriol, (Paris, 1945), I, 107.

9. Témoignage dans *Le Procès du Maréchal Pétain* (Paris, 1945), I, 243-44.

10. Édouard Herriot, *Episodes : 1940-1944* (Paris, 1950), pp. 136-37.

11. Néanmoins, de telles affirmations en disent probablement plus sur l'atmosphère de Vichy que sur l'opinion personnelle de leurs auteurs sur Pétain. Les adversaires du texte du Laval étaient des politiciens pratiques, et à cette période et en ce lieu, toute déclaration politique devait être préfacée d'une profession de foi formelle en Pétain.

12. Parmi les quatre-vingts on retrouvait beaucoup des personnalités de la IIIe et de la IVe République (encore à naître) : Vincent Auriol, Léon Blum, Joseph Paul-Boncour, Marx Dormoy, Félix Gouin, Jules Moch, André Philip, Paul Ramadier. Parmi les abstentionnistes connus (hormis Herriot), on comptait Georges Monnet et Henri Queuille.

13. Les passagers du *Massilia* comprenaient André Le Trocquer, Georges Mandel, Pierre Mendès France, Tony Révillon et Jean Zay.

14. A cette époque, la délégation parlementaire communiste avait déjà été expulsée des deux assemblées. Après la Libération ils prétendirent, naturellement, que s'ils avaient été présents, leur opposition aurait été unanime.

15. Philip C.F. Bankwitz, « Maxime Weygand and the Fall of France: A Study in Civil-Military relations », *Journal of Modern History,* XXXI, 3 (septembre 1959), 228-29.

16. Langer, pp. 83, 117.

17. Marc-Pierre, marquis d'Argenson, *Pétain et le pétainisme : Essai de psychologie* (Paris, 1953), p. 104.

18. Attention : les groupes mentionnés ici n'étaient unis que dans leur soutien à Vichy, et non pas nécessairement dans l'approbation d'une collaboration active, qu'elle soit militaire ou autre, avec l'Allemagne.

19. Message de l'ambassadeur des États-Unis William D. Leahy au président Roosevelt (22 novembre 1941), cité dans Langer, p. 194.

20. Hytier, pp. 358-59.

21. *Procès Pétain,* I, 559.

22. Pétain et Laval protestèrent du caractère forcé de leur émigration et ne prirent aucune part au fantoche « gouvernement en exil » dirigé par Fernand de Brinon et comprenant Joseph Darnand, Marcel Déat et Jean Luchaire.

23. Roger Stephane, « La Résistance n'a été qu'un refus », *France-Observateur,* 28 août 1952.

24. Charles de Gaulle, *Discours de Guerre* (Fribourg, 1944-45), I, 13-14.

25. *Journal du désordre* (Paris, 1955), pp. 55-59.

26. Henri Michel, *Les Courants de pensée de la Résistance* (Paris, 1962), p. 6.

27. Ibid., pp. 98-99.

28. Thorez avait été appelé au devoir actif et donc à rejoindre son unité réserviste, mais il déserta.

29. Je n'ai du moins pas connaissance d'affirmations semblables. Je n'ai pas étudié toute la propagande communiste de cette période mais des chercheurs comme Angelo Tasca l'ont soigneusement passée au crible et n'auraient pas manqué d'en faire état s'ils avaient trouvé quoi que ce soit.

30. Certains communistes avaient commencé des activités anti-allemandes avant que la ligne du Parti ait officiellement changé, cela en l'absence de directives contraires de la part des quartiers généraux, ou bien malgré elles. On pourrait difficilement exagérer l'état de désorganisation du Parti au cours de cette période.

31. N° 6 (30 mai 1941) ; N° 10 (1er octobre 1941). Pour d'autres citations prouvant une répugnance à désavouer le Vainqueur de Verdun ou à mettre en doute son antigermanisme, voir Michel, *Courants,* p. 160.

32. Un troisième point de vue, exposé principalement par Robert Aron, considère les deux camps comme complémentaires - « l'épée et le bouclier » de la France. Aron applaudit les efforts de la masse de chacune des parties et stigmatise dans un camp une poignée de terroristes, dans l'autre une poignée de traîtres. Les intentions de cette sorte d'historiographie - la réconciliation - sont aussi transparentes qu'élevées, mais le résultat caractéristique en est le camouflage de distinctions importantes et une façon tendancieuse de traiter les faits pour qu'ils s'inscrivent dans ce système. Si l'on considère la façon dont les conflits civils, avec l'écoulement du temps, sont généralement traités, on peut prévoir, il me semble, que telle sera avant longtemps la version orthodoxe des manuels d'histoire de France.

2

La République du silence

« Jamais nous n'avons été plus libres que sous l'occupation allemande. Nous avions perdu tous nos droits et d'abord celui de parler ; on nous insultait en face chaque jour et il fallait nous taire (...) : à cause de tout cela nous étions libres (...) puisqu'une police toute-puissante cherchait à nous contraindre au silence, chaque parole devenait précieuse comme une déclaration de principe ; puisque nous étions traqués, chacun de nos gestes avait le poids d'un engagement. »

JEAN-PAUL SARTRE [1]

Dès le tout début, le général de Gaulle et ses compagnons de Londres établirent les bases juridiques de l'épuration future en affirmant que Vichy était à la fois illégitime et illégal. On songea peu tout d'abord à un châtiment futur, mais ce souci s'accentua à mesure que le déroulement de la guerre promettait davantage une victoire des Alliés. Au fur et à mesure du développement de la Résistance en France, on dressa des listes noires ; on prononça et on alla jusqu'à exécuter des sentences de mort. Avant même la Libération, les résistants s'étaient largement mis d'accord à la fois sur la sorte d'épuration qu'ils souhaitaient et sur la place qu'elle prendrait dans l'ensemble de leurs projets pour la France libérée.

Le 19 juin 1940, le lendemain de son premier appel à la continuation de la Résistance française, le général de Gaulle parla de nouveau à la radio de Londres :

> « A l'heure où nous sommes, tous les Français comprennent que les formes ordinaires du pouvoir ont disparu. Devant la confusion des âmes françaises, devant la liquéfaction d'un gouvernement tombé sous la servitude ennemie, devant l'impossibilité de faire jouer nos institutions, moi, général de Gaulle, soldat et chef français, j'ai conscience de parler au nom de la France » [2].

Plus qu'un simple prélude rhétorique à la prétention de ce brigadier général de quarante-neuf ans de parler « au nom de la France », la première partie de la déclaration représentait, en réalité, la théorie constitutionnelle particulière de De Gaulle, qui allait constituer le fondement juridique du futur Gouvernement provisoire et, de pair, celui de l'épuration.

Dès le début, avant même la signature de l'Armistice et la mise à bas de la République, de Gaulle était convaincu de l'« illégitimité » du régime de Pétain. La raison d'être même du régime, solliciter un armistice, était illégitime, et la portée de ce péché originel dépassait de loin celle de la légalité de forme de son investiture. En outre, le gouvernement de Bordeaux était sous la coupe directe des Allemands et des Italiens. Il n'existait plus en France même « de gouvernement indépendant capable de soutenir outre-mer les intérêts de la France et des Français » [3].

Finalement, le gouvernement de Pétain était illégitime par le fait qu'en acceptant l'Armistice, il n'acceptait pas simplement la capitulation mais « la réduction à l'esclavage » ; l'honneur, le bon sens et les intérêts supérieurs de la Patrie exigeaient qu'on le rejetât [4]. Pour de Gaulle, le gouvernement de Pétain était illégitime parce qu'il trahissait l'intérêt de la nation.

De Gaulle lui-même, en restant fidèle à l'intérêt national, acquit automatiquement la légitimité. Ainsi pour lui et plus tard pour le gouvernement provisoire qu'il dirigea, le 16 juin 1940 était la date du schisme : le cabinet Pétain sous la IIIe République était illégitime, tout comme le régime fait sur mesure qui lui avait succédé ; ceux qui les servaient allaient devoir plus tard se justifier.

Pendant plus de quatre mois après le vote crucial du 10 juillet, le général de Gaulle ignora pratiquement le changement de régime : ses discours faisaient des allusion obliques au « soi-disant gouvernement de Vichy » mais traitaient surtout du « crime de l'Armistice ». Les gaullistes avaient néanmoins d'impérieuses raisons de porter leur attention sur les événements de juillet. La rupture avouée de Pétain avec le régime traditionnel appuyait l'argument gaulliste selon lequel Pétain ne représentait pas les traditions historiques de la nation. Elle permettait à de Gaulle d'endosser le rôle de soutien de la tradition républicaine autant que nationale. En alléguant que le changement (et par là le régime) était illégal, les gaullistes renforçaient leur propre position. Si Vichy était légal, de Gaulle était séditieux ; mais si l'on pouvait démontrer l'anticonstitutionnalité et l'illégalité de Vichy, non seulement les Francais étaient dispensés du devoir d'obéir à ses ordres, mais ils pouvaient être poursuivis pour avoir obéi à des ordres qui violaient la législation républicaine. Dans une déclaration prononcée à Brazzaville le 16 novembre 1940 (dont la partie juridique était l'œuvre du professeur René Cassin), le général de Gaulle mettait en évidence ce qui allait devenir la position officielle du mouvement à propos de la légalité de Vichy ; le procès contre Vichy fut élaboré dans un article du professeur Cassin le mois suivant [5].

L'accusation de Cassin peut se résumer en trois points principaux. Le premier concerne les circonstances dans lesquelles l'Assemblée nationale s'était réunie, lesquelles constituaient, d'après lui, une flagrante irrégularité : elle ne s'était pas réunie comme le fixait la loi, à Versailles ; des pressions vandales organisées avaient intimidé les membres de l'Assemblée ; les circonstances de l'occupation rendaient impossible une consultation libre. Le second point était que l'Assemblée nationale seule détenait le droit de réviser la Constitution ; elle n'avait absolument pas le droit de déléguer son pouvoir constituant à une autre partie (ou de l'abdiquer) ; les actes établis par une telle partie étaient donc nuls. Le dernier point de Cassin affirmait que les « Actes Constitutionnels » de Pétain, en abolissant la République, constituaient une violation flagrante de la loi constitutionnelle de 1884 qui dénie ce droit même à l'Assemblée nationale : l'« État français » était par conséquent illégal et anticonstitutionnel.

Le mouvement gaulliste adopta officiellement les conclusions de Cassin, et la Résistance métropolitaine, bien que moins préoccupée que Londres du statut juridique de Vichy, adhéra plus tard complètement à cette thèse. En fin de compte, tous les résistants, qu'il s'agisse de ceux de Londres, de l'Empire ou de France métropolitaine, s'unirent dans cette certitude de l'illégalité et de l'illégitimité de Vichy. Ils devaient se montrer aussi unis dans la conviction que les hommes de Vichy devraient un jour témoigner de leurs actes.

Les fondements du futur châtiment des hommes de Vichy étaient jetés et les gaullistes de Londres en annoncèrent clairement la venue. Mais durant les premiers mois de leur exil ils avaient des préoccupations plus urgentes. Le 13 juillet, le général de Gaulle résuma ce qui allait être l'attitude de la France pendant de nombreux mois :

> « Certes, un jour, la France libérée punira les responsables de ses désastres et les artisans de sa servitude. Mais, pour l'instant, il ne s'agit pas de cela.
> Pour l'instant, il s'agit de faire tout le possible, activement ou passivement, pour que l'ennemi soit battu » [6].

Il reprit ce thème quelques semaines plus tard, lorsque Vichy eut annoncé le procès de Riom, qui devait punir les « responsables » de la guerre et de la défaite :

> « La conclusion du grand débat sur les responsabilités est très facile à tirer. La justice sera rendue quand les maîtres de l'Allemagne et de l'Italie, qui ont déchaîné cette guerre, auront été vaincus. La justice sera rendue quand les chefs français qui se sont montrés indignes d'être des chefs auront été condamnés.
> Et voyez comme tout se tient et s'enchaîne. Le châtiment des premiers et le châtiment des seconds s'accompliront simultanément. Oh ! certes pas dès demain, car la justice s'avance à pas lents, mais un jour, sans aucun doute. Car « s'il faut qu'il y ait un soleil », il faut aussi qu'il y ait une justice pour le monde et pour la France. La justice viendra donc. C'est la victoire qui l'apportera » [7].

Après quoi, pendant une période de plus de deux ans, le thème d'un châtiment futur disparut pratiquement de la propagande gaulliste.

Au cours des premières étapes de la guerre, de Gaulle était plus inquiet de conquérir de nouveaux adeptes que de menacer les disciples de Pétain. Lorsque Charles Vallin, le vice-président du Parti Social Français (successeur des Croix-de-Feu) du colonel de La Rocque, et autrefois supporter ardent de la « révolution nationale » de Pétain, passa du côté gaulliste à l'été 1942, il fut accueilli avec chaleur. Dans un télégramme envoyé à Adrien Tixier à Washington, de Gaulle faisait part à son représentant de son point de vue sur le ralliement de Vallin et d'autres personnalités analogues. Peu importaient les opinions d'avant-guerre de Vallin ou de qui que ce fût d'autre. Vallin, comme beaucoup, s'était laissé leurrer par Pétain, mais il avait avoué publiquement son erreur et cela suffisait. Des hommes qui collaboraient avec l'ennemi à des postes officiels, y compris en particulier tous les membres des gouvernements de Pétain, devraient être jugés pour « intelligences avec l'ennemi ». Ceux qui avaient servi Vichy en tant que fonctionnaires ou soldats sans adopter un comportement scandaleux vis-à-vis de la nation ou, « ce qui revient au même, envers nous » étaient les bienvenus. Dans la pratique, remarquait-il, il serait probablement préférable d'utiliser « les hommes publics » à des fonctions strictement militaires [8].

La Résistance métropolitaine recrutait également parmi les anciens pétainistes ; de fait, en 1940-41, bien des groupes de résistance en zone occupée n'avaient pas encore à l'égard de Vichy une attitude inamicale. La presse clandestine de ces premières années n'évoquait guère ou pas du tout d'épuration à venir. Les socialistes, qui allaient plus tard rivaliser avec les communistes par la sévérité de leur attitude, ne firent pas mention dans leur presse officielle clandestine d'un châtiment futur avant 1943. Des journaux comme *Défense de la France,* qui plus tard prônèrent l'épuration avec ferveur, furent d'abord pétainistes et, envers de Gaulle, nettement réservés.

Avant les revers que subirent les Allemands en Russie et en Afrique du Nord fin 1942, résister était en soi un acte de foi ; il semblait pure bravade de parler d'un châtiment des vichyssois et des collaborateurs après une victoire des alliés.

Néanmoins, à l'automne 1941, on lançait les premiers appels à la vengeance contre les collaborateurs et les premières requêtes pour une future justice punitive. *Défense de la France* évoquait le jour où « devront payer nombre de ceux qui ont espéré sauver leur vie inutile » [9]. *Libération (Nord)* considérait la préparation du châtiment des traîtres comme l'un des trois devoirs qui incombaient aux patriotes, parallèlement à la formation des groupes locaux et à la distribution du journal [10].

Les communistes se mirent à parler d'un châtiment futur immédiatement après l'invasion de l'Union soviétique par les Allemands. Leur première salve visait les magistrats du tribunal que Vichy avait spécialement instauré pour juger les communistes. On rappela aux juges que « les Allemands n'occuperont pas Paris éternellement » et on recommanda aux lecteurs de garder en mémoire les noms des juges [11]. Heureux d'être délivrés du rôle antinational que leur avait assigné le pacte entre Hitler et Staline, les communistes faisaient appel à la tradition révolutionnaire de la France :

« Vive la Nation ! Mort aux traîtres !

Tel était le cri des volontaires de Valmy dont les Français viennent de célébrer brillamment le cent cinquantième anniversaire. Et ils agissaient comme ils parlaient.

Vive la Nation ! Mort aux boches et aux traîtres !

Tel est le mot d'ordre des patriotes en 1942. C'est lui qui doit guider tous nos actes » [12].

Il n'y avait pas loin des menaces générales de vengeance à des mesures spécifiques de préparation. A l'automne 1941 les communistes demandèrent à la population de commencer à dresser des « listes noires » des personnes qui devraient être incarcérées ou exécutées à la Libération (ou avant). En octobre, une affiche communiste à Lyon pressait les citoyens d'établir des « dossiers de représailles » contre les délateurs ainsi que les policiers, les juges et les journalistes qui collaboraient. On avertit les délateurs que l'on pouvait envoyer à la mort cinq à dix membres de leur famille [13]. On présenta aux agriculteurs qui établiraient des listes de propriétaires terriens collaborateurs ou vichyssois un leurre séduisant : on leur promettait que « la défaite de l'Allemagne hitlérienne marquerait l'heure de l'arrestation de ces mauvais Français ; leurs biens seraient confisqués et donnés aux agriculteurs » [14].

D'une inspiration analogue, mais différant dans l'application, furent les inscriptions réellement apposées sur les maisons de collaborateurs supposés. En septembre 1941, dans les Bouches-du-Rhône, des autocollants dactylographiés ou ronéotypés annonçaient « ICI HABITE UN PÉTAINISTE DONC UN AGENT DE HITLER/par conséquent/UN TRAITRE A LA

FRANCE »[15]. Le mois suivant à Dieppe, le Front National annonçait l'institution d'un tribunal secret qui se chargerait d'examiner des dossiers et de signaler les portes de certains commerçants par un « K » de « Kollaborateur »[16].

L'idée des listes noires fut rapidement reprise par des journaux clandestins non-communistes. En mars 1942, le journal socialiste *Franc-Tireur* (qu'il ne faut pas confondre avec l'organisation paramilitaire dominée par les communistes, Francs-Tireurs et Partisans Français, avec laquelle elle n'avait aucun rapport) recommandait à ses lecteurs de dresser pour plus tard des listes noires en donnant des renseignements détaillés sur des collaborateurs, des délateurs, des agents de la propagande allemande et en particulier des commerçants et des fabricants qui travaillaient avec les Allemands. *Populaire (Sud)* lança un appel semblable en septembre [17].

En 1943-44 la préparation et la publication de listes noires se généralisa. Ces listes avaient plusieurs buts. Elles avaient une grande importance immédiate et pratique qui était de mettre en garde les citoyens contre les délateurs et les provocateurs. C'était le cas surtout des journaux clandestins régionaux, comme *Combat du Languedoc,* qui consacra tout son numéro de juillet 1943 à une liste de collaborateurs des départements de Haute-Garonne, de l'Ariège et du Gers. Parfois ce genre de listes locales servaient aussi de guide du boycott ; ainsi *Le Patriote,* édité au Havre, qui conseillait à ses lecteurs de considérer comme collaborateurs tous les commerçants qui faisaient appel à la clientèle des forces d'occupation en mettant des inscriptions en langue allemande dans leur vitrine [18].

Les listes avaient aussi pour but, parfois avoué, parfois secret, d'« encourager les autres » : les hauts fonctionnaires et les autres étaient ainsi avertis qu'ils étaient placés en observation et que mieux vaudrait pour eux amender leur attitude, sous peine de trouver leur propre nom sur les prochaines listes. Ceux qui étaient déjà sur les listes, en revanche, étaient souvent prévenus qu'il était trop tard, et qu'il ne leur servirait à rien de retourner leur veste à la dernière minute. La plupart du temps, on dressait et on publiait ces listes dans des buts moraux : assurer les membres de la Résistance que leur heure viendrait ; semer la terreur dans les rangs des collaborateurs. Les listes de personnalités importantes servaient plutôt le premier de ces buts, les listes de miliciens et de petits fonctionnaires le second.

Un bon nombre des principaux journaux clandestins, *Libération* (les deux éditions), *Populaire* et *Résistance* imprimaient les listes régulièrement, parfois accompagnées de courtes notices biographiques, parfois en signalant que les dossiers avaient été envoyés aux autorités compétentes. En général, cependant, il n'y en avait pas dans la presse communiste [19].

Des groupements professionnels qui publiaient leurs propres journaux concentraient souvent leurs attaques sur leurs collègues. Ainsi *Le Palais Libre,* l'organe du Front National des Juristes, publia plusieurs fois des listes de juges et de procureurs ; *L'Université Libre* énuméra des professeurs collaborateurs ; *Police et Patrie* publia des listes d'officiers de police qui avaient livré à la Gestapo des membres de la Résistance.

On ne donnait en général que le nom, l'adresse, la situation professionnelle et éventuellement une ou deux lignes descriptives ; dans certains cas pourtant un compte rendu complet de l'activité dénoncée apparaissait. La dénonciation d'une directrice de lycée par *Défense de la France* début 1943 en est un exemple typique [20]. Celle-ci fut accusée d'avoir renvoyé et dénoncé à Abel Bonnard, ministre de l'Éducation à Vichy, un élève pris en possession d'un tract de la Résistance. L'élève fut arrêté. On signifia à la directrice que les 100 000 lecteurs du journal étaient désormais au fait de ses activités.

Certains journaux se laissaient porter par l'enthousiasme et publiaient des listes extravagantes qui mettaient dans le même sac les coupables, les demi-coupables et les innocents. L'exemple le plus frappant en fut le journal *Bir-Hakeim*, qui commença à publier de longues listes de personnalités de premier plan au milieu de l'année 1943 [21]. Le 28 novembre 1943, Philippe Henriot, germanophile, ministre de l'Information à Vichy, dénonça le journal lors d'une allocution radiophonique et mentionna parmi les noms cités dans les listes celui de Maurice Sarraut, éditeur de la *Dépêche* de Toulouse [22]. Trois jours plus tard Sarraut fut assassiné (non pas, comme le prétendit Vichy, par la Résistance, mais par la milice de Darnand, qui avait ses propres comptes à régler avec Sarraut). La presse et la radio de Vichy ne manquèrent pas de souligner la coïncidence ; le journal fut accusé d'inciter à des actes de terrorisme aveugle.

La B.B.C. commença par prétendre qu'Henriot avait inventé cette liste ; ensuite, ayant reçu une copie du journal, elle en mit en doute l'authenticité. *Bir-Hakeim* rectifia les speakers britanniques : Sarraut avait bel et bien figuré sur la liste ; et le fait qu'il se soit fait tuer par la milice n'empêchait pas qu'il y ait mérité sa place [23]. En décembre 1943, le journal clandestin *Combat* pria ses lecteurs de ne pas croire à la responsabilité de la Résistance dans l'établissement des listes du *Bir-Hakeim ;* cependant il les laissait libres de décider si la cause en était la provocation ou l'ignorance. De même, le Conseil National de la Résistance mit en garde les Français contre la tendance qu'avaient certains d'entre eux

> « à croire qu'ils ont accompli leur devoir patriotique en répandant des listes inexactes de « collaborateurs », sans faire de différence entre les victimes du mythe de Pétain et les traîtres payés par l'ennemi. De telles erreurs non seulement sont contraires à l'intérêt public mais elles ont compromis des hommes irréprochables qui n'ont pu être dénoncés que par des provocateurs » [24].

La B.B.C. n'en resta pas là. Au printemps 1944, elle accusa le journal d'être d'appartenance allemande ou vichyssoise, accusation reprise ensuite par la presse résistante [25]. (Les soupçons sur *Bir-Hakeim* se renforçaient des attaques portées par ce journal contre certains membres du C.F.L.N.). Après la Libération *Bir-Hakeim* fut lavé de ces accusations.

L'avertissement aux collaborateurs, implicitement contenu dans les listes noires, s'exprimait aussi de façon explicite dans des avis (adressés surtout aux fonctionnaires) distribués par les journaux clandestins, par le C.N.R. et par les Français libres de Londres et d'Alger. En novembre 1942, *Défense de la France* avertit la police que leur vie dépendait de leur attitude, et deux mois plus tard, ajouta dans la même veine : « Amis de l'Allemagne, tremblez et repentez-vous, s'il en est encore temps, l'heure approche... » [26].

Libération (Nord) annonçait le châtiment qui punirait les fonctionnaires ayant coopéré au nouveau recensement, destiné à faciliter le recrutement de main-d'œuvre forcée par les Allemands [27]. On trouve de tels avertissements dans toute la presse clandestine, communiste et non-communiste, des années 1943-1944.

Le Conseil National de la Résistance appuya ces avertissements non-officiels. On prévint les fonctionnaires subalternes qu'ils ne pourraient se blanchir en invoquant « des ordres reçus de leurs supérieurs » ; lorsque Darnand fut nommé secrétaire général pour le Maintien de l'ordre, on informa la police de son devoir patriotique de désobéir aux ordres ou d'assumer les conséquences ; on avertit en outre les membres des cours martiales de Vichy, qui condamnaient à mort des résistants, qu'en participant à ces institutions ils signaient leur propre arrêt de mort [28]. Un tract du C.N.R. adressé aux chefs de famille les avisa du fait que

> « dans le cas où des fonctionnaires travaillant pour l'ennemi seraient tués pendant leur service, la France ne se reconnaîtra aucune obligation morale ou financière envers leur famille - ceci est réservé à ceux qui défendent leur pays, non à ceux qui le trahissent » [29].

Émettant depuis Alger ou Londres, le C.F.L.N. adopta la même politique. En juin 1943 des fonctionnaires de la police furent prévenus que les représailles exercées contre les familles de résistants feraient l'objet de règlements de comptes. Trois mois plus tard, dans une déclaration officielle, le Comité d'Alger rendit hommage aux membres de l'administration qui aidaient la Résistance puis menaça les fonctionnaires qui, d'une façon ou d'une autre, aidaient les Allemands ; ceux-là étaient prévenus qu'un grand nettoyage aurait lieu après la Libération. A la suite de l'assassinat de Mandel, le commissaire de l'Intérieur de De Gaulle, Emmanuel d'Astier de La Vigerie, avertit les fonctionnaires du gouvernement de Vichy lors d'une émission à la B.B.C. que ceux qui seraient impliqués dans des affaires de ce genre seraient inculpés pour meurtre [30].

Les listes noires et les avertissements, de par leur nature, étaient essentiellement des mesures préparatoires, même si elles provoquaient (ou étaient censées provoquer) un effet immédiat. Or, il y eut en France, avant la Libération, une forme d'action définitive (dans tous les sens du mot) en matière d'épuration. Ce fut l'exécution sommaire de collaborateurs, de délateurs et d'autres que l'on pensait devoir immédiatement mettre hors d'état de nuire.

Londres déconseillait les actes individuels de terrorisme, dirigés au début contre des membres des forces d'occupation. Pendant un certain temps, ils furent abandonnés - du moins par les résistants non-communistes - en raison des représailles féroces qu'ils occasionnaient. Mais à mesure que la lutte se durcit en 1943-44, les tentatives d'assassinat visant les collaborateurs comme les Allemands devinrent monnaie courante.

Vichy avait l'habitude d'attribuer tous les actes de « terrorisme » aux communistes, qui les encourageaient volontiers en revendiquant les assassinats. Il est difficile de définir si ces affirmations constituent des preuves de culpabilité ou des vantardises. Il y a lieu de croire, cependant, que les communistes et les groupes contrôlés par eux montraient un zèle particulier pour ces exécutions sommaires.

Beaucoup parmi ceux qui quittèrent le parti communiste en 1939-40 suivirent Jacques Doriot (lequel avait quitté le P.C.F. quelques années auparavant) pour entrer au Parti Populaire Français, mouvement collaborationniste. Albert Clément, l'ancien directeur de *La Vie Ouvrière,* ainsi que bien d'autres qui suivirent cet itinéraire, se firent tuer « par un ou des inconnus » pendant l'occupation. Parmi les anciens communistes tués, certains, peut-être victimes de la lutte « sans merci » que les membres du Parti avaient reçu l'ordre d'entreprendre contre les rénégats, n'avaient aucun passé de collaborateur [31]. Dès 1942 au moins, les communistes français reçurent l'ordre

> « de ne laisser impuni aucun crime commis par le Service d'Ordre Légionnaire, la Légion Tricolore ou toute autre organisation similaire, et de mener contre eux de vigoureuses actions afin de casser le moral de leurs formations et de répandre la panique dans leurs rangs » [32].

Des volontaires des Francs-Tireurs et Partisans Français, groupement d'obédience communiste, signèrent un acte par lequel ils s'engageaient non seulement à punir de mort tous les délateurs mais à considérer également comme traître, et donc méritant un châtiment, toute personne qui s'opposerait à cette procédure [33].

L'assassinat de collaborateurs, cependant, fut prôné - et exécuté - non seulement par des communistes mais aussi par des groupes dont la couleur politique était tout à fait différente. *Combat* écrivit que les patriotes devaient prendre en main leur propre justice étant donné que si les traîtres demeuraient impunis, ils seraient rejoints par d'autres pleutres et opportunistes. « La Justice et le bien public exigent qu'ils soient punis sans pitié... » [34].

On informa les résistants de haute-Loire du fait que :

> « A la terreur, il n'y a pas de réplique autre qu'une terreur plus puissante et plus implacable. Tout assassinat de patriote français qui n'est pas immédiatement suivi de l'exécution de l'auteur du crime *ou de leurs semblables,* est un déshonneur pour la Résistance. Le moyen efficace pour inspirer à l'adversaire la peur dont on voudrait nous paralyser, et de garder en même temps l'estime et la confiance de la masse, est d'organiser soigneusement des exécutions spectaculaires de personnalités importantes, universellement connues comme responsables du terrorisme « légal ». Les exécutions de comparses font souvent mauvais effet » [35].

Le directeur de *Défense de la France,* le plus conservateur parmi tous les principaux journaux clandestins, évoquait, malgré la foi qu'il professait d'ordinaire pour le caractère sacré de la vie humaine, le devoir de tuer.

> « Tue l'Allemand pour purifier notre terre, tue-le car il nous tue, tue-le pour être libre.
>
> Tue les traîtres, tue ceux qui dénoncent, ceux qui ont aidé l'ennemi. Tue le policier qui d'une manière ou d'une autre a participé à l'arrestation de patriotes.
>
> Tue les miliciens, extermine-les, car ils ont délibérément choisi la voie de la trahison. Abats-les comme des chiens enragés... Détruis-les comme de la vermine... » [36].

Les assassinats étaient souvent précédés de « procès » secrets dont le verdict était notifié à l'accusé. L'annonce d'une condamnation à mort prenait parfois la forme d'un simple avis envoyé à la personne concernée ; d'autres fois, on envoyait un cercueil miniature [37]. Dans certains cas, cependant, la notification était formelle à l'extrême et le jugement justifié de façon détaillée. L'exemple le plus connu en est la sentence prononcée contre André Parmentier, préfet de police de la région de Rouen, et dont on envoya une copie à tous les préfets de France.

> « Au nom du Peuple Français,
>
> La Cour Martiale de la Résistance,

Vu le réquisitoire porté au nom du Comité d'Action contre la Déportation.

Attendu que Parmentier, préfet régional de Rouen, est déféré à la Cour Martiale de la Résistance ; ...

Attendu qu'il est constant que Parmentier a pris une part prépondérante à l'exécution de mesures de déportation dans la région de Rouen ; ...

Attendu qu'il n'a pas craint de prendre lui-même des initiatives criminelles destinées à faciliter la capture de Français recherchés par l'ennemi ; (...)

Attendu qu'il a entretenu des intelligences avec l'Allemagne, Puissance en guerre avec la France, et a favorisé les entreprises de cette Puissance contre la France.

Que ces faits sont constitutifs du crime de trahison ; qu'il ne saurait être couvert par des instructions que Parmentier aurait pu recevoir ; qu'en exécutant de semblables instructions Parmentier s'est rendu coauteur du même crime... crime de trahison prévu par l'article 73 du Code Pénal et puni de mort.

Par ces motifs déclare Parmentier, Préfet Régional de Rouen, coupable du crime d'attentat à la liberté individuelle et de trahison et le condamne à la peine de mort.

Mande et ordonne à tout Français patriote de le rechercher en quelque lieu qu'il se trouve et d'exécuter la présente sentence rendue à Paris, en audience secrète, le 2 août 1943 » [38].

Le rythme des exécutions s'accéléra à mesure qu'approchait le jour de la Libération. En Normandie, par exemple, il y eut neuf exécutions consignées en 1943, vingt-cinq au cours des cinq premiers mois de 1944 (avant les débarquements alliés), et dix-neuf durant les semaines qui séparèrent les débarquements et la libération de la région [39].

La plupart des exécutions antérieures à la Libération étaient dirigées contre des miliciens et des délateurs - ceux qui étaient responsables de l'arrestation, de la torture et de la mort de résistants : on les tuait à titre préventif, puisque l'État-dans-l'État ne disposait pas de prisons ni de camps d'internement et ne pouvait donc appliquer de mesures moins radicales [40]. Ceux que l'on haïssait le plus étaient les mouchards et lors des campagnes néo-vichyssoises et contre l'épuration, après la Libération, il n'y eut quasiment personne pour les défendre. Même pendant l'occupation, ils étaient méprisés des vichyssois et des Allemands qui se servaient d'eux.

En une occasion dramatique, pourtant, la Résistance frappa le sommet et non la base de la pyramide de la collaboration. Philippe Henriot, ministre de l'Information du gouvernement de Vichy et l'un des meneurs des cercles collaborationnises ultras à Paris, fut condamné à mort par le Conseil National de la Résistance et exécuté lors d'une expédition audacieuse en plein jour, le 28 juin 1944. Un détachement de résistants se présentant comme des miliciens vint sonner à la porte d'Henriot, tira sur lui et s'enfuit [41]. La presse de la Résistance applaudit généreusement l'assassinat d'Henriot. En témoigne le commentaire typique de Christian Funck-Brentano dans l'édition d'Alger de *Combat :*

> L'art de la guerre consiste à frapper au bon moment. L'exécution de Philippe Henriot aide l'offensive du Cotentin au moins autant que le déraillement d'un train de munitions. Pour la France, pour le monde entier c'est un signe... [42].

Malgré tout, l'approbation de la presse résistante ne fut pas unanime. *Le Français,* qui avait déjà protesté, lors de l'attentat contre l'ancien député communiste Marcel Capron, du fait qu'il aurait mieux valu attendre la Libération, qui avait réprouvé l'exécution du maire de Pierrefitte et condamné une tentative d'assassinat contre Laval en exprimant la crainte que son successeur soit pire encore, s'indignait maintenant de l'assassinat d'Henriot, non seulement parce qu'il estimait que celui-ci avait droit à un procès, mais parce qu'il avait la singulière conviction qu'il était, à l'encontre de Déat et Doriot, « sincère » [43].

Dans l'ensemble, la Résistance ne critiquait les exécutions avant la Libération, que lorsqu'elles étaient dues à un terrorisme sans discrimination, ou bien lorsque la Résistance servait de couverture à des actes de banditisme. *Résistance paysanne* exprimait un sentiment d'inquiétude largement répandu quand elle fulminait, tout en reconnaissant la nécessité d'exécuter les traîtres et les délateurs, contre les « actions punitives » menées par des individus qui agissaient en dehors des comités départementaux de coordination de la Résistance.

> Si... la discipline n'est pas respectée, les erreurs les plus sérieuses deviennent possibles, la porte est ouverte à la vengeance individuelle ou même au simple banditisme. Chacun doit savoir que, tôt ou tard, ces bandits seront identifiés et payeront de leur vie, comme les informateurs, leurs vols et leurs ignobles crimes [44].

Combien d'actes de vengeance individuelle se sont-ils masqués sous la justice de la Résistance ? Qu'il s'agisse de la période de l'occupation, de celle de la Libération ou de l'après-Libération, il est impossible de faire une quelconque évaluation. On ne connaît même pas avec certitude le nombre total, « légitimes » et « illégitimes » mêlés, pour avant et après la Libération [45]. Il est en outre difficile de déterminer combien, parmi ceux qui furent tués par la Résistance, peuvent être considérés comme ayant été « exécutés », étant donné, surtout en 1944, que de vastes maquis étaient souvent engagés dans une action militaire contre les formations de la milice.

L'existence, en 1943-1944, d'unités du maquis comptant plusieurs centaines d'hommes, a soulevé également des difficultés en ce qui concerne la définition du « banditisme ». Ces hommes devaient être nourris et vêtus ; les razzias dans les banques, les entrepôts et les boutiques palliaient l'absence de corps de trésoriers-payeurs et d'intendants régulièrement constitués. Ces expéditions s'effectuaient parfois avec l'assentiment, ou même la coopération du personnel des locaux pillés. La législation du gouvernement provisoire sur « la légitimité des actes commis pour la Libération de la France » [46] faisait face en partie aux problèmes juridiques soulevés par ces réquisitions irrégulières, mais il y avait de nombreux cas limites.

Le C.N.R. tenta d'apporter une solution en adoptant le critère de la « nécessité ». Pour ce qui était des exécutions, le critère n'était pas de savoir si les actions d'un collaborateur méritaient ou non la mort, mais si elles nuisaient suffisamment à la Résistance pour l'exiger ; la réquisition forcée des biens devenait du banditisme à partir du moment où la limite des besoins de l'unité concernée était dépassée. De tels excès (de même, bien sûr, que l'assassinat ou le pillage pour des motifs personnels ou vénaux) étaient non seulement désavoués et désapprouvés par le C.N.R., mais encore punis. Or, pour cela, comme lorsqu'il s'agissait de ces ennemis qu'il fallait mettre hors d'état de nuire, le C.N.R. ne disposait pas du choix des moyens [47].

Dans cette période où les résistants publiaient des listes noires de traîtres et réglaient leurs comptes dans le sang, derrière le dos des forces d'occupation allemandes, un bon nombre d'entre eux se préoccupaient en même temps de formuler leurs projets pour la France à venir. Qui lit une partie représentative de la presse clandestine ne peut manquer d'être étonné par l'espace considérable réservé à l'évocation lucide des difficultés de l'après-guerre. Les journaux clandestins s'exprimaient dans un langage souvent violent, et cela d'autant plus lorsqu'ils débattaient du thème de l'épuration. Leur rhétorique extravagante était à la fois spontanée (écrite sous le choc, lorsque des amis, des parents avaient été tués ou torturés) et calculée (destinée à inspirer dans un camp l'intimidation, dans l'autre la résolution). Non seulement les journaux en circulation courante consacraient un espace très important à des articles de réflexion et des études analytiques, mais un certain nombre de journaux clandestins s'y destinaient exclusivement. Ces journaux n'étaient imprimés et distribués, comme le reste de la presse clandestine, qu'avec la plus grande difficulté et moyennant des risques énormes.

Sur *la* pensée de la Résistance, la généralisation est malaisée. La Résistance ne constituait pas une communauté idéologique ou politique au sens habituel. Si certains groupes se préoccupaient beaucoup de publier des pamphlets ou des journaux, d'autres, en particulier les réseaux de renseignements, les groupes de sabotage, le maquis, s'abstenaient en général de rendre leur pensée publique. Par ailleurs, la presse d'une organisation ne reflétait pas nécessairement les opinions de ses membres.

Il existait, malgré tout, un « point de vue de la Résistance » ; ce qui unissait les hommes de la Résistance était beaucoup plus fort que ce qui les divisait. Le symbole de cette unité était la « Charte » du Conseil National de la Résistance. Elle proclamait la détermination de la Résistance à demeurer unie après la Libération afin de mettre en œuvre un vaste programme de réforme politique, sociale et économique. Les traîtres seraient punis et leurs biens confisqués ; les industries fondamentales seraient nationalisées, l'économie planifiée de façon centralisée et les travailleurs assumeraient un rôle dans la direction de la vie économique ; les programmes sanitaires et sociaux devaient être largement développés, on allait encourager les coopératives et instituer un *new deal* pour les agriculteurs ; il fallait orienter les populations coloniales dans la voie d'une autodétermination ; il fallait réorganiser et réformer la presse et le système éducatif [48].

La Résistance n'avait pas de nostalgie pour la IIIe République. La France pour laquelle elle combattait n'était pas la république des camarades, mais une nouvelle France, « pure et dure », dotée de nouvelles institutions et d'un esprit nouveau. Seuls des hommes neufs pourraient bâtir tout cela.

> La France ne peut espérer se relever et retrouver sa place dans le monde sans une révolution sociale et morale... La révolution ne peut être menée à bien que par des hommmes entièrement neufs [49].

On affirmait souvent que les « hommes neufs » seraient issus des rangs de la Résistance.

> Au lendemain de la libération, la France posera cette question à chacun de ses fils : qu'avez-*vous* fait pendant ces années de honte et de misère ? C'est sur la base de leur réponse, sans tenir compte de la classe sociale, du parti ou de la foi qu'elle choisira ceux qui auront l'honneur de la représenter [50].

Mais avant que les hommes neufs puissent s'atteler à la tâche de refaire la France, les anciens occupants des sièges du pouvoir allaient devoir être évincés. Cela signifiait bien davantage que simplement chasser (et punir) les parvenus de Vichy ; un « renouvellement » ainsi limité aurait équivalu à l'acceptation implicite du *statu quo ante bellum.*

La Résistance distinguait au moins trois groupes d'hommes à écarter. Pour *Défense de la France* il y avait ceux qui avaient laissé la France s'affaiblir avant la guerre ; ceux qui, en juin 1940, avaient douté de la France, avaient négligé ses intérêts et souillé son honneur ; ceux qui, depuis l'Armistice, « loin de se repentir ont plongé chaque jour plus bas dans la trahison en favorisant le programme de l'ennemi » [51].

L'Organisation Civile et Militaire était, parmi les principales organisations de résistance, la plus modérée : ses dirigeants étaient pour la plupart des fonctionnaires, des professeurs d'université, des personnes exerçant des professions libérales, des officiers, des chefs d'entreprise. Dans le numéro de juin 1942 de ses *Cahiers,* ce mouvement définissait de façon assez différente les catégories et étudiait en détail le traitement qui serait accordé à chacune. Il paraissait quasiment impossible à l'O.C.M. de déterminer les responsabilités individuelles parmi tous les dirigeants français d'avant-guerre ; aussi proposaient-ils un remaniement global.

Seraient désormais déclarés inéligibles pour toute participation à la vie publique tous les sénateurs, les députés et les hauts fonctionnaires, ainsi que ceux qui occupaient des positions semi-publiques (les dirigeants des syndicats par exemple). A ceux qui l'accuseraient d'iniquité pour avoir préconisé des mesures aussi systématiques, l'organisation répondait d'avance que « dans le cas de moindre culpabilité (car il n'y a pas d'innocents), cette punition automatique est justifiée par l'intérêt général ; dans le cas de réelle culpabilité, c'est une punition suffisamment légère ». Seuls seraient exemptés des effets de ce décret radical d'inéligibilité les membres actifs de la Résistance.

Tout en admettant qu'il était presque aussi difficile d'assigner des responsabilités individuelles concernant le manque de préparation militaire et les erreurs commises pendant la campagne de 1940, l'O.C.M. proposait qu'après la Libération les dossiers préparés par la Cour de Riom soient réouverts et que le procès s'achève avec des juges civils [52]. La tâche la plus importante, pour l'O.C.M. comme pour d'autres résistants, était de punir la troisième catégorie d'offenseurs, les vichyssois et les collaborateurs. Ceux-là ne devaient pas seulement être écartés mais, du moins dans le cas de « vedettes de la trahison », exécutés sommairement [53].

Quel que soit leur souci d'éliminer tous les vestiges de périodes antérieures, les résistants gardaient au premier plan de leurs projets d'assainissement les vichyssois et les collaborateurs. Ainsi que le remarquait l'O.C.M. dans son étude, d'un point de vue politique, cette partie de la tâche était la plus urgente.

> « Les responsabilités d'avant-guerre sont confuses et atténuées par le temps. Même les erreurs commises pendant la guerre commenceront, à la Libération, à s'affaiblir. Les actes commis sous l'occupation seront les plus récents. Ce sont eux qui ont causé le plus de souffrances et d'humiliations. Sans aucun doute l'attitude de la population envers les nouvelles autorités

dépendra dans une large mesure de la façon dont les crimes commis sous l'occupation seront punis »[54].

Le châtiment, cependant, ne devait être qu'une partie de la grande œuvre de rénovation. A l'épuration, revers de la médaille, répondait une autre tâche : l'introduction de « nouveaux cadres ». Confisquer la presse collaborationniste n'était que le prélude au remplacement d'un pouvoir journalistique corrompu par un autre plus honnête et plus dynamique ; de même, aux programmes de nationalisations et d'épuration de la justice s'ajoutaient les premiers jalons de profondes « réformes économiques structurelles » et les projets d'une nouvelle machine judiciaire. Pour la Résistance comme pour Bakounine, « la destruction était une sorte de création ». Pour comprendre l'épuration, il faut la situer dans une vaste perspective, celle du renouvellement des cadres et du renouvellement de la France. C'était la raison pour laquelle la Charte du C.N.R. définissait ainsi la première tâche qui venait après l'installation du gouvernement provisoire : la punition des traîtres et l'éviction de l'administration et de la vie professionnelle de tous ceux qui ont traité avec l'ennemi ou qui ont participé à la politique des gouvernements de l'occupation.

Les résistants s'accordaient non seulement sur la nécessité prioritaire de l'épuration et le rôle que celle-ci devait jouer dans l'ensemble de leurs projets pour la France libérée, mais, pour l'essentiel, sur la façon dont il faudrait la conduire. Deux conditions régissaient l'efficacité de l'épuration : il fallait frapper vite et viser haut. Si certains auteurs, certains groupes souhaitaient une épuration modérée, ou au contraire sévère, tous souhaitaient en tout cas qu'elle fût rapide. Rapide, pour ceux qui voulaient en finir avec une tâche déplaisante[55].

Rapide, pour d'autres, parce qu'en l'absence d'une action assez prompte du gouvernement une population révoltée risquait de prendre les choses en main, d'en venir à une injustice généralisée et aux crimes inspirés par la vengeance personnelle[56].

Rapide, pour ceux qui craignaient qu'un gouvernement ne sachant pas agir avec décision fût remplacé : si la Convention n'avait pas été si pusillanime, n'avait pas tant hésité à suivre le plan d'une « terreur » politique limitée que proposait Danton, elle aurait pu faire l'économie d'un Robespierre [57].

Rapide, pour d'autres qui jugeaient nécessaire d'agir avant que les voix des timorés ne se fassent de nouveau entendre [58].

Rapide, enfin, pour tous ces résistants, frustrés et découragés par la lenteur avec laquelle s'accomplissait l'épuration en Afrique du Nord, impatients de se mettre à construire la nouvelle Jérusalem dans la métropole.

Il fallait frapper vite, mais plus encore atteindre le sommet et non pas simplement la base de la pyramide de la collaboration ; toucher les ministres et les préfets qui donnaient l'ordre des actions répressives, et pas seulement les miliciens qui les accomplissaient. Dans les discussions de la Résistance sur l'épuration, on retrouve sans arrêt le mot « lampiste » ; il désignait le bouc émissaire, le subalterne que l'on pend à un réverbère tandis que son patron réussit à filer. Ils étaient tous unanimement résolus à ce que l'épuration ne soit pas une affaire de lampistes. Elle serait « inflexible pour les responsables, modérée pour les lampistes » [59].

Notes du chapitre 2

1. « La République du Silence » (1944), réimprimé dans *Situations, III* (Paris), 1949), pp. 11-14.

2. Charles de Gaulle, *Discours de guerre* (Fribourg, 1944-45), I, 17.

3. Discours du 23 juin 1940, Royal Institute of International Affairs (Margaret Carlyle, éd.), *Documents on International Affairs, 1939-1946),* Vol. II : *Hitler's Europe* (Londres, 1954), p. 166.

4. Discours du 22 juin 1940, *Discours,* I, 18.

5. Charles de Gaulle, *Mémoires de guerre* (Paris, 1954-59), I, 313-17 ; René Cassin, « Un coup d'État : la soi-disant Constitution de Vichy », *La France Libre* (Londres), I, 2 (16 décembre 1940), 162-76. Le point de vue de Cassin sur la légitimité et la légalité de Vichy, ainsi que les opinions d'autres juristes éminents, sont exposés plus longuement à l'Appendice A.

6. *Discours,* I, 39.

7. *Ibid.*, p. 45.

8. De Gaulle, *Mémoires,* II, 734-75.

9. N° 3 (20 novembre 1941).

10. N° 56 (28 décembre, 1941).

11. *Humanité (Nord),* N° 126 (26 août 1941).

12. *La Vie Ouvrière (Nord),* numéro spécial de septembre 1942. Si les communistes unissaient à celui des résistants leur espoir de voir un jour justice faite, ils n'étaient ni les plus intransigeants ni les premiers à se faire entendre à ce sujet. Sur certains thèmes (les nationalisations, leur mépris des normes légales) les communistes faisaient partie des « épurateurs » les plus implacables ; sur d'autres (l'épuration en Afrique du Nord, l'inéligibilité parlementaire pour ceux qui en 1940 avaient voté pour Pétain), ils adoptaient une position beaucoup plus modérée que la majorité de résistants. Il n'est pas inutile de remarquer que les journaux et les tracts communistes pendant l'occupation faisaient une place très secondaire aux exposés

concernant la vengeance et l'ultime châtiment qui serait infligé aux collaborateurs et aux vichyssois. Ils se consacraient davantage à réclamer l'amélioration du ravitaillement, la liberté des prisonniers politiques (en particulier des communistes) et le retour des prisonniers de guerre ; ils exhortaient à la grève, à commettre des actes de sabotage, à se rallier au Front National ou aux Francs-Tireurs et Partisans et à éviter le service du travail forcé ; ils faisaient l'éloge de l'Armée Rouge, de Staline et de Thorez. La presse officielle communiste ne contenait pas un seul article important (du moins à ma connaissance) sur l'épuration, pendant toute la durée de l'occupation.

13. Reproduit dans *La Guerre des papillons* d'Angelo Tasca [« Rossi »] (Paris, 1954), XXVIII, 3. C'est là le seul exemple que j'aie rencontré de cette sorte de menace, de la part de la Résistance, envers les familles.

14. Appel aux paysans de France, daté de septembre-octobre 1941 et signé symboliquement par Maurice Thorez, cité par Angelo Tasca [« Rossi »] dans *La Physiologie du Parti communiste français* (Paris, 1948), p. 193, n° 3. Comme dans le cas du précédent appel communiste cité, cet exemple est le seul du genre que j'aie rencontré et, de même, reflète peut-être le manque de coordination de la propagande communiste dans cette première phase.

15. Reproduit dans *Papillons,* Tasca, XXVII, 2.

16. *Front National,* N° 6 (11 novembre 1941).

17. N° 5 (15 septembre 1942).

18. N° 15 (février 1944).

19. De fait, je n'ai trouvé dans les journaux communistes clandestins aucun exemple de véritable liste noire, même s'ils mentionnaient parfois les noms de leurs propres renégats. Les dossiers étant incomplets, j'hésite à affirmer que de tels exemples n'existent pas. De toute évidence, ils n'étaient pas de règle.

20. N° 31 (20 avril 1943). Voir aussi le N° 35 (5 juillet 1943).

21. *Bir-Hakeim,* l'un des journaux clandestins doté de la meilleure technique de production et de la distribution la plus étendue, avait été baptisé en l'honneur de la bataille au cours de laquelle les forces libres françaises avaient défendu leur possession libyenne, alors pas encore tombée.

22. *News Digest,* N° 1304 (30 novembre 1943).

23. N° 8 (31 décembre 1943).

24. U.S., O.S.S., *Resolutions of the French National Council of Resistance* (Washington, 1944), pp. 23-25.

25. *Lettres Françaises,* N° 14 (mars 1944) ; *Libération (Nord),* n° 174 (7 avril 1944).

26. N° 22 (11 novembre 1942) ; N° 25 (1er janvier 1943).

27. Feuillet joint au N° 117 (23 février 1943).

28. *Populaire (Sud),* N° 21 (février 1944) ; *Libération (Nord),* N° 169 (29 février 1944) ; *Populaire (Nord),* 15 juin 1944.

29. Tract polycopié non daté des dossiers de la B.D.I.C. : *Déclaration à propos de la campagne hitlérienne contre le « terrorisme »*.

30. *Libération (Sud),* N° 32 (1er août 1943) ; *Résistance,* N° 18 (13 octobre 1943) ; *Populaire (Nord),* N° 35 (15 août 1944).

31. *La vie du Parti,* août 1940, 16.

32. *Ibid.*, septembre 1942, 13.

33. C.F.L.N., *Les Cahiers Français : Les Documents,* N° 39 (1er avril 1943), 55 ; Charles Tillon, *Les F.T.P. : Témoignage pour servir à l'histoire de la résistance* (Paris, 1962), p. 204.

34. N° 49 (15 octobre 1943).

35. *Circulaire des groupes francs des M.U.R.* (s.l.n.d. 1944), cité dans *Les Courants de pensée de la Résistance,* Henri Michel, (Paris : 1962) ; p. 338.

36. N° 44 (15 mars 1944).

37. L'envoi d'objets symboliques rendit nécessaire la modification des articles 305 et 308 du Code pénal qui punissaient de mort pour les seuls cas de menace orale ou écrite. On procéda à des changements pour introduire les menaces exercées au moyen « d'images, de symboles ou d'emblèmes » ; ce fut la loi du 21 décembre 1943.

38. *Combat (Alger),* 12 mars 1944 ; *Free France,* V, 11 (1er juin 1944), 403 ; Robert Aron, *Histoire de Vichy : 1940-1944* (Paris, 1954), pp. 595-596. La sentence ne fut pas exécutée. Parmentier ne fut pas jugé légalement avant cinq ans ; la Haute Cour le condamna à cinq ans de dégradation nationale, immédiatement suspendue pour actes de résistance.

39. Marcel Baudot, *L'Opinion publique sous l'Occupation : L'Exemple d'un département français* (1939-1945) (Paris, 1960) pp. 79-80.

40. Il existe une exception à cette règle. Dans la redoute du maquis du Vercors, on avait établi un camp d'internement dans lequel on retenait prisonniers des miliciens et collaborateurs.

41. René Hostache, *Le Conseil National de la Résistance : Les Institutions de la clandestinité* (Paris, 1958), pp. 179-80 ; *Action,* 22 septembre 1944.

42. 2 juillet 1944.

43. N° 103 (21 avril 1943) ; N° 108 (10 mai 1943) ; N° 128 (8 octobre 1943) : N° 164 (5 juillet 1944).

44. N° 2 (février 1944).

45. Cette question est examinée de façon assez approfondie à l'Appendice C. S'il y avait (proportionnellement) davantage d'exécutions sommaires de collaborateurs en France avant la Libération que dans les autres pays occupés de l'Europe occidentale (excepté peut-être le cas de l'Italie), elles étaient néanmoins pratiquées partout. D'après Harold Flender, il y en eut au moins 170 au Danemark (*Rescue in Denmark* [New York, 1963], p. 229) ; Werner Warmbrunn parle de 300 exécutions aux Pays-Bas seulement pour l'année 1944. (*The Dutch Under German Occupation : 1940-1945* [Stanford (Cal.), 1963], pp. 206-208).

46. Ordonnance du 6 juillet 1943 (J.O. [Alger], 10 juillet 1943, p. 23). L'ordonnance rendait légitimes, même s'ils violaient le Code pénal, tous actes commis depuis le 10 juin 1940, pourvu qu'ils aient été commis pour la Libération. (On instaura une commission chargée d'examiner si tel était le cas.)

47. Pour les réglementations du C.N.R., datées du 3 février 1944 y afférant, voir *Cahiers du Témoignage Chrétien,* XXVI-XXVII (mai 1944) ; pour l'annonce de l'exécution d'un résistant par la Résistance pour « vol, pillage et chantage », voir l'affiche du F.T.P.F.-F.F.I. de Haute-Vienne, datée du 20 juin 1944, dans le dossier du B.D.I.C., « France/Occupée/Résistance/Maquis ».

48. La Charte du C.N.R. fut adoptée à l'unanimité lors d'une réunion plénière secrète de cette entité le 15 mars 1944. A la Libération, la Charte devint le symbole des aspirations de la Résistance ; plus tard, pour beaucoup, elle devint symbolique de la trahison de tels espoirs. Pour cette raison, le document est cité dans l'Appendice B.

49. *Résistance,* N° 6 (25 janvier 1943).

50. *Combat,* janvier 1943.

51. N° 33 (20 mai 1943).

52. L'étude, néanmoins, remarquait la nécessité d'annuler le jugement précédent, prononcé par le maréchal Pétain en octobre 1941. Dans sa proposition modifiée, sept mois plus tard, l'O.C.M. répudiait l'idée de rouvrir le Procès de Riom. (*Résistance,* N° 6 [25 janvier 1943].)

53. Dans une intéressante note de bas de page, l'étude proposait d'examiner sélectivement le retour en France de certains « émigrés » qui avaient quitté le pays dans des circonstances moins qu'honorables (allusion transparente à Maurice Thorez, qui déserta son unité en 1940 et s'enfuit à Moscou). La suite soulignait que le relâchement de personnes injustement emprisonnées n'impliquait pas leur réhabilitation, leur droit à être considérées comme des héros, ni l'effacement des erreurs passées.

54. *Cahiers* [de l'O.C.M.], juin 1942.

55. Jacques Charpentier, *Au Service de la Liberté,* (Paris, 1949), pp. 223-24.

56. *Libérer et Fédérer,* N° 12 (octobre 1943).

57. Boris Mirkine-Guétzévitch, « L'indignité Nationale », *La République Française,* I, 8 (septembre 1944), 5-8.

58. *Au Service de la renaissance française* (Paris, s.d. [début 1944]), p. 26.

59. *Ibid.* Ou, selon l'expression de Pierre-Bloch, « nous frapperons d'autant plus fort que les coupables sont plus haut placés » (*Fraternité,* 26 décembre 1943).

3

Répétition générale en Afrique du Nord

> *... Comme l'a proclamé le général de Gaulle dès novembre 1943, l'union nationale ne peut être établie et ne peut durer que si l'État sait comment reconnaître ses authentiques serviteurs et punir les criminels...*
>
> O. POZZO DI BORGO [1]

L'invasion alliée en Afrique du Nord française au mois de novembre 1942 fut lourde de conséquences pour l'histoire de la guerre en France. A trois jours de l'invasion, les troupes allemandes, violant les termes de l'Armistice, forcèrent la ligne de démarcation et pénétrèrent dans la moitié de la France restée jusqu'alors non occupée ; ils ne rencontrèrent aucune résistance de la part de l'« Armée de l'Armistice » de Vichy. Les dirigeants politiques de Vichy et les hommes qui faisaient la loi dans la Marine refusèrent aussi bien d'envoyer la flotte en Afrique du Nord que de laisser les Allemands s'en emparer : la flotte se saborda dans la rade de Toulon. D'un État quasi indépendant, Vichy devenait le sujet et l'instrument du pouvoir occupant.

Pour de nombreux Français (ainsi que pour le Département d'État américain) l'existence de Vichy était justifiée, et le régime méritait d'être soutenu dans la mesure où il empêchait les Allemands de procéder à l'occupation totale de la France métropolitaine. Les concessions que Vichy accordaient aux Allemands se justifiaient - ou du moins s'expliquaient - par la nécessité de donner suffisamment aux Allemands pour les maintenir du bon côté de la ligne de démarcation. Réussir à prolonger cet effort constituait la seule récompense réelle de ce qu'on appelait le « double jeu ». Une fois disparue cette justification, il ne restait pas grand-chose.

Beaucoup de ceux qui s'étaient laissé exalter par l'aura dont on entourait le vainqueur de Verdun se dégrisèrent devant le refus du Maréchal d'accéder aux prières d'un bon nombre de ses conseillers, en fuyant en Afrique du Nord après les débarquements alliés. Beaucoup de ceux qui avaient apporté leur soutien, en calculant qu'une victoire de l'Axe était inévitable, remirent leur fidélité en question en constatant que l'occupation totale de la France coïncidait avec un tournant général, dans le cours de la guerre, en faveur des Alliés. D'autre part, il était d'une grande importance pour les légitimistes d'élever un nouvel autel à leur fidélité en Afrique du Nord, qui soit davantage qu'un comité d'exilés toléré par Londres.

Ce nouveau centre fut d'abord loyal aux principes de la « révolution nationale ». Sous l'influence des événements - dont certains étaient fortuits -, il subit une métamorphose totale, qu'il fallait attribuer pour une large mesure à la détermination des gaullistes de punir les hommes de Vichy. Leur faculté de traduire cette détermination en action n'était pas sans lien avec les développements politiques en Afrique du Nord.

Au matin du 8 novembre 1942, les forces américaines effectuèrent plusieurs débarquements amphibies à divers points de la côte d'Afrique du Nord française. On avait espéré que les débarquements ne se heurteraient à aucune opposition ou que les Français, au pire, offriraient une résistance purement formelle. Jusque-là, on avait entrepris avec divers chefs civils et militaires des négociations longues et compliquées. Les Américains avaient choisi le général Giraud qui, au grand embarras de Vichy, avait échappé à sa détention en Allemagne à Koenigstein, pour prendre la direction de l'Afrique du Nord libérée. Au cours des événements, on s'aperçut que l'attitude des hauts fonctionnaires français en Afrique du Nord ne ressemblait pas à ce qu'on avait imaginé auparavant [2].

Les dirigeants civils et militaires locaux se révélèrent obstinément fidèles à Vichy et sourds aux appels d'un « dissident » comme Giraud. L'amiral François Darlan, qui, après avoir perdu le pouvoir politique en avril, avait reçu le grade de commandant en chef des forces armées françaises, se trouvait à Alger au chevet de son fils (que l'on croyait sur le point de mourir). On improvisa à la hâte, entre les Alliés et Darlan, un accord selon lequel l'amiral devait assumer le rôle précédemment assigné à Giraud ; le 10 novembre, Darlan donna l'ordre d'un cessez-le-feu. A l'encontre de Giraud, il était hiérarchiquement au-dessus des chefs militaires locaux, aussi fut-il obéi. (Encore aujourd'hui, on sait assez mal dans quelle mesure il agissait au su du maréchal Pétain et avec son assentiment.)

L'accord conclu par Darlan avec le représentant du général Eisenhower, Mark W. Clark, faisait de l'amiral le « haut-commissaire » d'Alger, du Maroc et de l'Afrique occidentale française. Comme le remarqua un historien américain, d'un point de vue politique,

> « la clause la plus importante de l'accord Clark-Darlan fut celle qui laissa intacte l'administration de Vichy en Afrique du Nord. On n'y trouvait pas la moindre mention impliquant que les Français devaient expurger les éléments fascistes des structures gouvernementales. Puisque le haut-commissaire choisissait de maintenir en place les gouverneurs nommés par Vichy - Noguès, Boisson et Chatel ; qu'il n'exigeait pas l'abro-

gation des lois antisémites rédigées sur le modèle des décrets de Nuremberg ; qu'il n'envisageait pas de liquider le service d'ordre légionnaire, rien ne pouvait justifier une intervention des Alliés à moins de prouver qu'une telle politique mettait en danger les opérations militaires » [3].

Selon la formule d'Yves-Maxime Danan, c'était « la substitution du vichysme sous protectorat américain au vichysme sous contrôle allemand » [4].

Le président Roosevelt, dont l'hostilité à de Gaulle était profondément enracinée et permanente, avait tenu à ce que les gaullistes soient laissés totalement en dehors des plans alliés d'invasion ; ils l'apprirent par les ondes radiophoniques. Néanmoins, les quartiers généraux de De Gaulle, tant que Giraud sembla être le héros du jour, furent heureux d'apprendre la nouvelle. Lorsque Giraud s'était évadé d'Allemagne quelques mois plus tôt, de Gaulle avait prié les Britanniques de l'inviter (il était alors en Suisse) à venir à Londres et avait déclaré que Giraud était le seul homme sous les ordres duquel lui-même pourrait travailler. Après les débarquements en Afrique du Nord, de Gaulle demanda immédiatement aux Alliés l'autorisation d'envoyer à Giraud une mission de liaison [5]. Mais lorsqu'on annonça, le 14 novembre, que les Américains allaient traiter non plus avec Giraud mais avec Darlan, la fureur des Français libres ne connut plus de bornes. Non seulement on avait « court-circuité » les résistants de la première heure mais encore on les avait court-circuités en faveur d'un converti de la dernière heure. De Gaulle écrivit à l'envoyé de Roosevelt, l'amiral Harold R. Stark :

> « Je peux comprendre que les États-Unis achètent la trahison des traîtres si cela leur paraît avantageux, mais le paiement ne doit pas se faire au détriment de l'honneur de la France » [6].

La Résistance métropolitaine (qui n'avait pas mis Talleyrand à son Panthéon) se montra tout aussi indignée par cet opportunisme des Alliés. Bon nombre d'organisations de résistance importantes publièrent un communiqué affirmant que le général de Gaulle était « le chef incontesté de la Résistance » et refusant de considérer la volte-face de la onzième heure des « responsables de la trahison militaire et politique » comme une excuse à leurs crimes passés. Presque tous les mouvements de la Résistance faisaient écho à ce sentiment ; le seul à faire exception fut le Parti communiste qui garda d'abord le silence au sujet de l'accord puis lui offrit un soutien réservé [7].

Jamais le moral de la Résistance (aussi bien en métropole que chez les gaullistes de Londres) n'avait été aussi bas que pendant les six semaines qui suivirent l'invasion de l'Afrique du Nord. Ce fut alors qu'à la veille de Noël toutes les données furent modifiées : un jeune royaliste, Fernand Bonnier de la Chapelle, assassina l'amiral Darlan. On réunit à la hâte le Conseil impérial qu'avait constitué Darlan en novembre ; le 27 décembre, le général Giraud, qui avait été le commandant des forces de l'armée de terre française sous le bref règne de Darlan, fut élu pour succéder à l'amiral en tant que haut-commissaire et nommé à la tête de toutes les forces armées françaises en Afrique du Nord.

Si Giraud était arrivé au pouvoir six mois plus tôt et s'il avait fait preuve de finesse politique (cette deuxième hypothèse étant plus « outrée » encore que la première) il aurait pu aisément emporter le soutien de la Résistance métropolitaine et, sur sa lancée, devenir à la place de De Gaulle le chef politique de la France libérée. A l'époque de son évasion de Koenigstein, Giraud avait été acclamé par la Résistance en France plus bruyamment encore que par les gaullistes. *Combat* écrivit en mai 1942 : « Nous ignorons si Giraud est un républicain, un royaliste, un bonapartiste, un démocrate, ou s'il rêve d'autocratie - ce qui n'a guère d'importance aujourd'hui. Pour nous, Giraud est un soldat inflexible et sans tache. »

Au printemps 1942 les liens organisationnels tissés entre la Résistance interne et de Gaulle étaient encore hésitants et fragiles ; on peut imaginer que si Giraud avait répondu aux ouvertures que la Résistance lui avait faites, il en soit devenu le chef à la place de De Gaulle.

Pourtant, avant la fin de l'année, la Résistance presque unanime avait accepté le général de Gaulle non seulement pour son chef symbolique mais pour chef de toute l'organisation du mouvement. Giraud conservait une certaine popularité au sein des résistants, mais le fait qu'il se soit associé avec Darlan avait quelque peu terni son éclat ; en outre, sa fidélié aux politiques de Vichy, et le fait qu'il maintînt en poste de notables vichyssois constituaient des causes d'irritation permanentes. D'une façon générale, la Résistance métropolitaine adopta envers Giraud un comportement qui alliait un soutien très mitigé à une critique amicale. Naturellement, ils étaient très satisfaits de voir qu'un général français disposait dans le camp des Alliés d'une véritable armée, et non d'une poignée de volontaires comme celle que de Gaulle avait sous ses ordres. Mais en même temps ils critiquaient avec sévérité la répugnance de Giraud à rompre avec l'idéologie et le personnel de Vichy. Ils attendaient impatiemment que soient unies les forces de De Gaulle et celles de Giraud et, dans l'intervalle, pressaient Giraud de quitter une fois pour toutes Pétain et sa « révolution nationale ».

L'unification finit par se faire, mais ce ne fut qu'au bout de cinq mois de négociations complexes et souvent acrimonieuses. Il y avait quatre parties en présence : toutes souhaitaient l'unité, mais chacune dans des conditions différentes. La politique américaine, fondée sur le parrainage de Giraud et l'hostilité à de Gaulle, était favorable à l'intégration complète des Français libres dans les forces placées sous le commandement de Giraud, de Gaulle lui-même étant soit totalement soumis, soit rejeté. Les Britanniques, qui de longue date étaient engagés aux côtés de De Gaulle, souhaitaient qu'il arrive en Afrique du Nord au moins sur un pied d'égalité avec Giraud, mais craignaient en faisant trop fortement pression d'aggraver leur différend avec les États-Unis jusqu'à créer une brèche irréparable. Giraud, en « simple soldat », voyait dans l'unification de leurs forces respectives essentiellement un intérêt militaire. Il n'avait pas véritablement d'opinion politique, bien qu'il partageât les sympathies autocratiques et hiérarchiques de la plupart des officiers de l'armée. S'il incarnait un point de vue politique, c'était seulement en tant que porte-parole de ses amis vichyssois (qui souhaitaient maintenir leurs positions) et du gouvernement des États-Unis (qui voulait enrayer ce qu'il considérait comme les manœuvres de De Gaulle pour accéder au pouvoir). De Gaulle voulait une autorité au moins égale à celle de Giraud - il se rendait compte probablement que la naïveté politique de Giraud le rendrait facile à neutraliser. Il était également décidé à procéder à un assainissement approfondi en Afrique du Nord, non seulement en rompant avec l'idéologie de Vichy mais en éliminant de l'administration tous les éléments vichyssois.

A la Conférence de Casablanca, en janvier, Roosevelt tenta d'arranger un « mariage forcé » entre de Gaulle et Giraud. Il informa le secrétaire d'État Cordell Hull qu'il avait

> « présenté le futur époux, le général Giraud, qui a collaboré très aimablement aux festivités envisagées et se fera un plaisir de les mener à bien dans le sens où nous l'entendons, j'en suis certain. En revanche nos amis n'ont pu exhiber de Gaulle, la fiancée fantasque. Elle prend de grands airs à propos de toute cette affaire, refuse de rencontrer qui que ce soit d'entre nous, et n'a pas la moindre intention d'entrer dans le lit de Giraud » [8].

D'une part les conditions politiques étaient inacceptables - subordination à Giraud ; en outre, à la veille des « noces », de Gaulle apprit qu'un autre pétainiste éminent devait se joindre à l'administration de Giraud :

Marcel Peyrouton, l'ancien ministre de l'Intérieur de Vichy, était nommé gouverneur général à Alger.

De Gaulle pouvait se permettre d'attendre ; le temps travaillait pour lui. Giraud subissait les pressions continuelles des Anglo-Saxons, qui le voulaient, *au moins* en apparence, démocrate ; mais le moindre pas vers une rupture avec Vichy et ses partisans revenait à sacrifier sa propre position en Afrique du Nord, tant elle dépendait du soutien des partisans irréductibles de la « révolution nationale ». Son discours du 14 mars, qui promettait l'annulation de la législation de Vichy et le rétablissement de la législation républicaine à la Libération, lui valut la démission de trois « purs » vichyssois appartenant à son cabinet : le général Jean Bergeret, Jean Rigault et Jacques Lemaigre-Dubreuil. A la suite du discours du 14 mars, les gaullistes insistèrent avec une vigueur renouvelée pour négocier, mais sans réduire leurs exigences. Dans un mémorandum envoyé à Alger à la mi-avril, Londres insistait sur l'abolition totale de la législation de Vichy (ainsi que sur le rétablissement de la citoyenneté française pour les juifs algériens), la dissolution des groupes vichyssois tels que la Légion des Combattants et l'élimination aux postes de direction des

> hommes qui ont assumé une responsabilité personnelle dans la capitulation et la collaboration avec l'ennemi [9].

L'idée gaulliste gagnait du terrain en Afrique du Nord - non seulement parmi la population civile, mais aussi parmi ceux qui étaient enrôlés dans les forces armées ; de Gaulle avait de nombreux supporters en Tunisie, pays qui tomba aux mains des Alliés le 12 mai. Les chances gaullistes reçurent l'encouragement final quand il fut annoncé, le 15 mai, qu'on avait constitué en métropole le Conseil National de la Résistance pour regrouper toutes les principales organisations, partis politiques et syndicats résistants. Le premier acte du C.N.R. fut de publier un manifeste de soutien au général de Gaulle. Le 17 mai, le secrétaire d'État Hull télégraphia à Robert Murphy à Alger que

> « les informations qui nous sont parvenues au cours des semaines précédentes... indiquent que le retard encouru par la réunion entre Giraud et de Gaulle travaille de plus en plus en faveur de ce dernier... La nouvelle concernant le Conseil français de la Résistance... et la position du Comité National [des Français libres] qui s'opposent [au retrait de la nationalité française pour les juifs algériens]... en sont des preuves indéniables... Des membres de la mission militaire de Giraud nous ont appris confidentiellement que les sympathisants de Giraud à Alger parlent de l'existence d'un fort mouvement de rattachement à de Gaulle parmi les hommes jeunes, aussi bien à l'intérieur qu'à l'extérieur de l'armée, dû essentiellement à ce que Giraud n'a pas su faire les changements de personnel nécessaires, surtout dans les rangs les plus élevés des forces armées et de l'administration civile. Dans ces conditions, nous pensons qu'il n'y a pas de temps à perdre, maintenant que la bataille de Tunisie est gagnée, en repoussant davantage des réformes de caractère politique qui sont depuis longtemps attendues »[10].

Le prétendant et l'épousée désormais consentante se mirent rapidement d'accord sur les derniers préparatifs du mariage retardé. Le Comité National des Français Libres se dissoudra lui-même ; le 30 mai de Gaulle arrivait à Alger.

Le général de Gaulle vint à Alger sur la base d'un accord provisoire qui prévoyait, pour gouverner, un comité dont Giraud et lui seraient les co-présidents. Chacun d'eux devait nommer deux autres membres ; cette entité de six hommes, à son tour, choisirait d'autres membres. (Giraud nomma Jean Monnet et le général Alphonse Georges ; de Gaulle, André Philip et René Massigli. Le général Georges Catroux, principal négociateur de l'union, était depuis le début une « septième partie neutre »). Néanmoins, on n'était parvenu à aucun accord en ce qui concenait les mesures à prendre dans le cas des gouverneurs généraux vichyssois

(Peyrouton, Noguès, Boisson) et d'autres hauts fonctionnaires « compromis ».

Le 31 mai, avant que le Comité soit formellement constitué, il y eut une longue controverse sur ce point. De Gaulle et Philip exigeaient le renvoi des vichyssois comme condition à une unité dans les formes ; Giraud, appuyé par le général Georges, les défendait. On évoqua le rôle de Boisson, qui avait empêché les Allemands d'étendre leur domination sur l'Afrique occidentale, et l'on défendit Peyrouton en arguant du fait qu'il avait aidé à déposer Laval en décembre 1940 et en mentionnant sa réputation d'habileté dans la fonction d'administrateur colonial. Philip répliqua en exposant à quel point ces hommes représentaient la Collaboration aux yeux des résistants de France. Giraud et Georges insistèrent sur la nécessité de construire un front suffisamment vaste contre les Allemands ; de Gaulle rappela qu'il s'était engagé vis-à-vis de la France à opérer un assainissement radical. C'est de Gaulle qui mit fin à la rencontre en quittant la salle à pas furieux [11].

Le jour suivant, Peyrouton, croyant à tort que de Gaulle partageait déjà le commandement en Afrique du Nord avec Giraud, remit sa démission aux deux généraux « dans l'intérêt de l'unité ». De Gaulle (qui n'en avait pas le pouvoir) l'accepta aussitôt et dit à Peyrouton qu'il appuierait sa requête pour faire accélérer sa commission de réserve. Cette usurpation de l'autorité provoqua une nouvelle crise et l'unité sembla compromise. Heureusement, le général Catroux, soutenu par Massigli et Monnet (moins asservis à leurs protecteurs respectifs que Philip et Georges), forma un bloc modéré qui réussit à convaincre Giraud et de Gaulle de constituer d'abord le comité pour s'occuper ensuite d'autres problèmes. Le 3 juin, le Comité Français (bicéphale) de la Libération Nationale était officiellement constitué. La démission de Peyrouton fut maintenue. Quelques jours plus tard, Giraud consentit au remplacement de Noguès et, avant la fin du mois, en dépit des objections fastidieuses de Roosevelt, Boisson était également écarté [12].

Giraud avait perdu la première bataille avec de Gaulle de la même façon qu'il allait perdre la guerre. La parité qui semblait exister au C.F.L.N. n'était qu'une illusion : Catroux, qui se vantait d'être neutre, était en fait largement l'homme de De Gaulle et Monnet opéra un mouvement vers le centre. Lorsqu'on eut procédé aux nominations qui s'imposaient, les personnes désignées par de Gaulle constituaient un bloc solide de politiciens compétents, tandis que les hommes de Giraud, en majorité des techniciens, n'offraient pas à leur protecteur la même loyauté et votaient individuellement en fonction du problème débattu. Giraud, qui ne s'intéressait pas réellement aux questions politiques, en vint à s'occuper exclusivement de l'aspect militaire ; même dans ce domaine pourtant, il dut subir de plus en plus le contrôle d'un Comité dont l'appartenance gaulliste ne cessait de se confirmer.

Les résistants d'Afrique du Nord comme ceux de France applaudirent aussi bien l'arrivée de De Gaulle en Afrique du Nord, que son alliance avec Giraud et le renvoi des principaux vichyssois, mais ils furent loin d'être satisfaits du rythme et de l'envergure de l'assainissement qu'ils avaient ardemment souhaité. Même un gaulliste aussi loyal que René Capitant (qui allait devenir le ministre de l'Éducation sous le gouvernement provisoire) réprimanda son chef pour son laxisme à cet égard [13]. On pressa de Gaulle de poursuivre ceux qui s'étaient rendus coupables d'intelligence avec l'ennemi et d'épurer sans tarder l'administration de réels ou d'éventuels suiveurs de la cinquième colonne.

Les 8 et 10 août, à Casablanca, le général de Gaulle s'exprima clairement pour la première fois sur le thème du châtiment des vichyssois et des collaborateurs. Rassembler tous les Français pour la Libération et la Renaissance de la France ne voulait pas dire qu'il fallait épointer l'épée de justice, comme certains éléments le souhaitaient. Au contraire, on ne pourrait forger une unité nationale durable que si l'État savait reconnaître les loyaux serviteurs et punir les criminels. Pour ce qui est de ces derniers - les « capitulards », qui se servaient de la défaite pour justifier l'étranglement des libertés, les hommes de Vichy qui avaient fourvoyé le peuple français, ceux qui rejoignaient les rangs de l'ennemi - un seul terme pouvait s'appliquer à eux : « trahison » ; il n'y avait qu'une chose à faire : « faire justice ». On comprenait, en l'écoutant évoquer la sorte d'épuration qu'il projetait, pour quelle raison il avait attendu d'être investi du pouvoir d'État avant d'en parler [14].

Si l'épuration devait être une affaire d'État, alors l'État devrait s'y mettre vite. Le 14 août, *Combat (Alger)* publia une résolution du Comité Central de la France Combattante en Afrique du Nord. Elle annonçait la formation d'une Commission d'Épuration groupant des hommes de cette organisation, qui allaient étudier divers cas et faire part au général de Gaulle de ses résultats. Elle citait plusieurs cas considérés comme des affronts flagrants à des patriotes - parmi lesquels la liberté dont continuaient à jouir l'ancien gouverneur général Chatel, l'amiral Louis Derrien qui en novembre 1942 avait laissé les Allemands entrer en Tunisie sans leur opposer de résistance, et Pierre-Étienne Flandin, qui avait servi sous Vichy en tant que ministre des Affaires étrangères et se trouvait maintenant en Afrique du Nord. Les auteurs de la résolution étaient également fortement choqués par le fait que l'ancien ministre de l'Intérieur de Vichy, Pierre Pucheu, n'était toujours qu'en résidence surveillée.

Le jour même de l'apparition de la résolution, le C.F.L.N. décida que Pucheu serait jugé par un tribunal militaire ; il fut arrêté et emprisonné à Meknès, au Maroc. Quatre jours plus tard, le Comité, passant sur la signature de ses co-présidents de Gaulle et Giraud, instaura une Commission d'Épuration chargée de suggérer des mesures à envisager à l'encontre de tous ceux qui, dirigeants ou fonctionnaires, avaient, par leurs actes, leurs écrits ou leur comportement, encouragé l'action de l'ennemi ou porté préjudice aux activités des Nations Unies ou des résistants français. Ces mesures concernaient également ceux qui s'étaient opposés aux institutions ou aux libertés publiques, ceux qui, consciemment ou inconsciemment, avaient retiré des profits de l'application de règlements contraires aux lois en vigueur le 16 juin 1940 [15].

La Commission devait faire la distinction entre les hommes qui ne faisaient qu'obéir aux ordres sans disposer de l'autorité nécessaire pour les récuser, et ceux qui, dépassant leurs strictes obligations professionnelles, s'éaient associés à une politique antinationale.

Composée d'un président et de quatre membres qui seraient nommés sur la recommandation du commissaire à la Justice et du commissaire de l'Intérieur, elle était compétente pour juger des cas de tous les fonctionnaires élus et nommés du gouvernement, des forces armées, des entreprises semi publiques, des associations professionnelles et de la presse. La Commission pouvait citer des témoins et examiner des documents. Elle pouvait, après enquête, recommander aux ministères concernés le transfert, les destitution ou le renvoi des fonctionnaires jugés coupables ; quand elle jugeait nécessaire une action judiciaire, elle devait transmettre les dossiers au système des tribunaux réguliers [16].

Deux semaines plus tard, le 3 septembre, le C.F.L.N. prit une mesure d'une portée plus grave. Elle résolut à l'unanimité d'assurer, dès que les circonstances le permettront, l'action de la justice à l'égard du maréchal Pétain et de ceux qui ont fait ou font partie des pseudo-gouvernements formés par lui, qui ont capitulé, attenté à la constitution, collaboré avec l'ennemi, livré des travailleurs français aux Allemands et fait combattre des forces françaises contre les alliés ou contre ceux des Français qui continuaient la lutte » [17].

Le Comité s'était désormais engagé de façon formelle, pour la première fois, à punir Pétain, ses ministres et les fonctionnaires responsables. Pucheu, qui était arrivé en Afrique du Nord muni d'un sauf-conduit de Giraud, Peyrouton, venu sous les auspices des Américains, ceux-là et d'autres furent proscrits. La résolution était censée en finir, définitivement et sans ambiguïté, avec les rumeurs selon lesquelles des liens ou des accords secrets existaient entre le C.F.L.N. et Vichy et que lorsque aurait lieu la Libération de la France le Comité s'entendrait avec Pétain. La résolution servait un autre but que certains au moins de ses signataires n'avaient pas soupçonné : elle coupait Giraud non seulement de ses anciens disciples mais de ses partisans du moment, particulièrement dans l'armée. La résolution du 3 septembre, qui venait couronner la décision d'instaurer la Commission d'Épuration, fut accueillie avec enthousiasme par ceux qui insistaient pour que les procédures concernant l'épuration soient menées avec plus de vigueur. *Liberté* (communiste) écrivit :

> « Pour la première fois, le Comité a officiellement proclamé sa détermination unanime de déférer devant la justice le sinistre Pétain et ses odieux complices, les traîtres de Vichy » [18].

Le 17 septembre, de Gaulle et Giraud avaient signé une ordonnance établissant une « Assemblée consultative provisoire pour permettre à l'opinion nationale de s'exprimer le plus largement possible, compte tenu des circonstances actuelles » [19].

L'Assemblée devait comprendre des représentants de la Résistance (52 sièges), des sénateurs et des députés de la IIIe République (20 sièges) et des représentants des conseils généraux d'Afrique du Nord (12 sièges). Le 3 novembre, l'Assemblée Consultative Provisoire tint sa première session. Une majorité écrasante de l'Assemblée était favorable à de Gaulle ; elle permit à celui-ci de prendre des dispositions pour que Giraud soit expulsé du C.F.L.N. Tous les membres du Comité démissionnèrent afin de permettre un élargissement, en accueillant des résistants et des représentants des partis de gauche ainsi que le demandait instamment le Conseil National de la Résistance. Un comité présidé par de Gaulle devait dresser une nouvelle liste. Le 9 novembre elle fut rendue publique : on avait ajouté de nombreux résistants et des politiciens de la IIIe République ; le général Giraud, avec trois de ses principaux partisans, était évincé.

Du début jusqu'à la fin, c'est de Gaulle qui avait manigancé son expulsion. Les communistes, qui avaient appuyé Giraud pour faire contrepoids à de Gaulle, réunirent 10 000 personnes pour un meeting de protestation. De Gaulle leur offrit alors les ministères de la Production et de la Santé publique, s'il pouvait lui-même choisir les communistes qui y seraient placés, mais le Parti refusa ; il préférait pour l'instant demeurer dans l'opposition. Giraud menaça de démissionner du commandement en chef des forces armées mais les Américains l'en dissuadèrent. Comprenant trop tard quel danger la nouvelle situation faisait courir à ses plus récents partisans, Giraud tenta d'imposer un veto sur la question des procès d'épuration dans l'armée, mais il échoua. Lors d'une conférence de presse le 10 novembre, « un nouveau général de Gaulle », faisant preuve « d'une absolue confiance en soi » expliqua que le Comité était plus fort, plus large et plus sûr de lui, qu'il s'appliquerait à épurer les collaborateurs et à envisager les moyens de rendre sa souveraineté à la France [20].

Malgré la détermination affirmée par de Gaulle, les délégués à l'Assemblée consultative s'empressèrent d'exprimer leur insatisfaction concernant les progrès de l'épuration. Des membres de la Commission d'Épuration se plaignirent des limitations qui paralysaient leur autorité et du peu d'attention que le ministère de la Justice accordait à leurs recommandations. Le père Carrière, un délégué de la Résistance métropolitaine, définit cette heure « non pas [comme] celle du pardon, mais [comme] celle de la justice de Dieu ». De fait, une des premières initiatives de la nouvelle entité fut le vote, à l'unanimité, d'une résolution introduite par Pierre-Bloch qui pressait le gouvernement de se montrer plus prompt et plus résolu [21]. Ils souhaitaient, pourtant, tenir compte de la requête d'André Philip - ne pas donner l'impression de faire pression sur le Comité - et rejetèrent le 15 novembre la proposition de réunir une session extraordinaire sur l'épuration [22].

Mais deux mois plus tard, lorsque eut lieu le débat sur l'épuration, les délégués se montrèrent moins enclins à excuser ce qu'ils considéraient comme un laxisme scandaleux de la part du C.F.L.N. Quelques jours avant l'ouverture du débat général le 11 janvier, le commissaire aux Affaires étrangères avait été l'objet d'une attaque à l'Assemblée parce qu'il continuait à employer des diplomates « compromis » [23]. Au cours du débat général, c'est encore la question de l'assainissement de l'administration qui fut le plus abondamment et le plus passionnément discutée. Charles Laurent, qui était à la tête de la Commission d'Épuration, exposa ce qu'il considérait comme le sabotage de son travail : des lettres « perdues » en transit, des dossiers disparus, les autorités omettant de transmettre des enseignements à son groupement. Il dit à l'Assemblée que sur plus de cent dossiers envoyés à la Commission de Justice, cinq ou six seulement avaient fait l'objet d'une action. La réponse du commissaire à la Justice, François de Menthon, qui contesta le tableau dressé par Laurent, ne suffit pas à contenir l'indignation de l'Assemblée [24]. Du moins pas assez pour l'empêcher de voter à l'unanimité une résolution exrêmement critique à l'égard du gouvernement, qui réclamait davantage de pouvoir pour la Commission et l'accélération des procédures juridiques [25].

L'Assemblée, néanmoins - et en particulier ses rangs de l'extrême gauche -, se montra nettement moins zélée en ce qui concerne un aspect de l'épuration, celle des forces armées. Cela montrait d'une part une certaine satisfaction vis-à-vis de l'assainissement déjà accompli par le ministère de la Guerre sous André Le Troquer. Sur les cinquante-deux cas qui lui avaient été transmis par la Commission d'Épuration, il en avait traité cinquante et un ; en outre, il avait pris des sanctions contre des centaines d'autres - au total 1 500 cas [26]. Le Troquer avait également créé des régiments spéciaux pour des hommes qui « n'étaient pas dignes de servir avec de bons Français » mais qui devaient aussi payer leur dette de sang. Le cas du capitaine Maurice Carré, dont le ministère de la Guerre avait ordonné l'internement, en avait indigné plus d'un. L'officier en commandement informa le ministère que le capitaine Carré ne pouvait être interné, étant donné qu'il venait juste de mourir en héros à la tête de ses troupes sur le front italien et qu'on venait de le recommander pour la Légion d'honneur [27].

Mais les hésitations, les réserves qui entouraient l'idée d'une épuration radicale dans ce secteur provenaient surtout de la crainte que ce genre de programme soit pour la France un handicap face à la reprise de la guerre. Créer des divisions, revenir à l'époque de Dreyfus et du ministère André allait compromettre les chances qu'avait la France de trouver enfin sa place au premier rang des Alliés. Après la victoire, on connut de nouveau cette agitation en faveur d'une « armée républicaine » ; beaucoup, et les communistes les premiers, voulaient organiser une campagne présentant l'armée d'occupation française en Allemagne comme le refuge des vichyssois. Mais en 1944, au moment où le Second Front tant attendu allait enfin devenir réalité, la plupart des épurateurs les plus implacables avançaient avec précaution lorsqu'on en venait à parler de l'Armée. Le communiste Fernand Grenier, commissaire à l'Aviation du C.F.L.N., pour lequel aucune faute n'était ni trop mince ni trop ancienne pour être rappelée, s'exprima ainsi devant son ministère, sur la question de l'épuration :

> La Résistance n'est pas constituée uniquement d'hommes ayant compris dès le début où était leur devoir. Nous connaissons des silencieux de 1940 et 1941, même des vichyssois de 1942, qui ne sont devenus résistants qu'en 1943 ! Si les traîtres avérés doivent être punis, on doit donner à ceux qui ont été piégés et trompés le droit de servir et de se racheter... Je juge les hommes non sur ce qu'ils ont fait, mais sur ce qu'ils font aujourd'hui... [28].

Bien qu'il ait réussi à éliminer Giraud, malgré le soutien unanime dont il jouissait à l'Assemblée consultative et au C.N.R., de Gaulle était encore loin d'être le maître chez lui. Il était encore dépendant de l'aide militaire et économique des Alliés ; ceux-ci ne reconnaissaient pas encore son régime de manière formelle ; il était encore hanté par la crainte de voir imposer un gouvernement militaire allié à la France libérée. Il fut en outre forcé de mesurer les restrictions qui entravaient sa liberté d'action lorsqu'il fit une première tentative pour mettre en application la résolution du 3 septembre.

La résolution avait engagé le C.F.L.N. à punir Pétain et ses ministres. Le maréchal était pour l'instant hors de portée du Comité mais un certain nombre de ses principaux conseillers ne l'étaient pas. Le 21 décembre le C.F.L.N. autorisa l'arrestation de Pierre Boisson, Marcel Peyrouton et P.-E. Flandin. Quelques heures après, Churchill télégraphia à Roosevelt :

« Je suis indigné par les arrestations de Boisson, Peyrouton et Flandin que j'ai apprises ce matin. On dit même que les deux premiers en tout cas seront fusillés. Je considère que j'ai une certaine obligation envers eux étant donné que, appuyant votre politique et celle du général Eisenhower, j'ai assurément encouragé ces hommes, à Alger en février, à tenir bon et à nous aider à lutter pour Tunis ; j'ai dit aussi à cette occasion : « Comptez sur moi ». L'obligation des Américains me semble plus grande encore car de l'avis général nous suivions vos directives générales » [29].

Le jour suivant, Roosevelt ordonna à Eisenhower d'informer le C.F.L.N. que « en raison de l'aide apportée aux armées alliées pendant la campagne d'Afrique par Boisson, Peyrouton et Flandin, vous avez l'ordre [sic] de ne prendre aucune initiative contre ces individus pour l'instant » [30]. Parmi les Alliés, les passions se donnèrent libre cours. Roosevelt « pensait le temps venu d'éliminer de Gaulle » [31]. Churchill écrivit au président américain que « bien au-delà des individus, c'est toute la question de nos rapports avec la France qui se joue. La France ne peut être libérée que par les forces britanniques et américaines et leur effusion de sang. Admettre qu'une poignée d'émigrés s'abritent derrière ce bouclier tout-puissant pour s'emparer du pouvoir et faire naître la guerre civile en France serait condamner l'avenir de ce malheureux pays et empêcher l'ensemble de son peuple de pouvoir un tant soit peu exprimer sa volonté... » [32].

On interrompit les conversations militaires avec la France et l'on menaça de rompre définitivement. Roosevelt exigea, au minimum, « l'assurance formelle de la part du Comité français qu'aucun des procès concernant ces personnes n'aurait lieu avant que soit accomplie la restauration de la France, et qu'alors ils s'effectuent conformément aux lois constitutionnelles de la République française ». Le 30 décembre un représentant américain au C.F.L.N., Edwin C. Wilson, « fit comprendre [à de Gaulle] qu'il ne pouvait différer plus longtemps la mise en œuvre des instructions très graves qu'il avait reçues et le pressa de lui donner une assurance dans le sens qu'il souhaitait » [33].

De Gaulle évita de montrer qu'il cédait, mais fut contraint de donner une garantie verbale aux Alliés. Il déclara, « en parlant avec détermination et en pesant chacun de ses mots », que le magistrat chargé de l'affaire ne pourrait pas rassembler les éléments nécessaires pour être en mesure de décider si un procès devrait ou non avoir lieu après la libération de la France. Il promit en outre que le trio ne serait pas soumis au régime d'incarcération mais serait transféré dans des locaux confortables. Wilson, son homologue britannique Harold Macmillan, le général Eisenhower et plus tard le secrétaire d'État Hull s'estimèrent satisfaits de ces assurances [34]. De Gaulle honora ses promesses : on transféra les trois hommes dans une villa en dehors d'Alger et leur procès n'eut lieu que longtemps après la Libération [35].

La pression exercée par les Alliés en faveur de Peyrouton, Boisson et Flandin ne fut pas tenue secrète : elle donna lieu à des discussions ouvertes et empreintes d'amertume à l'Assemblée consultative. Emmanuel d'Astier de La Vigerie eut beau déclarer en parlant au nom du Comité que « ni le ciel, ni la Grande-Bretagne, ni l'Amérique ne pourront empêcher la purge » [36], ses auditeurs savaient que, tout au moins pour l'instant, ce n'était que pure vantardise. Cependant, comme le remarqua Albert Gazier, l'intervention étrangère ne touchait que certains cas ; il y en avait bien d'autres à qui elle ne s'appliquait pas ; ceux-là pouvaient et devaient être jugés, et jugés coupables [37]. Parmi ces « autres », au premier plan dans l'esprit des délégués, il y avait Pierre Pucheu.

Depuis la période où il était au ministère de l'Intérieur, Pucheu était fiché par la Résistance. Même la B.B.C., qui s'abstenait généralement de menacer les vichyssois, fit un cas particulier pour Pucheu dès 1942 [38]. En mai 1943, avec l'autorisation du général Giraud, Pucheu vint en Afrique du Nord. A partir de là, il y eut de plus en plus de voix pour demander son inculpation. Quelques jours après l'arrivée de Pucheu, le groupe parlementaire français à Londres insista pour qu'il fût jugé immédiatement, sur l'accusation, entre autres, d'avoir choisi les otages exécutés par les Allemands à Châteaubriant en octobre 1941. Pendant l'été, le Comité Central de la Résistance en zone Nord le condamna à mort « au nom des Français ». En octobre, le C.N.R., lors d'un vote par correspondance, se prononça pour la même sentence. Naturellement, les activités de Pucheu ayant été dirigées essentiellement contre leurs rangs, les communistes eurent un rôle moteur dans l'agitation créée autour du châtiment de Pucheu. Mais son procès était exigé par tous les bords ; le socialiste Pierre-Bloch, à l'Assemblée consultative, recommanda l'exécution de Pucheu comme un avertissement salutaire aux fonctionnaires français, qui « sauverait des milliers de vies » [39].

La cause de Pucheu fut entendue par le tribunal militaire de l'Armée, dont on avait étendu la juridiction aux crimes commis contre la sécurité de l'État par des ministres, des hauts fonctionnaires et des membres de groupements collaborationnistes comme le P.P.F. et la Phalange africaine. Il tenta, en vain, de retarder son procès en raison du fait qu'on ne disposait pas des témoins et des documents nécessaires ; néanmoins, lors de l'examen des chefs d'accusation avant le procès, on en abandonna certains pour manque de preuve, notamment celui d'avoir collaboré avec les Allemands pour sélectionner les otages lors des exécutions de Châteaubriant [40].

Quand s'ouvrit le procès le 4 mars, Pucheu se trouva en accusation pour quatorze chefs, tous en rapport avec son activité ministérielle. Il essaya immédiatement de prendre l'offensive - tactique qui devint après la Libération presque un rituel. Il commença par attaquer la compétence du tribunal, processus qui fut plus tard repris entre autres par Pétain. Lorsque le président du tribunal entama un discours sur l'illégalité du régime de Vichy, Pucheu lui rappela que lui-même avait prêté serment à ce régime. Les avocats de Pucheu consacrèrent une bonne partie du temps dont ils disposaient à attaquer la politique communiste dont leur client, assuraient-ils, était la victime. (A une période où l'on souhaitait ardemment la participation des communistes au C.F.L.N., et où la résistance non-communiste était particulièrement sensible aux tentatives de Vichy pour les diviser, la tactique était mal choisie.)

La première série d'accusations - celle d'avoir comploté et exécuté le renversement ou la modification illégale du gouvernement légal - était dans le cas de Pucheu extrêmement difficile à soutenir ; il s'était intégré au régime de Vichy plusieurs mois après la fin de la République. Les deux dernières accusations - arrestations et violence personnellement ordonnées - se révélèrent appuyées par des preuves insuffisantes. L'inculpation fut centrée sur les accusations d'intelligence avec l'ennemi, de l'encouragement de ses plans et de l'enrôlement de Français à son service ; ces faits étaient amplement prouvés par des documents. Il existait des lois et des décrets signés par Pucheu instaurant des tribunaux spéciaux pour juger les « terroristes », des circulaires ordonnant le recrutement pour la légion antibolchevique (qui combattait sur le front russe) et d'autres documents semblables. Pucheu fut jugé coupable et condamné à mort.

De Gaulle reçut un certain nombre de recours en grâce. Giraud demanda que Pucheu du moins ne soit pas exécuté avant le retour en France. De Gaulle lui rappela qu'il avait accepté la décision du 3 septembre de juger les hommes de Vichy, et lui répondit qu'il ne ferait rien. De même que les promesses de Roosevelt avaient conduit Peyrouton à Alger, celles de Giraud y avaient conduit Pucheu et il s'en sentait pareillement responsable. Mais les arguments de Giraud n'étaient pas aussi convaincants que ceux du président américain. Les juges eux-mêmes demandèrent que leur sentence ne fût pas exécutée, surtout en raison du « comportement du général Giraud à l'égard de Pucheu ». De Gaulle repoussa leur requête ; il s'appuyait sur le principe qu'en commuant la peine de Pucheu ils risquaient de créer un précédent paralysant pour les causes à venir. A l'appel des avocats de Pucheu, de Gaulle invoqua un concept cher à son cœur. Il leur dit avoir la conviction personnelle que Pucheu, s'il avait fait du mal en tant que membre du gouvernement de Vichy, avait agi en toute bonne foi et était sincèrement anti-allemand. Néanmoins, « dans la tragédie à laquelle nous participons, alors que le monde entier souffre, les individus ne comptent pas ; notre seul guide doit être la raison d'État ». « Par-dessus tout, écrivit de Gaulle des années plus tard, l'État avait besoin d'exemples rapides ». Le 20 mars au matin, après avoir serré la main de tous les membres du peloton d'exécution et donné lui-même l'ordre de faire feu, Pucheu fut exécuté [41].

L'exemple était clairement exposé au monde entier. On avait inculpé et exécuté un ministre de Vichy sur la seule base de ses activités ministérielles. Le sort était jeté. Le procès et l'exécution de Pucheu atténuèrent effectivement la plupart des critiques adressées au gouvernement sur le problème de l'épuration. D'aucuns trouvaient encore que le rythme était trop lent, mais le débat de l'Assemblée en mars reflétait le sentiment des délégués, soulagés de voir fonctionner enfin la grande machine de la justice. Elle ne fonctionnait pas seulement pour Pucheu mais aussi pour de nombreuses personnes moins éminentes en Afrique du Nord.

Juste avant le procès de Pucheu, le tribunal militaire de l'Armée avait entendu la cause des « tortionnaires d'Hadjerat M'Guil », les gardiens d'un camp de concentration qui rivalisaient avec les S.S. dans leur manière de traiter les prisonniers. On prononça quatre peines de mort et plusieurs autres peines diverses d'emprisonnement. Peu après l'affaire Pucheu, le tribunal siégea pour juger les membres des Phalanges africaines, des volontaires français qui avaient combattu pour les Allemands et contre les Alliés pendant la campagne de Tunisie en 1943. Plusieurs membres de la Phalange, y compris son chef, le colonel Christofini, furent exécutés.

Les procès en Afrique du Nord continuèrent tout au long du printemps et de l'été. En mai, le vice-amiral

Derrien, qui avait commandé la résistance armée aux Alliés et permis aux Allemands de pénétrer en Tunisie, fut condamné à l'emprisonnement à vie par le tribunal ; en juillet, on jugea un autre groupe de gardiens de camp de concentration. La « répétition générale » d'Afrique du Nord n'avait pas été exactement un succès éclatant. D'abord lente à se mettre en branle en raison de l'attitude de Giraud, freinée ensuite par les Alliés, elle avait commencé de manière effective quelques mois seulement avant le débarquement en Normandie. Tandis que les procès continuaient en Afrique du Nord, les troupes américaines et britanniques établissaient leurs têtes de pont sur les plages françaises. La libération avait commencé.

Notes du chapitre 3

1. *Combat (Alger),* 30 décembre 1943.

2. Message du général Eisenhower au département de la Guerre (14 novembre 1942), cité dans *Our Vichy Gamble* (New York, 1947), pp. 357-60, de William L. Langer.

3. Arthur Layton Funk, *Charles de Gaulle : The Crucial Years, 1943-1944* (Norman [Okla.], 1959), p. 41. Les gouverneurs mentionnés sont le général Charles Noguès (Maroc), Pierre Boisson (Afrique occidentale française) et Yves Chatel (Algérie).

4. *La Vie politique à Alger de 1940 à 1944* (Paris, 1963) ; p. 346.

5. Charles de Gaulle, *Discours de guerre* (Fribourg, 1944-45), Vol. I, pp. 821-82 ; *Mémoires de guerre* (Paris, 1954-59), Vol. II, pp. 9-10, 45 ; George F. Howe, *Northwest Africa : Seizing the Initiative in the West* (Washington, 1959), p. 267 ; Langer, p. 279 ; « Colonel Passy » [André Dewavrin], *Souvenirs* (Monte Carlo, 1947), Vol. II, p. 346.

6. Funk, p. 44.

7. De Gaulle, *Mémoires,* Vol. II, p. 53 ; Henri Michel, *Les Courants de pensée de la Résistance* (Paris, 1962), pp. 611-12.

8. *The Memoirs of Cordell Hull* (New York, 1948), Vol. II, p. 1207.

9. Jacques Soustelle, *Envers et contre tout* (Paris, 1947-50), vol. II, p. 227.

10. *Foreign Relations of the U.S., Diplomatic Papers :* 1943 II : Europe (Washington, 1964), pp. 118-19.

11. Catroux, *Dans la bataille de Méditerranée* (Paris, 1949), pp. 364-65 ; De Gaulle, *Mémoires,* Vol. II, pp. 105-06 ; Giraud, *Un seul but la victoire* (Paris, 1949), pp. 162-69.

12. Harry C. Butcher, *My Three Years with Eisenhower* (New York, 1946), p. 320 ; Catroux, pp. 366-69 ; De Gaulle, *Mémoires,* Vol. II, pp. 485-88 ; Funk, p. 127 ; Marcel Peyrouton, *Du service public à la prison commune* (Paris, 1950), pp. 231-34 ; Soustelle, II, 248-51.

13. *Combat (Alger),* 24 juillet 1943.

14. De Gaulle, *La France n'a pas perdu la guerre* (New York, 1944), pp. 257-59.

15. J.O. (Alger), 11 septembre 1943, p. 116.

16. Le premier président de la Commission fut William Marcais, professeur au Collège de France ; en novembre c'est Charles Laurent, directeur de la Fédération des Fonctionnaires, qui le remplaça.

17. De Gaulle, *Mémoires,* Vol. II, p. 134.

18. 11 septembre 1943.

19. De Gaulle, *Mémoires,* Vol. II, p. 539.

20. Funk, pp. 193-94.

21. J.O., Débats de l'A.C.P., 11 et 13 novembre 1943.

22. Ibid., 18 novembre 1943, pp. 1-3.

23. Ibid., 8 janvier 1944, pp. 8-12.

24. De Menthon assura que 288 causes avaient été envoyées devant le tribunal militaire de l'Armée (bien qu'aucune jusque-là n'ait été entendue). Au ministère de la Justice, poursuivait-il, soixante-quinze magistrats avaient été punis par des sanctions diverses et pour la seule Algérie, quarante-huit hauts fonctionnaires sur cinquante-trois avaient été démis de leurs fonctions.

25. J.O., Débats de l'A.C.P., 15 janvier 1944, pp. 1-12.

26. Ibid., 25 mars 1944, p. 15 ; 22 janvier 1944, p. 5.

27. *The New York Times,* 15 février 1944.

28. J.O. Débats de l'A.C.P., 13 mai 1944, p. 8.

29. *Foreign Relations : 1943,* Vol. II, pp. 193-94.

30. Ibid., pp. 194-95. En réalité, Flandin n'avait pas aidé les Alliés en Afrique, mais Churchill et Roosevelt ont probablement pensé que l'exclure de leur protection revenait à le livrer aux fauves.

31. Ibid., pp. 195-96.

32. Ibid., pp. 196-97.

33. Ibid., pp. 197-199. On n'a pas retrouvé la nature exacte des « instructions très graves » dont il est question, mais elles allaient probablement jusqu'à évoquer une rupture complète avec de Gaulle.

34. Ibid., pp. 199-200.

35. En 1946, Flandin fut condamné à cinq ans de dégradation nationale, mais sa peine fut immédiatement suspendue, en raison de ses actes de résistance. En 1948, on acquitta Peyrouton, qui fut ainsi le premier ministre de Vichy à ne pas subir automatiquement la dégradation nationale en raison du poste qu'il occupait sous ce régime. Boisson mourut en 1948 avant que sa cause soit entendue par la Haute Cour.

36. J.O., Débats de l'A.C.P., 13 janvier 1944. p. 13.

37. Ibid., 15 janvier, p. 1.

38. *Libération (Nord),* N° 59, 18 janvier 1942, tout en relevant le manque de diplomatie impliqué par l'émission de la B.B.C., épousait

l'opinion selon laquelle il fallait punir Pucheu, tâche qu'ils accompliraient.

39. *France* (Londres), 20 mai 1943 ; *Libération (Sud)*, N° 37 (octobre 1943) ; René Hostache, *Le Conseil National de la Résistance : Les Institutions de la clandestinité* (Paris, 1958), pp. 179-80 ; la collection du B.D.I.C. « Propagande communiste sous l'occupation allemande » ; J.O., Débats de l'A.C.P., 11 et 13 novembre 1943, p. 7.

40. A chacune des phases de la procédure, en public et en privé, Pucheu nia toute participation au choix des otages. Après la Libération, son innocence fut réfutée par des documents découverts par le ministère de la Justice et publiés dans toute la presse française le 20 octobre 1944.

41. Giraud, pp. 265-80 ; G. Schmitt, *Toute la vérité sur le procès Pucheu par un des juges* (Paris, 1963), pp. 162, 248-76 ; Paul Buttin, *Le Procès Pucheu* (Paris, 1948), pp. 231-33 ; De Gaulle, *Mémoires*, II, 179.

4

La justice au coin d'un bois

L'ordre social, est-ce seulement la tranquillité des rues ?... Nous avions tous l'impression pendant ces déchirants jours d'août que l'ordre commençait justement avec les premiers coups de feu de l'insurrection. Sous leur visage désordonné les révolutions portent avec elles un principe d'ordre. Ce principe régnera si la révolution est totale. Mais lorsqu'elles avortent ou s'arrêtent en chemin, c'est un grand désordre monotone qui s'instaure pour beaucoup d'années... Nous sommes déterminés à rejeter pour toujours la célèbre phrase d'un faux grand homme et à déclarer que nous préférons éternellement le désordre à l'injustice.

Combat, 12 octobre 1944.

A la veille des débarquements alliés en Normandie, la préoccupation essentielle du général de Gaulle était d'établir son autorité en métropole. Cette autorité allait affronter une double résistance : d'une part les troubles que la Résistance elle-même pouvait provoquer, d'autre part l'attitude des États-Unis, qui pouvaient décider d'imposer un gouvernement militaire allié (A.M.G.O.T.), en raison du désordre dans la population civile, ou malgré l'absence de celui-ci. On prit de grandes précautions pour faire face à ces éventualités, bien qu'en l'occurrence les craintes du C.F.L.N. se soient révélées un peu exagérées.

Avant les débarquements, les Alliés ne s'étaient nullement engagés à reconnaîre le C.F.L.N. en tant que gouvernement de facto de la France. Grâce à leur promptitude et à leur esprit de décision, les autorités gaullistes désignées réussirent à mettre les Alliés devant un fait accompli. Avançant dans le sillage des armées, émergeant de la clandestinité au beau milieu du combat, quelle que soit leur tactique elles avaient pris la place des autorités de Vichy et s'étaient installées dans les mairies et les préfectures avant même que se fût éteint le fracas des armes. Le nouveau régime prit le pouvoir et établit son autorité dans toute la France du Nord dans un minimum de désordre ; les manifestations de violence punitive contre des collaborateurs furent relativement rares.

Il ne fut pas aussi facile de mettre de l'ordre dans les affaires du Sud. Imposer un A.M.G.O.T. *, là n'était pas la question : avant que sa tête de pont fût bien établie au sud, de Gaulle avait fait une entrée triomphale à Paris et les Alliés avaient abandonné toute idée de le supplanter. Le plus grave problème provenait des désordres civils, plus particulièrement des exécutions sommaires et irrégulières de collaborateurs. Cela concernait surtout de vastes zones qui avaient été libérées non par les troupes régulières mais par la Résistance métropolitaine. L'« épreuve de force » dont certains auteurs ont fait la description, entre les autorités gaullistes et les éléments communistes de la Résistance, n'a jamais eu lieu. Les représentants du gouvernement central réussirent, par leur détermination et leur coordination, à réprimer la violence et le désordre sans trop

* Allied Military Government of Occupied Territory : gouvernementmilitaire allié en territoire occupé.

de difficultés, même si le processus devait durer plusieurs mois dans certaines zones.

Lors d'une allocution sur l'épuration future en août 1943, le général de Gaulle avait recommandé avec insistance de ne pas laisser l'épuration dégénérer en un déferlement de batailles personnelles et régionales [1]. Sur ce point, la Résistance métropolitaine était entièrement d'accord avec le général [2]. De même, ils étaient d'accord pour considérer qu'une des meilleures façons pour le C.F.L.N. de prévenir les vengeances spontanées était de prendre clairement position sur le châtiment futur et d'en commencer la mise en œuvre en Afrique du Nord.

Mais c'est sur la question de la politique à suivre pour limiter la violence populaire en métropole que se manifestèrent les différences. De nombreux résistants qui d'ordinaire se pliaient en toute rigueur au respect des normes légales souhaitaient que l'on utilise dans certains cas des procédures expéditives. La Résistance estimait que là où il y avait eu traîtrise publique et reconnue, les formes de la justice devaient être réduites à leur minimum.

> La confirmation de l'identité d'un individu suivie d'une sentence de mort est la seule forme de justice possible pour ceux qui sont devenus les agents ou les sergents recruteurs de l'ennemi. [3]

Paul Rivet, directeur du Musée de l'Homme et journaliste clandestin, était d'avis que

> « lorsque les armées de libération débarqueront en France, le peuple aura déjà commencé à se libérer... Paris se sera débarrassé des traîtres sans attendre l'instauration de tribunaux. La colère du peuple est toujours terrible, et j'espère qu'il ne commettra pas d'injustices. Mais lorsque le gouvernement arrivera... il se trouvera face à un fait accompli. Déat, Doriot, Laval et même le maréchal Pétain auront éé liquidés, car il ne s'agira pas d'une révolution, mais d'une liquidation. » [4]

L'Organisation Civile et Militaire estimait, avec sa mesure habituelle, que l'exécution (à la Libération), même sans procès, d'un petit nombre d'individus - les vedettes de la trahison - peut être considérée comme une opération de police nécessaire. Certes il n'est pas impossible que des éléments incontrôlés aient recours à cette procédure. Mais il incombe aux autorités de démontrer leur capacité à maintenir l'ordre en limitant sévèrement (sic) le recours à des procédés sommaires et en déférant les coupables devant les juridictions organisées [5].

Aux yeux de leurs auteurs, ces propositions qui visaient à lâcher un peu les rênes avaient pour mérite d'éviter des explosions plus graves.

Une telle « permissivité », pour élevées qu'en fussent les intentions, était absolument inacceptable pour le général de Gaulle. Il ne pouvait être question de se borner à « limiter » les procédures expéditives. La justice, dans l'opinion de De Gaulle, ne devait être rendue qu'au nom de l'État. L'épuration s'accomplirait uniquement « d'en haut, sous l'autorité et la responsabilité de ceux qui en ont la charge ». Elle n'était, ainsi qu'il ne cessait de le répéter, qu'« une affaire d'État ». « Il ne peut y avoir d'autorité publique, disait-il, qu'émanant d'un pouvoir responsable. » Toute autre formation, en dehors du gouvernement, serait intolérable et condamnée d'avance [6].

Il était résolu à organiser sa prise du pouvoir en France de telle façon que nulle « formation artificielle » ne trouble l'ordre public.

De Gaulle avait une autre raison, plus impérieuse, de considérer avec soin l'établissement d'une administration provisoire dans la France libérée ; il était loin d'être assuré que les États-Unis en accepteraient l'installation. Étant donné son hostilité constante à de Gaulle, le président Roosevelt se refusait obstinément à voir dans le C.F.L.N. l'unique alternative au régime de Vichy. De fait, bien des résistants craignaient que Roosevelt ne souhaitât *pas* d'alternative à Vichy ; on cherchait intensément à savoir si une autre « affaire Darlan » n'était pas en train. En réalité, le président avait éliminé toute idée de compromis avec Vichy, mais il resta tenté jusqu'à très peu de temps avant l'invasion, d'imposer à la France un gouvernement militaire. A contrecœur, il finit par consentir à donner au général Eisenhower tous pouvoirs pour traiter avec le C.F.L.N. ; mais jusqu'au jour J, le Comité français n'eut pas la garantie qu'un A.M.G.O.T. ne serait pas imposé. Les plans devaient donc tendre à l'installation rapide des nouvelles autorités afin de mettre les Alliés devant le fait accompli [7].

On peut distinguer trois aspects dans l'organisation de la Libération : les forces armées de la Résistance, que de Gaulle s'efforçait d'unifier et de maîtriser ; les comités départementaux de libération, dont il tenta de limiter le rôle ; et les commissaires de la République, ses « intendants ».

On organisa les Forces Françaises de l'intérieur au début de 1944 et on les plaça sous les ordres du général Pierre Koenig. Les F.F.I. se composaient de l'Armée Secrète (elle-même un amalgame de divers groupements), de l'Organisation de Résistance de l'Armée (formée de résistants issus de l'Armée dissoute de l'Armistice) et des Francs-Tireurs et Partisans Français (la branche militaire du Front national communiste). Jusqu'au jour J, ces forces furent administrées par la Commission d'Action (COMAC) du Conseil National de la Résistance ; après cette date, le commandement des opérations devait être transmis à une hiérarchie de « délégués militaires » du C.F.L.N. [8]. Il y avait un délégué militaire national, deux délégués militaires de zone (Nord et Sud) et douze délégués militaires régionaux. Les unités de combat individuelles de la base conservaient en général (pour ce qui est de l'organisation) leur identité propre, mais au niveau régional et départemental les effectifs étaient un peu consolidés.

Les représentants du C.F.L.N. et la Résistance métropolitaine avaient ensemble, à l'été 1943, conçu et accepté l'idée de constituer des « Comités de Libération »

(C.D.L.) dans chaque département français. Les comités devaient réunir des représentants des groupements de résistance, partis politiques et syndicats principaux dans chaque département. Dans l'idée du C.F.L.N., ces comités, conçus sur le modèle du C.N.R., devaient remplir la même fonction : ils seraient là pour démontrer de façon tangible aux envahisseurs alliés le soutien dont jouissait de Gaulle dans la population. Mais le statut des Comités Départementaux de la Libération, ratifié par le C.N.R. le 23 mars 1944 prévoyait pour les C.D.L. un rôle considérablement plus important. Si, à l'origine, il leur avait été assigné un rôle uniquement consultatif, commentait-il, « aujourd'hui ils paraissent être - et devraient être - le cœur et l'âme des départements dans leur lutte pour la libération ».

On informa les C.D.L. que, pour faciliter le travail des futures autorités, ils devraient infiltrer l'administration et préparer des mesures d'urgence pour épurer l'administration et neutraliser les traîtres. Ils devaient prévoir les formalités nécessaires au remplacement des fonctionnaires indignes et à l'installation de gouvernements municipaux provisoires.

A la Libération, ils devaient diriger la lutte armée, contrôler l'installation des nouvelles autorités, arrêter les traîtres et les suspects. Le 11 avril, une circulaire du C.N.R. donnait pouvoir aux comités départementaux de procéder, lors de la Libération, à la formation de gouvernements municipaux provisoires en attendant des élections locales. S'il arrivait que le préfet nommé par le C.F.L.N. omît de se présenter, les présidents des C.D.L. devaient occuper son poste jusqu'à ce qu'un remplaçant soit officiellement désigné [9]. Au printemps 1944, on avait installé des C.D.L. dans la plupart des départements de France métropolitaine.

Le général de Gaulle n'était pas disposé à voir confier des pouvoirs aussi étendus à des entités qui échappaient à son contrôle direct ; et les rapports qu'il reçut de France, l'informant du fait que les communistes étaient en train de prendre le commandement de plusieurs comités, n'étaient pas de nature à fléchir son objection de principe [10]. Le 12 avril le C.F.L.N. adopta une ordonnance qui réduisait sévèrement les pouvoirs accordés aux C.D.L. par le C.N.R.I. (de sa propre autorité). Il fallait reconstituer, à la place des gouvernements municipaux provisoires prévus par les directives du C.N.R., les gouvernements municipaux de 1939, en en soustrayant simplement les membres qui s'étaient montrés indignes de leurs fonctions. Si le conseil municipal tout entier s'était montré indigne, le préfet devait nommer un conseil municipal provisoire. Au niveau départemental, on suivrait la même procédure en ce qui concernait les conseils généraux. Lorsqu'ils auraient été reconstitués, le C.D.L. cesserait d'exister et jusque-là il ne devait jouer qu'un rôle strictement consultatif [11].

Les principaux agents sur lesquels comptait de Gaulle pour établir son autorité et maintenir l'ordre constituaient un nouveau corps de commissaires de la République - dix-huit « super-préfets » dont chacun avait la responsabilité d'une région. Ces commissaires, ainsi que les préfets départementaux qui leur étaient subordonnés, étaient nommés par une commission spéciale du C.F.L.N. à l'intérieur de la France occupée, qui agissait sur les conseils de la Résistance métropolitaine : les membres désignés comptaient des enseignants, des syndicalistes, des ingénieurs, des députés et des hommes de loi, ainsi que d'anciens membres du corps préfectoral.

En prévision de la rupture des communications, qui pourrait empêcher pendant de nombreux mois d'en référer à des autorités supérieures, on leur attribua des pouvoirs absolument illimités : ils pouvaient légiférer - ou suspendre la législation ; ils pouvaient à discrétion créer des institutions judiciaires spéciales - ou commuer des condamnations régulières ; ils disposaient d'une totale autorité administrative, y compris du droit de destituer les préfets qui dépendaient d'eux pour en installer de nouveaux. En deux mots, ils étaient la loi.

Mais ils n'avaient pas de mission plus importante que celle d'administrer l'épuration dans le bon ordre. L'énumération de leurs tâches comprenait la destitution des fonctionnaires compromis et l'arrestation des suspects. Si le cas semblait l'exiger, ils pouvaient organiser des cours martiales pour juger des collaborateurs. Mais tout cela devait être accompli dans l'ordre. Ils devaient garder présent à l'esprit le fait que le public était au moins aussi désireux de voir la vie reprendre son cours normal que de voir punir les traîtres. Il leur était rappelé qu'un désordre prolongé non seulement inciterait les armées alliées à installer un gouvernement militaire, mais diminuerait l'autorité du C.F.L.N. et compromettrait la renaissance nationale [12].

Avant la fin du mois de mai toutes dispositions avaient été prises. Les commissaires et les préfets désignés étaient en poste, prêts à occuper les sièges du pouvoir. Le 3 juin, le C.F.L.N. prit un nouveau nom qui reflétait son rôle avec plus d'exactitude : Gouvernement provisoire de la République française. Trois jours plus tard commençait la Libération de la France.

La campagne des Alliés dans le nord de la France fut marquée par la lenteur désespérante à laquelle s'établit leur tête de pont en Normandie, puis par une avancée foudroyante vers la frontière allemande. Le 24 juillet (J + 48) les Alliés ne détenaient qu'une zone dont la libération aurait dû s'effectuer au jour J + 5. Puis, du 25 au 31 juillet, leur percée atteignit Saint-Lô. En moins d'un mois Paris était libéré ; le 14 septembre (J + 100), alors que les Alliés n'auraient dû être qu'à la Seine, ils harcelaient le mur occidental d'Hitler.

Le gouvernement provisoire n'eut pas de peine à établir son autorité. Les personnels militaires britannique et américain ne partageaient pas l'antipathie envers de Gaulle, qui imprégnait la Maison-Blanche et le Département d'État. Une fois qu'on leur eut donné carte blanche, leur seul souci fut de conclure un arrangement commode qui leur permît de continuer la guerre. L'officier supérieur des Affaires Civiles de la IIe armée britannique, le brigadier R. M. H. Lewis, a décrit la réaction des Alliés à la prise du pouvoir par les gaullistes, en Normandie libérée.

> « La première chose qui me fit soupçonner ce qui équivalait quasiment à un coup d'État fut de tomber sur un colonel français échoué sur le bord de la route dans une voiture en panne, à proximité des quartiers généraux de l'armée. Lorsque je lui demandai qui il était, il m'avisa qu'il était le commandant militaire de la région militaire française [col. Pierre de Chevigné] et que le commissaire civil de la région de Rouen était à Bayeux. Presque au même moment nous parvint l'information de l'arrivée du général de Gaulle ; il avait pris la parole devant une assemblée à Bayeux et laissé derrière lui un commissaire civil [M. François Coulet] pour prendre en charge l'administration civile... On envoya un rapport à Londres, mais je ne reçus pas la moindre réponse ou directive à ce propos. Ayant constaté que les Français acceptaient le commissaire civil dont la première action avait été de destituer M. Rochat, le sous-préfet de Bayeux, soupçonné de sympathies nazies, je me résolus à l'accepter pour autorité civile de facto de la région de Rouen. J'arrangeai alors une rencontre avec M. Coulet et celle-ci fut très cordiale... » [13].

En juillet, Roosevelt accepta de Gaulle, à contrecœur, en tant qu'autorité de facto de l'administration civile en France. En août, on signa enfin des accords concernant les affaires civiles avec le gouvernement provisoire, bien que la reconnaissance dans les faits fût encore ajournée jusqu'en octobre.

La violence populaire dans le nord de la France, au cours des semaines et des mois qui suivirent les débarquements alliés, fut surtout remarquable par sa rareté. Cela n'empêcha pas que l'on répande des récits enflammés de violence et de terreur révolutionnaires.

D'après les dires d'une autorité, on racontait qu'à Baud on avait remplacé le drapeau tricolore par le drapeau rouge ; qu'on avait exécuté sans jugement vingt Allemands et six Français ; et que le curé et son vicaire s'étaient enfuis parce qu'ils craignaient pour leur vie. Quand arriva un officier des Français libres il constata que le drapeau rouge flottait en effet, ainsi que l'Union Jack et le drapeau américain, aux côtés du drapeau tricolore. Cinq Allemands et non vingt avaient été exécutés : c'était des gardiens de prison sadiques qui avaient été tués par leurs prisonniers mutinés. Un Français s'était fait tuer alors qu'il se débattait et lançait des grenades à main sur ceux qui l'arrêtaient. Le curé et son vicaire étaient des autonomistes bretons qui (avec raison) craignaient d'être inculpés pour collaboration [14].

Mais la violence n'était pas toujours faite de rumeurs exagérées. L'occupation avait fait naître des haines et des ressentiments que l'on ne pouvait pas toujours empêcher d'éclater sous forme de violence. Bien que les excès des régions Sud aient dans l'ensemble épargné le nord de la France, il y avait eu là aussi des tueries. En Bretagne, à la veille de la Libération, les troupes allemandes avaient massacré leurs prisonniers français ; à la Libération, les Bretons révoltés exécutèrent plusieurs groupes d'Allemands, qu'ils présumaient coupables des meurtres, ainsi qu'un groupe moins important de collaborateurs. On raconte qu'à Rennes, lorsque les Américains chassèrent les Allemands, deux miliciens furent pendus ; un troisième fut brûlé vif [15]. Les armées alliées se trouvaient souvent impliquées dans ces affaires. En Normandie, le général chargé du commandement d'une division canadienne se vit demander par un chef des F.F.I. départementaux d'intervenir pour mettre fin à certaines procédures expéditives. H. Stuart Hughes raconte que « pendant les premiers jours de la Libération... [de nombreux]... officiers américains passèrent une bonne partie de leur temps à empêcher des collaborateurs présumés d'être exécutés de façon sommaire par leurs concitoyens, qu'ils soient français, italiens ou allemands [?] [16].

Plus fréquentes que les exécutions étaient les tonsures, que l'on infligeait aux « collaborateurs horizontaux ». De la même façon que les exécutions, ces actes de violence mineure répondaient, de la part d'une population qui depuis quatre ans avait dû avaler son ressentiment, au besoin profond de donner libre cours à l'émotion.

Le père Bruckberger, aumônier F.F.I., et plus tard l'un des principaux apôtres du pardon et de la réconciliation tout au long de l'épuration, avait décrit dans son journal son entrée dans un café, pendant l'occupation, plein de soldats allemands accompagnés de jeunes Françaises...

> « Si ces filles étaient enduites de poix et brûlées en place publique, cela ne m'affecterait pas plus qu'un feu de cheminée chez mon voisin. » [17]

Il est plus que probable que les filles qui se firent tondre furent en bonne partie (à leur insu aussi bien qu'à l'insu de leurs bourreaux) les instruments du salut de miliciens et de collaborateurs qui auraient dû, sans elles, mourir pour apaiser la fureur de leurs concitoyens.

Même lorsque l'on réprimait la violence, cela n'empêchait pas les collaborateurs d'avoir peur, ni le reste de la population de faire preuve de suspicion et d'impatience, et de déverser aux quartiers généraux de la gendarmerie des flots de dénonciations. Le commissaire régional promettait à la population que justice serait faite :

> « Nous connaissons les noms de ceux qui ont mérité ses rigueurs : aucun d'eux ne pourra s'y dérober. Mais personne ne doit se laisser entraîner aux représailles individuelles. Les dénonciateurs, ceux qui ont assassiné ou fait assassiner, torturer ou déporter vos pères, vos maris, vos fils, seront punis comme ils ont mérité de l'être. Les juridictions d'instruction et de jugement appelleront à témoigner ceux d'entre vous dont les

renseignements pourraient permettre de faire toute la lumière sur les crimes inexpiables qui ont été commis... Mais là doit se borner votre rôle » [18].

Dans le Nord, qui avait été libéré par les armées alliées, la population, pourtant loin d'être satisfaite, était dans l'ensemble désireuse de s'en remettre « à la main de la France ». Dans le Sud, où la Libération était largement l'œuvre de la Résistance elle-même, bien des Français tenaient à mettre la main à la pâte, et s'impatientaient.

Une semaine avant que les armées alliées aient pu atteindre Paris (et contre les conseils de l'envoyé du général de Gaulle) la Résistance se souleva contre les forces allemandes qui occupaient la ville et saisit la plupart des bureaux gouvernementaux. Le 25 août, la deuxième division blindée du général Leclerc entra dans la ville tandis que les Allemands en partaient. Le général de Gaulle prit la tête d'une marche triomphale sur les Champs-Élysées ; le gouvernement provisoire se mit en place sans difficulté ni opposition. Cependant l'installation du gouvernement du général de Gaulle à Paris ne signifiait pas automatiquement que son autorité allait pouvoir s'étendre de façon effective sur le pays tout entier.

Au sud de la Loire, la Libération s'effectua d'une façon très différente du nord. Le 15 août, on lança l'« Opération Enclume » pour soutenir le flanc sud des forces de l'invasion normande et faire de Marseille un port de ravitaillement : les forces françaises et américaines firent des débarquements amphibies sur la Côte d'Azur de Cannes à Cap Camarat. La VIIe armée du général Patch et la Ire armée du général de Lattre de Tassigny remontèrent tout droit le long de la rive est de la vallée du Rhône : le 26 août ils étaient au nord de Grenoble ; le 11 septembre ils mirent leurs forces en commun avec celles de certains éléments de la IIIe armée du général Patton, à l'ouest de Dijon. Des Pyrénées jusqu'à la Loire, de l'Atlantique au Rhône, les forces d'occupation allemandes du sud-ouest de la France remontèrent à toute allure vers le nord-est pour échapper au piège des Alliés, avant qu'il ne se refermât sur eux. A l'intérieur de ce vaste quadrilatère, la Libération était accomplie par la Résistance elle-même, qui harcelait les Allemands en déroute et comblait le vide du pouvoir créé par leur départ. Il n'y avait aucune raison militaire de détourner les troupes alliées de leur mission stratégique ; en conséquence, il n'existait pas dans le sud-ouest de la France de forces régulières, commissaires de la République et préfets, qui par leur intervention (ou leur simple présence) eussent pu prévenir le désordre. Le général de Gaulle s'en rendit compte :

> « J'aurais pu, certes, les leur donner [les moyens] en répartissant à l'intérieur du territoire les forces venues d'Afrique. Mais c'eût été soustraire l'armée française à la bataille et, du même coup, compromettre la participation de nos armes à la victoire. A ce renoncement désastreux je préférai le risque de bouillonnements plus ou moins violents » [19].

Les comités départementaux de Libération et les chefs locaux de la Résistance, qui avaient assumé l'exercice du pouvoir, n'étaient pas toujours ravis de devoir l'abdiquer en faveur de préfets gaullistes parvenus, parachutés depuis Alger. Comme nous l'avons dit plus haut, les instructions que le Conseil national de la Résistance avaient données aux C.D.L. leur assignaient des pouvoirs bien supérieurs à ceux que l'ordonnance du 21 avril leur allouait. Avant l'arrivée des nouveaux préfets, bien des C.D.L. n'avaient eu connaissance que des premières instructions et les appliquaient en toute bonne foi [20]. Qui plus est, la Résistance (et pas seulement ceux de ses membres qui étaient communistes) avait souvent une vision révolutionnaire et plutôt romantique de la Libération ; les résistants préféraient de loin la voir mener par des comités de « sans-culottes » que par les agents en complet-veston mandatés par Paris.

Pendant une brève période, les C.D.L. semblèrent dans certaines régions aspirer à une sorte de « double pouvoir ». Un haut fonctionnaire qui contrôlait la situation dans le Sud-Est rapporta que « pour les C.D.L. ce n'est pas le gouvernement qui envoie ses ordres aux départements... mais les C.D.L. qui informent le gouvernement de leurs désirs ». Leurs prétentions, poursuivait ce rapport, allaient jusqu'à vouloir décréter une hausse générale des salaires, une augmentation de 50 % des allocations familiales, et créer une législation sur la confiscation des bénéfices illégaux et sur la mise à l'amende des profiteurs du marché noir [21].

Les cas les plus fréquents (et dont les conséquences étaient aussi les plus tragiques) où la Résistance s'arrogeait le pouvoir d'État concernaient surtout l'épuration. C'était assez compréhensible. Les instructions que le C.N.R. avait données aux C.D.L. assignaient à ces comités, tout en soulignant l'importance d'éviter les injustices dues à une précipitation excessive, un rôle important vis-à-vis des collaborateurs, rôle qui recoupait fréquemment celui du gouvernement [22]. Un autre facteur était sûrement l'attitude tolérante qu'avaient adoptée même des organisations de résistance modérées envers un certain nombre d'actes de « justice au coin d'un bois ». Enfin, il fallut un certain temps après la Libération pour abandonner les habitudes apprises de la clandestinité, comme celle de régler personnellement ses comptes avec des collaborateurs et des miliciens.

Il y eut au moins quatre mille cinq cents exécutions sommaires en France au cours des mois qui suivirent la Libération [23]. On n'en connaît pas exactement la répartition géographique mais il semble qu'elle ait été très inégale. Des officiers américains délégués aux affaires civiles ont rapporté qu'à Nice il y eut un règne de la terreur qui provoqua en deux jours une centaine environ d'exécutions sommaires ; constatant les rumeurs qui parlaient d'agitation à Toulouse, un autre officier écrivit en conclusion que « compte tenu des circonstances il y a ici une grande qualité d'ordre et que rien ne justifie de façon valable les rumeurs de luttes violentes ». En Dordogne il y eut un règne de la terreur qui dura trois mois ; dans une région de la Drôme libérée par les F.T.P. communistes, Emmanuel Mounier remarqua « l'absence de la phobie des suspects, la fièvre chaude de ce genre de crises ». Alors qu'en général les représentants du gouvernement prêchaient la tolérance à la Résistance, en Côte-d'Or le commissaire de la République dut avertir les F.F.I. qu'ils étaient en train d'adopter une attitude trop amicale envers les vichyssois [24]. La seule généralisation valable que l'on puisse faire au sujet de la Libération est qu'il n'existe pas de généralisation valable.

Parfois les exécutions s'effectuaient à la suite de jugements prévôtaux rendus en toute discrétion (« pour éviter le spectacle ») mais dont on affichait publiquement les résultats après coup « pour montrer que la justice des F.F.I. est implacable mais équitable » [25].

D'après les estimations gouvernementales, environ un quart des exécutions sommaires de l'après-Libération furent précédées d'un procès de facto [26]. Parfois on tuait simplement à bout portant un milicien dont on découvrait l'identité. Indéniablement, certaines exécutions étaient effectuées en toute bonne foi mais à tort - sur la base d'informations insuffisantes ou erronées. Dans le même temps, on commit sans doute beaucoup d'exécutions par intérêt personnel ; des éléments criminels s'infiltraient parfois parmi les F.F.I. ou masquaient derrière une identité de résistant leurs pillages ou leurs meurtres. Dans d'autres cas, les assassinats semblaient devoir être attribués à des luttes partisanes ou à la vengeance. La plupart, néanmoins, étaient la conséquence d'actes de violence spontanés et incontrôlables ou bien de la frustration provoquée par la lenteur de la justice officielle.

Les nouveaux commissaires et préfets firent de leur mieux pour apaiser la colère populaire en instituant rapidement des cours martiales [27]. Mais lorsque, comme il arrivait souvent, les commissaires commuaient les peines de mort prononcées par les tribunaux, alors on assistait à une nouvelle flambée de violence. Quand on apprit à Alès que l'on avait commué la condamnation à mort prononcée contre l'ancien maire de la ville, le comité de Libération local organisa une marche de protestation jusqu'à la sous-préfecture. Craignant pour la vie de son prisonnier, la police le fit disparaître comme par enchantement et l'emmena vers Montpellier. La populace hors d'elle se rendit tout de même à la prison, la prit d'assaut et lyncha quatre de ses détenus condamnés à mort ; à Montpellier, au moment où la voiture de police transportant l'ancien maire passait devant le Palais de Justice une autre voiture lui barra la route ; le prisonnier fut enlevé et tué [28].

Certains aspects de la Libération ont suscité des spéculations concernant l'existence d'un complot communiste, visant à s'emparer du pouvoir. Le « double pouvoir » que représentaient les C.D.L., ainsi que les tentatives communistes pour prendre le contrôle de ces entités, ont encouragé les comparaisons avec la situation de Pétrograd en 1917 ; le fait que l'on ait dressé un tableau exagéré du désordre général et gonflé les chiffres des exécutions sommaires ; la rhétorique extravagante de bien des résistants et les difficultés rencontrées par le gouvernement provisoire pour établir son autorité, tous ces facteurs ont contribué à créer la crainte rétrospective d'une révolution communiste en France à l'automne 1944. Robert Aron prétend que les F.T.P. de Dordogne avaient reçu l'ordre de proclamer « la République des Soviets du sud de la France », et se retient pudiquement d'affirmer si oui ou non il s'agissait là de politique communiste officielle [29]. Herbert Luethy va plus loin et parle de l'établissement de « républiques soviétiques révolutionnaires » à Limoges, Toulouse, Montpellier et Nice [30]. Il n'y a évidemment pas eu de révolution communiste, mais la raison en fut-elle la chance (ou l'habileté de De Gaulle) ? Est-ce que, comme le formulait Denis Brogan en citant les paroles du duc de Wellington à propos de Waterloo « on l'avait échappé belle » [31] ? Ou bien, est-ce que l'on n'avance cette hypothèse de « haute fantaisie », comme le suggère Pierre Hervé, que « pour mieux glorifier la politique de ceux qui auraient conjuré le péril » [32].

Quels que soient les motifs de ceux qui ont évoqué ce danger, il s'agissait bel et bien de « haute fantaisie ». Une prise du pouvoir par les communistes n'aurait été possible que si quasiment tous les facteurs de la situation avaient été différents.

Tout d'abord, les « conditions objectives » d'une révolution n'étaient pas présentes. Il y a en particulier un facteur dont l'importance est évidente et suprême : la présence de centaines de milliers de troupes américaines et britanniques répandues dans toute la France du Nord et le long de la vallée du Rhône. On pouvait difficilement s'attendre à ce qu'elles restent en marge s'il survenait un soulèvement communiste. En outre, les communistes ne disposaient pas des forces suffisantes pour monter une insurrection et prendre le pouvoir politique. L'ampleur des organisations de résistance à dominante communiste était trompeuse. Le fait que certains C.D.L. soient contrôlés par les communistes (ils représentaient une minorité) signifiait simplement, en général, que certains des membres du comité avaient réussi à masquer leur véritable allégeance. Le Front National, essentiellement politique, et son bras militaire les Francs-Tireurs et Partisans Français, étaient effectivement des groupements impressionnants, parmi les plus vastes de toute la Résistance. Mais si ces groupements étaient aussi vastes, c'était justement parce que les communistes, en jouant la carte patriotique, avaient pu attirer un nombre gigantesque de recrues non-communistes (et même de gens qui en temps ordinaire auraient été anticommunistes) [33]. Si la direction communiste de ces groupes avait essayé de les entraîner avec elle dans une opposition directe et armée au gouvernement provisoire, les troupes se seraient dispersées (ainsi qu'elles le firent dans une large mesure un peu plus tard, quand leurs dirigeants se retranchèrent dans une opposition paisible et hésitante).

Mais un soulèvement n'est pas le résultat automatique de conditions objectives et de ressources physiques, même favorables : il est le fruit d'une volonté, il demande à être mis en œuvre. Le Parti communiste français ne souhaitait rien de tel. En 1939, fidèles aux exigences de la politique étrangère soviétique, les communistes s'étaient faits sourds aux appels patriotiques et avaient sapé l'effort de guerre. En 1944, la même fidélité exigeait qu'ils devinssent les « patriotes français » les plus enragés, qu'ils soutiennent les efforts de l'Armée Rouge en ne faisant rien qui puisse perturber l'effort de guerre français, rien qui puisse détourner les troupes alliées du front occidental, rien qui crée la confusion dans la coalition formée pour la durée de la guerre. Ils n'auraient pu se conduire autrement et rester en même temps communistes [34].

Les faits, en ce qui concerne les communistes, ne soutiennent pas non plus l'affirmation selon laquelle ils préparaient une tentative de prise du pouvoir. Henri Michel écrit que

> « Les communistes ont souvent reproché aux socialistes de se préoccuper exagérément, en plein combat, des problèmes de l'après-guerre. Pour eux, avec la Libération de la France, la guerre n'est pas finie. La coalition alliée, comme l'union réalisée dans la Résistance, doivent subsister tant que l'Allemagne nazie n'aura pas capitulé. Il faut éviter d'avancer toute opinion qui risquerait de compromettre le bon achèvement de l'œuvre commune » [35].

Il existe de nombreux témoignages de l'aide apportée par les communistes au gouvernement provisoire pour le rétablissement de l'ordre.

> « M. Bourdeau de Fontenay (commissaire de la République à Rouen) a déclaré que les communistes exécu-

taient ses ordres « aveuglément »... Un autre commissaire a indiqué que le Parti communiste était un solide défenseur du gouvernement central ; le préfet de la Creuse a estimé que « davantage encore que la S.F.I.O., le Parti communiste se pose en défenseur du gouvernement provisoire... Ils ne demandent même pas une réforme structurelle... » De fait, dans certains endroits, le Parti soutenait si ouvertement le gouvernement provisoire que la population, qui exigeait que Paris se montre plus actif, s'est tournée contre lui » [36].

Il en était de même lorsque les communistes eux-mêmes avaient des fonctions provisoires dans le corps préfectoral. De Gaulle en personne félicita Maurice Thorez pour le travail qu'il avait accompli en aidant à rétablir l'ordre, bien qu'en des termes que le dirigeant communiste n'apprécia sans doute guère :

> « Dans la mesure où le lui permet la sombre et dure rigidité de son parti, il s'oppose aux tentatives d'empiètement des comités de libération et aux actes de violence auxquels cherchent à se livrer des équipes surexcitées » [37].

Le soutien que les communistes apportaient au gouvernement, le fait qu'ils se soient abstenus de toute révolution, ne les empêcha pas de profiter du point de vue politique des occasions qu'offraient le désordre et la peur, à la Libération. Une signature au bas d'une inscription au Parti, ou une contribution substantielle, devenaient parfois « le meilleur savon pour blanchir un collaborateur » [38].

Dans beaucoup de villes, ceux qui détenaient des responsabilités importantes dans les comités de Libération locaux les faisaient fructifier, grâce à une « épuration » opportune des hauts fonctionnaires locaux, en les transformant en un fief politique permanent [39]. Jacques Debû-Bridel trouvait les exécutions sommaires excusables, « même dans leurs erreurs et excès, lorsqu'elles sont spontanées » [40]. Il existe un certain nombre de témoignages qui suggèrent que ce genre de chose n'était pas rare [41] ; il est difficile de savoir malgré tout dans quelle mesure de telles exécutions représentaient des initiatives locales ou bien la politique générale du Parti. Georges Marrane, l'un des responsables communistes du Comité de Libération de Paris, veilla à ce qu'on relâchât un certain nombre de trotskistes qui s'étaient fait arrêter par des communistes trop zélés à l'occasion de la rafle parisienne [42]. On allègue bien souvent des raisons politiques lorsque d'anciens communistes ont été victimes des exécutions sommaires. Mais, étant donné qu'un certain nombre d'anciens membres du Parti devinrent des collaborateurs enragés et, en coopération avec les forces allemandes, traquèrent sans pitié leurs anciens camarades, les raisons dominantes de ces exécutions, y compris lorsqu'elles ont de toute évidence été commises par des communistes, doivent rester mal connues.

Même si la menace que représentaient les exécutions sommaires pour l'ordre public ne constituait pas une preuve de la volonté de pouvoir des communistes, il fallait néanmoins s'en préoccuper ; et cela impliquait davantage que la routine administrative normale. Lors d'un dîner organisé à Lyon en l'honneur du nouveau consul britannique, le commissaire Yves Farge apprit qu'une foule en émeute était en train de prendre d'assaut la prison où était détenu son prédécesseur à Vichy, Alexandre Angeli, dont la condamnation à mort avait été cassée par la cour d'appel. Dans la même prison était détenu également René Cussonac, l'ancien intendant de police, dont on n'avait pas encore exécuté la sentence de mort. Farge se hâta vers la prison et, en arrivant, trouva la foule en train de malmener les prisonniers. Le commissaire parla longuement à la foule, refusa un compromis qui aurait sauvé Angeli et Cussonac à la condition qu'un autre prisonnier, également haï, soit livré, et finit par convaincre tout ce monde de s'en aller [43].

Il y en avait qui, comme Farge, consacraient leur énergie non seulement à s'opposer à d'éventuelles tentatives de lynchage mais aussi à désarmer « tous ceux qui jouaient à être des personnages de romans policiers »[44]. Mais beaucoup de hauts fonctionnaires locaux faisaient preuve de ce que le ministre de l'Intérieur Tixier nommait « une excessive docilité » envers les groupes de résistance[45]. Outre qu'ils manquaient de personnel et d'armes, la gendarmerie et les gardes mobiles étaient, ainsi que le remarqua de Gaulle, « moralement paralysés par l'usage que Vichy avait fait d'eux »[46]. Grâce à des remaniements dans le nouveau corps préfectoral, grâce à des ordres qui exigeaient sans ambiguïté la répression des lynchages et des exécutions sommaires, grâce à de Gaulle lui-même, qui partit en tournée « pour mettre la machine en route dans le sens qui convenait », on parvint à maîtriser la violence et le désordre[47].

En janvier 1945 le gouvernement, par un acte symbolique, affirma clairement qu'il ne tolérerait pas qu'on cède à la menace de la violence. Au mois d'octobre précédent, à Maubeuge, une foule en colère avait pris d'assaut la prison du lieu, en exigeant l'exécution de deux collaborateurs dont les condamnations à mort avaient été commuées par le général de Gaulle. La foule menaçait de massacrer tous les autres détenus de la prison si elle n'obtenait pas satisfaction ; les trois officiers F.F.I. responsables firent ce que la foule exigeait d'eux. Ils furent amenés à Paris pour y être jugés, et condamnés à des peines de cinq à sept années de prison[48].

Un grand nombre d'autres résistants furent arrêtés au début de l'année 1945 pour avoir toléré des exécutions non autorisées[49] ; s'il est vrai qu'une bonne partie d'entre eux furent relâchés ou pardonnés assez rapidement, il n'en reste pas moins qu'il s'était créé un malaise considérable dans les milieux de la Résistance, en particulier à gauche. Pascal Copeau écrivit à propos des arrestations :

Pendant ces quatre années terribles, les meilleurs des

Français ont appris à tuer, à assassiner, à commettre des sabotages, à faire dérailler les trains, parfois à piller et toujours à désobéir à ce qu'on leur disait être la loi... Qui leur a appris cela, qui leur a donné l'ordre d'assassiner ? Qui, sinon vous, mon général ? Sinon vous, M. Maurice Schumann, la Pasionaria du micro ? Sinon vous, M. Georges Bidault, président du C.N.R. ? [50] »

Il y eut encore d'autres lynchages, notamment à Gap en février, où douze miliciens et doriotistes furent évacués de force de prison et où l'on découvrit les corps de dix d'entre eux le lendemain [51]. Les assassinats isolés de collaborateurs présumés continuèrent pendant quelques mois, puis disparurent.

La Libération avait coûté cher aussi bien aux résistants qu'aux « collabos ». Des milliers de résistants ne vécurent pas assez longtemps pour être témoins de la Libération pour laquelle ils avaient combattu ; ils reposent dans les tombes du Vercors et du plateau des Glières ; leur sacrifice est commémoré par des plaques qui commencent par ces mots : « Ici est tombé, le 24 août, pour la Libération de ... » Leurs ennemis furent exécutés sommairement par milliers, soit sans procès du tout, soit après un simulacre de jugement. Des collaborateurs présumés furent souvent privés du droit à faire entendre justement leur cause et à bénéficier d'une procédure légale, droits qu'une démocratie doit garantir même (ou plus encore) à ceux qui la raillent et la détruisent. Beaucoup parmi ceux qui furent exécutés étaient sans doute innocents ; la plupart, certainement, n'auraient pas été exécutés s'ils avaient bénéficié d'une procédure régulière, du moins si l'on en juge par les verdicts qui furent rendus plus tard. On est tenté de dire qu'ils sont morts pour rien. Mais on peut supposer que si les épanchements de sang de la Libération n'avaient pas soulagé les tensions accumulées, les procès réguliers n'auraient pas été aussi indulgents qu'ils le furent bien souvent. Les collaborateurs qui furent tués au cours des premières journées ont peut-être été, tout comme ces filles qui se virent infliger la tonsure, le sacrifice expiatoire qui permit l'indulgence pour un grand nombre de leurs semblables.

Notes du chapitre 4

1. De Gaulle, *La France n'a pas perdu la guerre* (New York, 1944), pp. 257-59.

2. Voir, par ex., *Populaire (Nord),* N° 31 (février 1943) ; *Libérer et Fédérer,* N° 12 (octobre 1943) ; *Résistance,* N° 18 (13 octobre 1943) ; et Henri Michel, *Les Courants de pensée de la Résistance* (Paris, 1962), pp. 346-47.

3. N° 6, 25 janvier 1943.

4. *Free France,* 15 février 1944, p. 156 (en italiques dans l'original).

5. *Cahiers* [de l'O.C.M.], juin 1942. Voir aussi l'intéressant sondage d'opinion effectué clandestinement en mai 1944 par le Service de Sondage et de Statistiques sur le thème de la justice populaire anticipée aux premiers jours de la Libération. L'échantillonnage était essentiellement bourgeois ; 19 % des répondants étaient des résistants, 60 % des sympathisants de la Résistance et 21 % étaient « neutres » ; pour des raisons évidentes, le sondage ne touchait pas les collaborateurs. 44 % des personnes interrogées étaient favorables à la prévention de la justice populaire ; 28 % étaient d'avis de « freiner et canaliser » la fureur populaire, qu'aucun pouvoir au monde n'aurait pu réellement contrecarrer ; 28 % étaient partisans de la laisser s'exprimer sans frein, afin qu'elle règle le problème de manière à la fois efficace et expéditive. On ne découvrit pas de différences significatives dans les réponses par rapport aux professions, classes sociales, ou aux tendances politiques. Chose surprenante, les jeunes étaient partisans en majorité de la prévention. (S.S.S. : *Sondages,* N° 9 (6 juillet 1944).)

6. De Gaulle, *France,* pp. 257-59 ; *Discours de guerre* (Fribourg, 1944-45), Vol. II, p. 213.

7. J.O., Débats de l'A.C.P., 1er juin 1944, pp. 15-31 ; 3 juin, pp. 33-47 ; Harry L. Coles et Albert K. Weinberg, *Civil Affairs : Soldiers Become Governors* (Washington, 1964), pp. 661-70 ; Arthur Layton Funk, *Charles de Gaulle : The Crucial Years, 1943-44* (Nor-

man [Okla.], 1959), pp. 198-99, 248-49, 265-72; Forrest C. Pogue, *The European Theater of Operations : The Supreme Command* (Washington, 1954), pp. 138-57.

8. La COMAC vint à avoir une majorité communiste et il lui prit la prétention de prendre part au commandement opérationnel des forces armées aux côtés des délégués militaires de De Gaulle. Sa tentative fut vouée à l'échec en dehors de Paris même, puisqu'elle ne possédait aucun réseau de responsables qui lui soient subordonnés.

9. René Hostache, *Le Conseil national de la Résistance : Les Institutions de la clandestinité* (Paris, 1958), pp. 300, 465-70.

10. Ibid., p. 305.

11. J.O. (Alger), 22 avril 1944, pp. 325-27.

12. « Circulaire du délégué général du C.F.L.N. » [9 mai 1944], reproduit dans *Les Cahiers Politiques,* N° 18 (février-mars 1946), 23-26; cf. Commissariat à la Justice, *Instructions* (Alger, 1944), pp. 5, 20-21. Dans toutes les instructions gouvernementales concernant l'épuration, l'insistance sur l'ordre dans les procédures revenait comme un leitmotiv. Des auteurs qui tentaient de discréditer la Résistance se sont amplement servis d'un « document » supposé émaner du ministre de l'Intérieur du C.F.L.N., Emmanuel d'Astier de La Vigerie. Cet « ordre d'insurrection » demandait aux autorités locales de dresser des listes de collaborateurs non pas en vue de leur arrestation mais en vue de leur exécution sommaire au cours de la période « qui séparerait le départ des Allemands et l'arrivée des Anglo-Saxons ». Il fallait adopter ce processus pour « assurer en quelques heures le châtiment révolutionnaire de la trahison, conformément au désir légitime de représaille des militants de la Résistance ». L'origine de ce « document », qui va à l'encontre de toutes les autres instructions données par le gouvernement provisoire, laisse beaucoup à désirer. Il apparaît pour la première fois dans un article de Louis Rougier dans *Ecrits de Paris,* N° 70 (août 1950), pp. 104-23, et est cité in extenso par Otto Abetz, l'ambassadeur du troisième Reich de Paris occupé, dans ses mémoires : *Histoire d'une politique Franco-Allemande : 1930-1950* (Paris, 1953), pp. 337-38. Il est donc surprenant de voir qu'Alfred J. Rieber l'accepte et l'utilise sans le moindre esprit critique dans *Stalin and the French Communist Party : 1941-1947* (New York, 1962), pp. 103-04. C'est doublement surprenant si l'on songe que le professeur Rieber non seulement rejette entièrement la mythologie que l'on a bâtie autour de ce genre de « documents », mais s'attache tout particulièrement à mettre en doute l'origine et l'authenticité de prétendus appels à la violence et à l'insurrection (pp. 151-52 nn. 88-89).

13. Coles et Weinberg, pp. 709-10.

14. Robert Aron, *Histoire de la Libération de la France : juin 1944-mai 1945* (Paris, 1959), pp. 216-19.

15. *Ibid.,* pp. 216-19, 325-26.

16. « The Problem of Limited Collaboration », *Confluence,* III, 2 (juin 1954), 172.

17. Raymond-Léopold Bruckberger, *One Sky to Share : French and American Journals* (New York, 1952), pp. 23-24.

18. « Avis aux Populations Normandes », proclamation datée du 26 août 1944, citée par Marcel Baudot dans *L'Opinion publique sous l'Occupation : L'Exemple d'un département français (1939-1945)* (Paris, 1960), pp. 264-65.

19. *Mémoires de guerre* (Paris, 1954-59), Vol. III, p. 9.

20. Hostache, p. 314.

21. « Report to General de Gaulle from a high civil servant on mission in the Southeast » [28 septembre 1944], de Gaulle, *Mémoires*, Vol. III, pp. 316-18.

22. *Cahiers du Témoignage Chrétien*, Vol. XXVI-XXVII (mai 1944) ; Hostache, pp. 300, 465-70 ; Michel, *Courants*, pp. 335-37 ; États-Unis, Office of Strategic Services, *Resolutions of the French National Council of Resistance* (Washington, 1944), pp. 51-53.

23. Les documents concernant le nombre des exécutions sommaires étant trop complexes et contradictoires pour pouvoir être étudiés dans une simple note de bas de page ont fait l'objet d'une section spéciale. Voir l'Appendice C.

24. Coles et Weinberg, pp. 764-65 ; Aron, *Libération*, pp. 569-72 ; *Bulletin des Amis d'E. Mounier*, Nos. 7-8 (décembre 1955), 4 ; Maurice Lombard, « Les Maquis et la Libération de la Bourgogne », R.H.D.G.M., N° 55 (juillet 1964), p. 48.

25. Lettre du chef des F.T.P. « Doublemètre » à un commandant subordonné (11 août 1944), cité par Aron dans *Libération*, pp. 568-69.

26. J.O., Débats de A.N., 9 novembre 1951, p. 7835.

27. Il ne faut pas confondre les cours martiales, qui étaient sous l'autorité directe des commissaires et des préfets (ils nommaient leur personnel et décidaient de leur compétence et de la procédure à suivre) avec les tribunaux militaires, qui fonctionnaient avec un personnel militaire régulier de l'armée française et pouvaient être instaurés par les délégués militaires.

28. *Combat*, 30 décembre 1944. Alors qu'il rapportait l'incident à de Gaulle, Adrien Tixier, le ministre de l'Intérieur, nota que la foule avait été spontanément et sincèrement exaspérée par les retards des procès et des condamnations et par la commutation de peine accordée au maire « qui était probablement un abominable collaborateur ». (De Gaulle, *Mémoires*, Vol. III, pp. 422-23).

29. *Libération*, p. 594.

30. *France Against Herself* (New York, 1955), p. 102.

31. *Citizenship Today* (Chapel Hill [N.C.], 1960), p. 59.

32. *France-Observateur*, 11 juin 1964.

33. Par exemple, François Mauriac et Georges Bidault faisaient partie du comité exécutif du Front National. En dispersant leurs militants sur des fronts aussi vastes, les communistes se privaient même de leurs groupes normaux d'action disciplinée.

34. Pour une déclaration extraordinairement franche concernant les bases de la politique communiste en 1944, voir le discours de Benoît Frachon à la Confédération Générale du Travail, 26e Congrès National [1946] (Paris, 1946) pp. 141-42.

35. *Courants,* p. 682.

36. Rieber, pp. 170-71, citant, du ministère de l'Intérieur, Service Central des Commissariats de la République, *Bulletin sur la situation dans les régions et les départements* Nos 48, 49, 57, 64. 69.

37. *Mémoires,* Vol. III, p. 101. Dans les conseils du Parti, l'opinion n'était cependant pas unanime pour ce qui était de savoir exactement dans quelle mesure les communistes devaient s'accommoder de De Gaulle et accepter la dissolution de « sources d'énergie révolutionnaire ». En 1952, l'épuration des membres dirigeants du P.C.F. révéla qu'André Marty et Charles Tillon, parmi d'autres, trouvaient que le Parti allait plus loin qu'il n'était nécessaire sur cette voie. A l'automne 1944, période où le groupe Marty-Tillon était probablement en phase ascendante, le Parti s'éleva contre la dissolution par de Gaulle des milices patriotiques - des auxiliaires de la résistance qui avaient bénéficié du soutien substantiel des communistes, qui y voyaient une mesure nécessaire de sécurité contre « la cinquième colonne ». Après le retour de Thorez de Moscou à la fin novembre les protestations cessèrent.

38. Jacques Debû-Bridel, *Les Partis contre Charles de Gaulle* (Paris, 1948), p. 57. Le marquis d'Argenson cite un certain nombre de cas où des hommes gravement compromis par leurs faits de guerre cherchèrent à « devenir rouges pour se faire blanchir ». (*Pétain et le pétainisme : Essai de psychologie* [Paris, 1953], p. 137). Cf. Baudot, p. 212.

39. « Report... from... the Southeast », de Gaulle, *Mémoires,* Vol. III, p. 318 ; Baudot, pp. 211-12.

40. *Op. cit.,* pp. 56-57.

41. Cf. *Histoire du P.C.F.* (Paris, 1960-62), II, 89-90 ; Angelo Tasca [« Rossi »] *Les Communistes français pendant la drôle de guerre* (Paris, 1951), pp. 21, 254, 263.

42. Henri Denis, *Le Comité Parisien de la Libération* (Paris, 1963), p. 137.

43. Yves Farge, *Rebelles, soldats et citoyens* (Paris, 1946), pp. 241-45. (Cussonac fut exécuté légalement quelques jours plus tard.) Dans une autre occasion, Farge trouva futile sa rhétorique. Après avoir commué la sentence d'un milicien supposé, il organisa un meeting au cours duquel il expliqua sa décision à la population. En quittant l'assemblée, il apprit que pendant son allocution, l'homme dont il avait commué la condamnation ainsi que quatre autres avaient été retirés de prison de force et exécutés. (*Ibid.,* pp. 229-31).

44. *Ibid.,* p. 223.

45. De Gaulle, *Mémoires,* Vol. III, p. 422.

46. Loc. cit., p. 9.

47. Loc. cit., pp. 8-10, 418-19, 422-23, 579-80 ; Emmanuel d'Astier

de La Vigerie, *Sept fois sept jours* (Paris, 1947), p. 200 ; J.O., Débats de l'A.C.P., 20 février 1945, p. 126.

48. *Le Monde,* 13 janvier 1945.

49. Voir la déclaration officielle du gouvernement concernant les arrestations massives à Béziers, citée in extenso par Aron dans *Libération,* pp. 609-11. Pour les critères du gouvernement dans la définition des « actes de résistance » coupables et non coupables, voir la déclaration du ministre de la Justice Pierre-Henri Teitgen à l'Assemblée. (J.O., Débats de l'A.N.C. [I], 27 décembre 1945, p. 425.)

50. *Action,* 19 janvier 1945. L'agitation en faveur du relâchement de résistants emprisonnés ne se limitait pas, néanmoins, à l'extrême gauche. (Voir, par ex., *Le Monde,* 30 mars 1945, et la résolution de la Ligue pour les Droits de l'Homme, *Cahiers des Droits de l'Homme,* juin 1945, 2.) A la suite du pardon accordé aux trois F.F.I. en mai, un « Comité National pour la Libération des Patriotes Emprisonnés » se forma pour créer un climat favorable à d'autres actes de clémence. Il était cautionné par le M.R.P., les S.F.I.O. et le P.C.F.

51. *Combat,* 8 février 1945. Voir aussi *L'Aurore,* 17 février et Aron, *Libération,* pp. 609-11.

5

Un grand coup de balai

« Je tiens à dire que si le gouvernement entend procéder dans la Métropole, comme il le fait ailleurs, aux éliminations nécessaires, s'il compte puiser pour pourvoir aux remplacements parmi les éléments idoines des organisations de résistance, si, pour le reste, il veut mettre en œuvre certaines réformes qui s'imposent dans le recrutement et dans l'emploi de plusieurs, sinon de toutes, les catégories de fonctionnaires, il n'a aucunement l'intention de faire tout à coup table rase de la grande majorité des serviteurs de l'État, dont la plupart, pendant les années terribles de l'occupation et de l'usurpation, ont avant tout cherché à servir de leur mieux la chose publique. Le dénigrement de tels et tels membres ou de telles et telles catégories de l'administration française est une chose facile, mais trop souvent injuste ou exagérée. D'ailleurs, les pouvoirs publics ont les auxiliaires qu'ils méritent et c'est en donnant eux-mêmes l'exemple de la compétence, du désintéressement et du goût des responsabilités qu'ils ont le plus de chances d'être servis comme il faut. »

GÉNÉRAL DE GAULLE
25 juillet 1944 [1]

La première partie du programme de « renouvellement » de la France, qui devait être mis en œuvre par le gouvernement provisoire, était l'épuration de l'administration. Si l'on voulait que la police puisse effectivement maintenir l'ordre, il fallait d'abord la débarrasser des policiers collaborateurs. Pour que la magistrature puisse (avec un semblant d'autorité morale) juger les collaborateurs, il fallait d'abord éliminer les juges qui s'étaient montrés de fervents vichyssois. Comme dans le cas d'autres programmes concernant la France libérée, on avait établi à Alger, dans des plans détaillés, les critères et les procédures qu'il faudrait adopter. On a raconté que la première question posée par le général de Gaulle au préfet de police provisoire de Paris, le jour de la libération de la ville, fut celle-ci : « Comment marche l'épuration dans votre département ? » Comme le préfet lui répondait qu'on était en train d'organiser les comités prévus, il le pressa de faire vite, insista sur la nécessité d'en finir en quelques semaines [2]. Tous les groupes et partis partageaient ce souci de rapidité vis-à-vis de l'épuration de la fonction publique. Le délai optimiste prévu par le général de Gaulle pour l'accomplir ne fut pas respecté, mais en gros la tâche fut menée à bien en un laps de temps relativement bref - bien avant que d'autres secteurs aient été épurés.

L'attitude du gouvernement provisoire, en ce qui concerne l'épuration de l'administration, était analogue à certains égards à celle qu'il avait adoptée envers la législation de Vichy. Il déclarait bien que « légalement, la République n'a jamais cessé d'exister » et, en corollaire, que tous les actes du régime de Vichy étaient nuls et non avenus ; mais dans la pratique il reconnaissait que Vichy avait légiféré sur des milliers de questions pratiques ; balayer quatre ans de législation vichyssoise provoquerait le chaos. Le gouvernement de De Gaulle se montra sélectif ; il fit tomber les textes les plus nocifs (lois raciales, etc.) mais en laissa la majorité en vigueur.

Pour épurer l'administration, il fallait exercer le même genre de discrimination. Si dans les hautes sphères de la fonction publique, Vichy avait procédé à beaucoup de nouvelles nominations, l'immense majorité des fonctionnaires en poste à la Libération avaient été nommés avant la guerre, et tous, dans une certaine mesure, avaient « servi Vichy » et « collaboré avec les Allemands ». De même que le gouvernement avait laissé en vigueur la plupart des décrets promulgués par Vichy parce qu'ils étaient inoffensifs, il allait laisser en poste la grande majorité de ceux qui les administraient, pour les mêmes raisons. Les recommandations du Comité Général d'Études (clandestin) s'accordaient sur ce point aux souhaits du général de Gaulle : pas d'épuration radicale dans la fonction publique [3].

Cependant, le rejet d'une épuration totale ne signifiait pas l'absence totale d'épuration. Tant la Résistance que le gouvernement provisoire s'étaient engagés à assainir l'administration. En septembre 1943, le Comité d'Alger avait promulgué une législation sur l'épuration de l'administration française en Afrique du Nord. Les délits susceptibles d'être punis tels qu'ils étaient définis dans l'ordonnance du 27 juin 1944, qui instituait l'épuration administrative dans la métropole, étaient presque identiques à ceux du mois de septembre précédent. Ils comprenaient tout acte, écrit, ou attitude personnelle susceptibles d'aider l'ennemi, de nuire à l'effort de guerre français ou allié, ou de mettre en danger les institutions constitutionnelles ou les libertés publiques fondamentales, ainsi que toute tentative de tirer un avantage matériel des nouvelles réglementations de Vichy [4]. (Dans la pratique, ce dernier point s'étendit aux réglementations allemandes.)

En même temps, les délits punissables tels que les définissait l'ordonnance du 27 juin évoquaient de très près le genre de comportement dit d'« indignité nationale » dans l'ordonnance du 26 août [5]. L'épuration de l'administration devait effectivement être rapide pour débarrasser le service d'État de ceux qui étaient « indignes », de même que les chambres civiques devaient les écarter de la vie publique en général. Dans les deux cas, la définition des délits était large, du fait de la variété infinie d'actes antinationaux dont il était possible de se rendre coupable. Le législateur ne voulait en aucun cas donner à un Français indigne la possibilité de cacher ses actes derrière la lettre de la loi.

L'ordonnance du 27 juin englobait non seulement les membres de la machine administrative régulière, mais encore les magistrats considérés traditionnellement comme « inamovibles », les forces armées et les employés des entreprises semi publiques, subventionnées par l'État ou dont les statuts étaient fixés par l'État. L'ordonnance ne mettait pas en œuvre le mécanisme des procédures d'épuration (c'était le rôle des décrets ministériels individuels) mais elle autorisait la suspension immédiate de tout employé suspect, à la moitié de son salaire, en attendant une décision finale ; elle fixait certaines garanties protectrices de procédure, dont les ministères étaient contraints de tenir compte dans leurs décrets individuels [6].

L'éventail des sanctions administratives qui pouvaient être imposées allait de la réprimande officielle ou de la perte d'un titre honorifique au renvoi sans indemnité. Si l'autorité ministérielle compétente prouvait que l'inconduite devait encourir une action juridique, le dossier était transmis au procureur de la République.

Souvent, un même individu était soumis à la fois aux juridictions d'une commission d'épuration de l'administration et d'une cour de justice ou chambre civique - entités formées pour juger les causes de collaboration ou d'« indignité nationale » [7]. La condamnation par l'une ou l'autre de ces institutions rendait toute sanction administrative inutile puisqu'elle impliquait automatiquement le renvoi de tout emploi dans l'État, sans aucune indemnité (la condamnation maximum qui pouvait être infligée administrativement) [8]. En revanche, l'acquittement par l'une ou l'autre de ces Cours, après ou avant avoir comparu devant une audience administrative, ne liait en rien les commissions d'épuration.

Les événements prirent de vitesse les préparatifs du gouvernement provisoire, et les premières étapes de l'assainissement de l'administration française étaient déjà accomplies avant même que l'ordonnance du 27 juin fût promulguée. Les nouveaux commissaires de la République qui remplaçaient les préfets régionaux de Vichy se mirent à épurer les administrations locales aussitôt après les débarquements alliés. Les nouvelles autorités n'opéraient pas dans le vide administratif total. Les ordonnances qui créaient les commissaires et préparaient la nomination de toute une série de nouveaux préfets sous leurs ordres destituaient simultanément tous les préfets de Vichy. Elles donnaient aussi aux nouveaux administrateurs régionaux le pouvoir de suspendre de ses fonctions tout haut fonctionnaire local qu'ils pensaient devoir écarter. La passation de l'autorité d'une série de préfets à l'autre se fit de plusieurs manières. On raconte pour un cas que l'ancien préfet prêta son uniforme à son remplaçant, en lui suggérant avec bienveillance d'en remplacer les boutons s'il le désirait, puisqu'ils portaient l'insigne de Vichy, la francisque. Dans quelques départements en revanche, les préfets de Vichy furent tués par des résistants pendant la Libération [9].

L'épuration administrative ne touchait généralement pas les fonctionnaires locaux très gravement. Les instructions données aux nouveaux préfets avant la Libération, tout en leur attribuant les pleins pouvoirs sur ce point, suggéraient que le fonctionnement des services locaux requérait « une certaine indulgence » dans l'application de l'épuration [10]. Le C.F.L.N. alla plus loin en suggérant que le critère devrait être le scandale public, l'impossibilité de maintenir qui que ce soit à un poste contre l'hostilité de la population ; l'obéissance à des mesures légales, la faiblesse de caractère, le manque de courage ne devraient pas être des causes de suspension [11].

Le commissaire Yves Farge, dans sa première proclamation à la population libérée de Lyon, lui rappela que la plupart des fonctionnaires s'étaient comportés loyalement et souligna le fait que, pour ce faire, ils avaient dû masquer leurs véritables sentiments [12].

L'autre corvée concernant l'assainissement local, assignée aux nouveaux préfets, touchait les maires et les conseillers municipaux et départementaux. Les préfets devaient destituer tous les hauts fonctionnaires, élus locaux, qui s'étaient montrés favorables aux Allemands ou à Vichy. Les vacances de poste devaient être comblées par le préfet, sur l'avis du Comité de Libération départemental. Les nominations devaient récompenser les Français ayant activement participé à la Résistance. Elles devaient tenir compte de la majorité apparue aux dernières élections et des tendances qui s'étaient manifestées depuis la Libération [13].

En réalité, les Conseils furent rarement reconstitués complètement avant les élections locales au printemps 1945.

Une fois le gouvernement provisoire installé à Paris, l'épuration commença pour de bon. La date fixée pour la fin de l'épuration dans les bureaux centraux des ministères était initialement le 15 février 1945, et un mois plus tard pour les autres strates administratives. De fait, si la majorité des causes furent rapidement traitées, certaines procédures traînèrent pendant des années.

Bien entendu, l'épuration de la police était particulièrement importante. Pour des raisons de sécurité, il était nécessaire d'écarter les éléments peu fiables ; les policiers étaient des membres particulièrement « visibles » de l'administration et le gouvernement se serait discrédité aux yeux de la Résistance et de la population dans son ensemble en omettant d'écarter des policiers réputés collaborateurs. A Paris, la police avait joué un grand rôle dans l'insurrection d'août qui précéda l'entrée des troupes de Leclerc - ce fut même leur grève qui déclencha le soulèvement. La grève joua beaucoup en leur faveur ; leur rôle de meneurs dans l'insurrection avait partiellement effacé dans l'esprit de la population le rôle qu'ils avaient assumé pendant quatre années de répression allemande ou vichyssoise. Malgré tout, près de 700 policiers parisiens, parmi lesquels se trouvaient de nombreux hauts fonctionnaires, furent arrêtés, à deux semaines de la Libération [14]. Vers la fin de l'année, le gouvernement annonça que 5 000 d'entre eux avaient été suspendus de leurs fonctions dans les diverses forces de police de la France entière [15].

Autre problème critique (et donc l'un des premiers corps d'État à prendre en main) : la magistrature. Sans un corps de magistrats digne de confiance, il fallait renoncer au programme tout entier de châtiment de la collaboration et du « comportement antinational ». Mais en même temps, le problème de la magistrature était extraordinairement délicat.

Beaucoup des difficultés auxquelles la magistrature française eut à faire face pendant les années de Vichy étaient communes à d'autres corps de l'État : on épura leurs rangs des juifs, des francs-maçons et d'autres individus suspects ; de fervents partisans de la « révolution nationale » prirent leur place. Mais les différences étaient importantes. A l'encontre des fonctionnaires, les magistrats étaient tenus de prêter un serment spécial d'allégeance au chef de l'État - dont l'inspiration était la même que le serment au Führer exigé par Hitler. Et ce qui est plus grave, on fit des juges français, traditionnellement les gardiens indépendants de la justice, les instruments de politiques qui non seulement étaient partisanes et d'une irrégularité flagrante mais aussi, bien souvent, meurtrières.

Il n'y avait qu'un seul juge en France qui avait refusé le serment, et son cas pouvait difficilement servir au gouvernement de critère d'évaluation concernant la conduite des juges sous le régime de Vichy [16]. De toute façon, les Français libres de Londres et quelques organisations (pas toutes) de résistance avaient conseillé d'accepter le serment, plutôt que de voir des résistants comparaître devant une magistrature encore plus pétainisée qu'elle ne l'était déjà. Après la Libération, le ministre de la Justice, Pierre-Henri Teitgen, insista sur ce point et maintint qu'en prêtant serment, les magistrats avaient pu sauver des milliers de vies. Il argua en outre que le serment était nul parce que prêté sous la contrainte [17].

Il fallait adopter pour critère la conduite judiciaire de chacun, mais ce n'était pas là non plus une ligne de conduite très claire. Dans bien des cas, la seule solution était de rendre un verdict injuste, excepté celui de mort, de peur que la cause ne soit soustraite aux mains du juge et remise dans celles d'un vichyssois fanatique. Le dilemme devenait déchirant lorsqu'il revenait à choisir entre condamner à mort quelques innocents au nom de la justice française et en voir un plus grand nombre exécutés par les Allemands [18]. Étant donné que le gouvernement provisoire avait accepté la légitimité de la fonction de juge sous le régime de Vichy, il était impossible de définir clairement ce qui faisait la conduite d'un juge acceptable ou non.

Beaucoup de résistants s'étaient montrés partisans de sanctionner automatiquement toute participation aux tribunaux antiterroristes spéciaux de Vichy, et de la punir de mort chaque fois que ces tribunaux avaient ordonné l'exécution de résistants [19]. Néanmoins, le gouvernement préféra suivre l'avis du Comité National Judiciaire, qui était généralement assez modéré et s'élevait contre toute condamnation en bloc de ceux qui siégeaient dans les tribunaux spéciaux ; il proposait plutôt de renvoyer ceux qui avaient obéi aux ordres de Vichy avec enthousiasme, et de punir de sanctions mineures ceux qui n'avaient fait que les mettre « complaisamment » en application [20].

Lorsqu'on abordait administrativement le problème de la magistrature, comme celui des autres corps de l'État et celui, en vérité, de toutes les procédures juridiques, il fallait abandonner l'idée de critères établis. Le concept de l'« indignité nationale », bien que vaste et imprécis, offrait le seul repère possible. Est-ce que l'individu considéré, dans les limites de sa situation, s'était comporté en digne citoyen, en bon républicain et en Français loyal ?

Dans le domaine particulier de la justice, le dilemme était unique ; plus l'épuration de la magistrature serait rigoureuse, moins il y aurait de juges ensuite pour aider à entendre la cause des collaborateurs ; mais d'autre part, si l'épuration dans ce domaine était insuffisante on risquait de laisser juger des collaborateurs par des éléments qui leur étaient secrètement favorables. Deux facteurs aggravaient la situation : le nombre des magistrats tués ou faits prisonniers pendant la campagne de 1940 ou déportés en Allemagne pendant l'occupation, et l'accumulation spectaculaire des causes de criminalité ordinaire, bien supérieure à la moyenne d'avant-guerre. Le gouvernement résolut d'aller aussi vite que possible vers une épuration rigoureuse de la justice, tout en prenant diverses mesures pour à la fois recruter du personnel judiciaire complémentaire et libérer les juges de leurs obligations normales ; ils pourraient ainsi travailler dans les cours de justice, qui bientôt allaient employer la moitié des 2 000 hommes du corps judiciaire.

Deux semaines après la Libération de Paris, fut instituée une commission centrale d'épuration de la magistrature, divisée en sous-sections constituées à la fois par des juges et des résistants. Près de 20 % du corps judiciaire passa devant la commission et en janvier une très large moitié - au total 266 juges - avaient été suspendus [21]. En mai 1945, l'« inamovibilité de la justice », que l'on avait temporairement suspendue pour faire face au cas sans précédent du régime de Vichy - était remise en vigueur.

On établit rapidement les commissions d'épuration dans tous les secteurs du gouvernement. Elles étaient constituées, généralement, à la fois d'employés ministériels et de résistants, nommés par le C.N.R. ou par un autre groupement désigné par le décret ministériel. Parfois des clauses spéciales affectaient leur composition, telle l'exigence, pour la commission qui s'occupait du personnel des prisons, de comporter parmi ses membres deux anciens prisonniers politiques, ou, pour la commission des P.T.T., de comprendre soit la veuve d'un homme fusillé par un peloton d'exécution pendant l'occupation, soit un employé ayant été emprisonné et relâché seulement à la Libération. Elles comportaient souvent du personnel tout à fait subalterne (un concierge et un employé suppléant faisaient partie de la commission du personnel civil du ministère de la Guerre), mais les présidents étaient généralement des gens prestigieux - Raymond Aron fit partie d'une commission d'épuration. Les commissions pouvaient recevoir des plaintes de n'importe quelle source (à l'exclusion des dénonciations anonymes) et les considéraient toutes comme reçues. Leurs conclusions, néanmoins, avaient seulement valeur de recommandations ; c'était le ministre compétent qui prenait la décision finale [22].

Comment les commissions jugeaient-elles des causes qui leur étaient soumises [23] ? Certaines catégories d'activité constituaient toujours en elles-mêmes une raison de sanctionner. L'appartenance à une organisation de collaboration, par exemple, était une raison suffisante, de même que l'action de renseigner sur les opinions antivichyssoises de collègues ou de subalternes, de maltraiter des juifs ou des résistants, d'apporter une aide volontaire à l'Allemagne, ou d'essayer de profiter des infortunes des hommes d'affaires juifs. L'exercice normal de ses fonctions n'était pas coupable, mais un zèle excessif pouvait l'être, surtout s'il donnait lieu à des conséquences « antinationales » apparentes. Pouvaient ainsi être sanctionnés un fonctionnaire du ministère de l'Intérieur qui avait supervisé l'entraînement d'unités de police chargées de traquer les réfractaires au S.T.O. ou un officier de police qui, de son propre chef, avait proposé au ministère de l'Information un plan de renforcement des opérations de police et de propagande. En revanche ne furent pas poursuivis certains membres du personnel de la Santé publique et autres fonctionnaires qui, dans l'accomplissement de leur tâche, mais sans le vouloir expressément, avaient aidé Vichy ou l'occupant. Et cela même dans le cas où des patriotes et des résistants avaient été arrêtés et déportés [24].

Comme nous l'avons fait observer, les offenses définies par l'ordonnance sur l'épuration administrative incluaient « les délits d'expression » et « attitudes personnelles ». Parmi le genre d'opinion sanctionné, on trouvait « se réjouir de la défaite de la France », faire des « remarques exprimant ouvertement le désir d'un rapprochement franco-allemand », utiliser un « langage insultant pour la Résistance française » et manifester une haine des Juifs. Ces opinions coupables pouvaient être exprimées sous de multiples formes - on condamna un employé pour avoir écrit des « sonnets insultants pour M. Churchill », publiés dans *Gringoire* en août 1940. On punissait aussi bien les remarques faites en privé, en dehors des heures de travail, que les déclarations publiques orales ou écrites, bien qu'on ménageât une exception en ce qui concernait les remarques vichyssoises adressées à un supérieur, lorsqu'il pouvait être prouvé qu'elles avaient été faites dans l'intention de faire taire les soupçons du supérieur quant aux opinions véritables de l'employé. Il n'était aucunement nécessaire de démontrer l'effet nuisible d'expressions coupables ; de fait, tenter de publier des opinions « antinationales » était mal en soi, autant que le fait même de les publier. Mais lorsqu'on signalait une intention de publier, et non une tentative, celle-ci n'était pas susceptible d'être punie.

La liste des délits possibles défie toute catégorisation.

Un professeur qui assistait constamment à des conférences collaborationnistes était jugé punissable parce qu'il « créait le risque d'exercer une influence néfaste ». Il y avait des cas de « culpabilité par association » et si on présumait généralement l'innocence lorsqu'il s'agissait d'association avec des collaborateurs français, il n'en était pas de même lorsque l'individu s'associait avec des Allemands.

Les facteurs susceptibles de justifier le délit de l'accusé variaient également beaucoup. On pouvait excuser l'appartenance à un groupe collaborationniste proscrit si l'individu concerné s'y était joint sans se rendre compte de la nature de l'organisation et avait ensuite rapidement donné sa démission. (Mais le fait d'y être en faute pour n'avoir pas payé ses cotisations ne valait pas pour excuse.) Un officier de police fut disculpé de l'accusation d'avoir pris part à une expédition dirigée contre un camp de maquisards, parce qu'il avait cru prendre part à une opération menée contre des criminels de droit commun se prétendant résistants. Beaucoup de fonctionnaires invoquaient la défense du « double jeu » : ils n'avaient travaillé pour Vichy que pour pouvoir œuvrer en même temps pour la Résistance. Les commissions exigeaient qu'un lien organique entre les deux soit démontré ; une simple activité parallèle ne pouvait servir de justification. (En fait, l'individu devait montrer qu'il défaisait chaque nuit, tel Pénélope, ce qu'il avait tissé pendant le jour.) On était enclin à excuser le simple pétainisme des premiers mois du régime de Vichy, mais jamais celui d'après novembre 1942. En Alsace-Lorraine, en revanche, on tenait compte de la pression allemande constamment accrue et même l'appartenance au parti nazi était excusée si elle avait commencé fin 1943 ou en 1944.

Même s'il est possible de faire quelques généralisations, toute tentative pour établir une jurisprudence cohérente fondée sur les décisions des commissions d'épuration est vouée à l'échec. Il est probable que dans la plupart des cas on aboutissait « par instinct » à une décision (en se servant du concept de l'indignité nationale ») et qu'on y ajustait ensuite des critères en bonne et due forme pour doter la jurisprudence de la commission d'un semblant de système. On sent cette dépendance vis-à-vis du concept d'« indignité nationale » non seulement à travers l'impression générale tirée de l'examen des décisions des commissions, mais aussi dans le fait que les commissions aient adopté des critères spécifiques à l'ordonnance du 26 août 1944 sur l'Indignité Nationale et non à l'ordonnance du 27 juin 1944 qui instaurait l'épuration administrative.

Les commissions considéraient l'appartenance aux organisations énumérées par l'ordonnance du 26 août comme une preuve légitime de « comportement antinational » ; elles acceptaient les activités de résistance pour circonstance atténuante ; elles adoptaient le concept de « délit de fonction » (par exemple, une fonction dirigeante au sein du Commissariat aux questions Juives). On peut démontrer pour de nombreux cas que la nature des délits n'était définie qu'une fois la décision concernant la culpabilité d'un individu déjà prise ; l'exemple le plus frappant en est peut-être le cas de ces deux hommes, tous deux membres du personnel d'accusation au procès de Riom, considéré par la même commission d'épuration. On sanctionna l'un d'eux purement sur la base de ce « délit de fonction » ; l'autre fut disculpé.

Naturellement l'épuration ne touchait pas tous les ministères avec une égale rigueur. Elle affectait très sévèrement le ministère de l'Information, qui n'avait pas subi une très lourde infiltration de vichyssois et de collaborateurs mais où il était facile de trouver des textes écrits et d'en confondre les auteurs, ce qui évitait les ambiguïtés concernant la conduite à tenir. Sur 500 employés à l'office central de Paris, les trois quarts subirent une sanction quelconque qui dans de nombreux cas fut le renvoi. Dans d'autres ministères ou corps

« politiques » comme au ministère de la Justice, de l'Intérieur, et au Conseil d'État, le nombre de sanctions prises était proportionnellement beaucoup plus élevé que dans des ministères « techniques » comme celui de la Santé Publique [25]. Le ministère des Finances et celui des Affaires étrangères firent aussi partie de ceux que l'épuration avait relativement épargnés, le deuxième du moins parce que l'esprit de corps particulièrement marqué qui régnait au sein du ministère incitait les fonctionnaires à « protéger les leurs » [26].

Sur un total de près d'un million de fonctionnaires, 11 343 encoururent des sanctions pendant l'épuration administrative. Parmi ceux-là, un peu plus de 5 000 furent démis de leurs fonctions [27]. En outre, un nombre indéterminé d'entre eux furent soit révoqués soit rétrogradés en vertu de l'ordonnance du 14 novembre 1944, dans laquelle le gouvernement se donnait deux mois et demi pour examiner et réviser toutes les nominations et les promotions effectuées par Vichy dans l'administration. Un autre programme, qui visait à réduire les effectifs de la fonction publique, avait un rapport tangentiel avec l'épuration. Le gouverment énumérait (en dernier) parmi les critères à appliquer pour révoquer les employés superflus : 1) avaient-ils ou non été nommés spécialement par Vichy ? 2) quelle avait été leur attitude envers la Résistance ? 3) avaient-ils fait l'objet de sanctions sous l'épuration, hormis le renvoi ? [28].

L'épuration dans les forces armées s'organisa sur des principes différents de ceux qui gouvernaient l'épuration dans les branches civiles de l'administration. On avait mené à bien, lorsque le gouvernement provisoire était encore à Alger, une sorte d'épuration dans l'armée d'Afrique. Il y avait toujours là-bas ce qu'on appelait l'« armée de l'Armistice » un semblant de force armée que les Allemands autorisèrent Vichy à conserver jusqu'en novembre 1942, date où elle fut dissoute.

Le 27 août 1944, le commissaire à la Guerre André Diethelm fit parvenir une circulaire aux généraux qui commandaient les régions militaires Nord et Sud ; elle ordonnait la suspension de tous les officiers de l'armée de l'Armistice ayant soit participé à la Résistance, soit rallié les F.F.I. pendant la Libération. Ils devraient rendre compte de leurs activités durant l'occupation ; si le jury d'honneur se déclarait insatisfait de leurs explications ils seraient radiés de l'armée [29]. Accoutumés par tradition et par leur éducation à recevoir des instructions claires, les officiers de l'armée de l'Armistice, voyant qu'aucun ordre ne leur parvenait, désarçonnés, n'avaient rien fait ; ils avaient pour excuse l'absence de toute autorisation légitime qui eût pu commander leur retour au combat. De fait, le gouvernement leur dit ce qu'un tribunal militaire avait répondu au maréchal Bazaine, lorsqu'il avait présenté la même défense soixante-quinze ans plus tôt : « Il y avait la France. »

Bien entendu, une telle procédure assignait une prééminence énorme aux hasards géographiques. Les officiers de l'armée qui avaient la chance d'être en poste en Afrique du Nord (et qui étaient tout aussi loyaux à Pétain que leurs collègues de métropole) se retrouvaient décorés de la Croix de la Libération. Les officiers consignés en France non occupée (qui avaient obéi aux ordres ni plus ni moins que ceux d'Afrique du Nord) redevenaient de simples civils.

L'épuration de l'Armée coïncidait avec un vaste programme destiné à réduire les effectifs des forces armées. Ceci, joint au secret qui entoure toutes les statistiques de l'épuration, fait qu'il est difficile de parvenir même à un chiffre approximatif. Selon l'estimation la plus courante, 5 000 officiers furent destitués de l'armée de la IVe République pour des raisons liées à leur comportement en temps de guerre ; le nombre véritable est probablement légèrement moins élevé [30].

En ce qui concerne l'épuration de la Marine, qui s'accomplit de façon similaire, elle affecta sévèrement les officiers supérieurs, mais dans l'ensemble fut loin d'être aussi rigoureuse que celle de l'Armée. Malgré cela, les divisions internes après la Libération furent plus profondes dans la Marine. L'amalgame des forces françaises libres et de l'armée (pétainiste) d'Afrique en 1943, lesquelles combattirent ainsi au coude à coude en Tunisie, en Italie et sur le Rhin, servit à réconcilier ceux qui avaient initialement suivi des conceptions différentes de l'honneur et du devoir. La Marine, d'autre part, n'avait pas du tout de souvenir glorieux des années de guerre. Ils avaient fait feu sur les Alliés à Dakar, préféré l'internement en Turquie à la guerre contre l'Axe après la campagne syrienne ; à Casablanca, la Marine avait été la force la plus activement engagée dans une lutte contre les Alliés ; à Bizerte, treize navires de guerre français avaient été livrés aux Allemands. Enfin, à Toulon, la flotte avait préféré se saborder que de fuir en Afrique du Nord. Dans les rangs subalternes, l'épuration était limitée du fait de l'impossibilité de trouver des remplaçants dotés de la formation technique nécessaire, mais chez les officiers supérieurs, on procéda à un remaniement en bloc. Ils furent remplacés par des officiers de marine qui s'étaient ralliés aux Français libres. Le sentiment que les portes de l'avancement étaient fermées à ceux qui n'appartenaient pas au cercle privilégié, allié à la honte du rôle qu'elle avait joué pendant la guerrre, exacerbèrent l'amertume dans la Marine [31].

En dépit de ces différences entre les deux services, la crise de conscience que les forces armées, plus encore que toute autre fraction de la société, avaient endurée de 1940 à 1944, divisa pendant des années les mess de l'Armée et ceux de la Marine.

Sans cela, le nombre des personnes écartées de l'administration française aurait de toute évidence été bien supérieur : le général de Gaulle était résolu à limiter l'épuration autant que possible, et beaucoup de hauts fonctionnaires des ministères opposaient une résistance passive à l'épuration. En réalité, il y en eut beaucoup parmi ceux qu'on expulsait par la grande porte, qui revinrent par la petite. D'autres, à mesure que le temps passait, soit s'arrangèrent pour que leur sanction initiale fût révisée, soit se firent réintégrer dans la fonction publique grâce aux amnisties successives [32].

La nécessité de l'épuration administrative (ou du moins d'*une* épuration administrative) était indiscutable. Dans les ministères « politiques » comme celui de l'Information et des Affaires étrangères, il était évident qu'il fallait écarter ceux qui avaient été les porte-paroles de la collaboration ; de même, il fallait opérer un bon nettoyage dans des corps de l'État tels que la police et la magistrature. Même dans les ministères « techniques », on aurait créé une situation intolérable si l'on avait maintenu en place des vichyssois ou des collaborateurs notoires en plaçant des résistants sous leur autorité. Les porte-paroles de la Résistance se plaignaient sans cesse du fait que l'épuration menée par le gouvernement était inadaptée ; si le gouvernement s'était montré moins strict qu'il ne le fut, il aurait risqué d'essuyer une véritable explosion.

Et pourtant, pour le renouvellement de la France, on peut douter de l'effet pratique de l'épuration - même si les réintégrations et les révisions qui en annulèrent partiellement les effets n'avaient pas eu lieu. Hormis le personnel de décision, qui « réagit », la plupart des fonctionnaires font leur travail bien ou mal selon leur compétence et leur tempérament, mais pas en fonction de leurs opinions politiques. De toute manière, il semble qu'un bon nombre de ceux dont on réprouva la conduite sous l'épuration avaient agi par flagornerie ou par opportunisme plus que pour des raisons idéologiques. Personne n'a encore conçu de système satisfaisant pour « épurer » ce genre de défauts et le remplacer par une foncière honnêteté - l'épuration administrative, en tout cas, ne l'a pas fait.

Dans la mesure où l'on pourrait accomplir une pareille tâche, on peut se demander si le résultat obtenu n'aurait pas de sérieux revers. De l'avis d'un certain nombre d'auteurs, la « dissidence » de De Gaulle et le châtiment qu'il infligeait donc à ceux qui étaient « loyaux » détruisit la tradition d'obéissance et de respect envers l'autorité constituée dans l'administration française et en particulier dans l'armée [33].

Pour eux, les révoltes survenues dans l'armée en Algérie sont à l'origine du vent de tempête semé par le général de Gaulle ; ils voient dans la « deuxième clandestinité » de Georges Bidault et Jacques Soustelle un exemple de ce que peut produire le fait de sanctifier la « résistance ». L'épuration administrative (et l'épuration en général) a-t-elle semé le grain de la discorde, de la désobéissance et du manque de respect dans les services civils et armés de la France ? A-t-elle été, dans ce sens, un exemple de ce que Robert Merton a appelé « les conséquences imprévues d'une action sociale téléologique » ? Ce ne semble pas être le cas. Mais elle ne contribua guère à façonner une France pure et dure.

Notes du chapitre 5

1. *Mémoires de guerre* (Paris, 1954-59), vol. 11, p. 583-84.
2. Robert Aron, *Histoire de la Libération de la France :* juin 1944-mai 1945 (Paris, 1959), p. 441.
3. *Cahiers Politiques,* N° 2 (juillet 1943) ; De Gaulle, *Mémoires,* loc. cit.
4. Cf. le texte de septembre 1943 cité plus haut, et celui de l'ordonnance du 27 juin, J.O. (Alger), 6 juillet 1944, p. 536.
5. Voir plus bas. L'introduction de l'« attitude personnelle », pourtant, appartenait en propre à l'ordonnance du 27 juin.
6. La principale condition imposée par la procédure était qu'aucune sanction ne soit appliquée sans que l'accusé ait été informé au préalable des charges qui pesaient contre lui et n'ait reçu une chance d'y répondre, oralement ou par écrit. Tout employé suspendu jugé innocent à la suite de cela, toucherait, lors de sa réintégration, la moitié de son salaire qui lui avait été soustraite.
7. Ces juridictions sont étudiées au chapitre VII.
8. Il y eut, cependant, un certain nombre de cas pour lesquels, même lorsqu'un individu avait été automatiquement exclu d'un emploi public en vertu de ce genre de verdict, on prit des dispositions séparées, après délibération. Les ministères concernés le firent peut-être pour empêcher l'effet d'une amnistie ultérieure de la sanction pénale, qui aurait réintégré l'individu dans l'administration. (En fait, les trois principales lois d'amnistie affectèrent aussi bien l'activité administrative que judiciaire.) Étant donné la coexistence de ces deux moyens indépendants, mais qui néanmoins se recoupaient, de perdre un emploi public, il est presque impossible de se faire une idée du nombre total d'employés d'État qui perdirent leur poste lors de l'épuration, dans tous les secteurs et dans toutes ses manifestations. Dans les rares cas où des données me permettent d'indiquer le nombre des « épurés » d'une branche déterminée du gouvernement, je ne parle, à moins de spécifier le contraire, que de ceux qui furent touchés par une sanction purement administrative.

9. Aron, *Libération,* pp. 96-97 ; Pierre Henry, *Histoire des préfets* (Paris, 1950), pp. 343-345 ; Brian Chapman, *The Prefects and Provincial France* (Londres, 1955), p. 59. Après avoir fait entendre leur cause par la commission d'épuration du ministère de l'Intérieur, 60 membres du corps préfectoral furent révoqués (avec ou sans indemnité), certains furent mis en demi-salaire, d'autres reçurent de moindres sanctions. (Rapport du ministre de l'Intérieur Adrien Tixier à l'Assemblée Consultative, J.O., Débats de l'A.C.P., 27 décembre 1944, pp. 604-07 ; Chapman, pp. 60-61 ; Henry, pp. 345-49.) Jules Moch suggéra que les préfets soient en principe révoqués et les membres subalternes du corps (sous préfets, chefs de cabinet) maintenus en poste ; on autoriserait bien sûr des exceptions dans le cas de résistants pour la première catégorie et de fervents vichyssois dans la seconde. (*Le Parti socialiste au peuple de France* [Paris, 1945], p. 66.) En général, cette politique semble avoir été suivie.

10. « Circulaire du délégué général du C.F.L.N. » [9 mai 1944], reproduite dans *Les Cahiers Politiques,* N° 18 (février-mars 1946), 23-26.

11. G.P.R.F., Commissariat à la Justice, *Instructions* (Alger : 1944), pp. 14-17.

12. Farge, *Rebelles, soldats et citoyens* (Paris : 1946), pp. 189-92.

13. Ordonnance du 21 avril 1944, J.O. (Alger), 22 avril 1944, pp. 325-27.

14. *Combat,* 7 septembre 1944.

15. J.O., Débats de l'A.C.P., 27 décembre 1944, pp. 604-07. Les seuls chiffres définitifs sur l'épuration de la police concernent uniquement la Sûreté nationale, où l'on prit un total de 2 019 sanctions diverses y compris 1 162 renvois. (J.O., Débats de l'A.N., 12 mars 1954, p. 831.)

16. Le seul magistrat récalcitrant, M. Paul Didier, fut interné par Vichy. Bien entendu, le temps que soit exigé le serment, à l'été 1941, on avait déjà écarté de la magistrature ceux qui étaient les plus susceptibles de refuser de le prêter pour des motifs politiques.

17. J.O., Débats de l'A.C.P., 1er août 1945, pp. 1723-27 ; Débats de l'A.N.C. (1), 19 février 1946, p. 369. On peut voir une sorte de dossier de casuistique dans le cas du magistrat anonyme qui se justifia d'avoir prêté serment au chef de l'État en partant du fait que ce serment ne mentionnait ni le nom de Pétain ni son équivalent, « le Maréchal » ; par conséquent, tous ceux qui comme lui pensaient que Vichy était illégal, juraient *en fait* allégeance à Albert Lebrun. (*Voix de Paris,* 12 décembre 1945.) Il est légitime, bien que futile, de se demander dans combien de cas les conseils de Londres ont vraiment compté dans la décision de prêter serment.

18. La question fut posée sous sa forme la plus abrupte au procès des cinq juges qui avaient, lors d'un procès en 1941, condamné à mort trois communistes en représailles de l'exécution d'un officier allemand. Les Allemands avaient exigé à l'origine dix peines de mort ; après négociation, on réduisit à trois le nombre des victimes - qui toutes étaient en prison lors de l'exécution. Sur les cinq juges, on en condamna quatre à des peines qui allaient des travaux forcés

à perpétuité à deux ans de prison ; l'autre, qui avait désapprouvé la condamnation, fut acquitté. Voir Maurice Garçon, *Procès sombres* (Paris, 1950), pp. 83-136.

19. U.S., O.S.S., *Resolutions of the French National Council of Resistance* (Washington, 1944), p. 64 ; *Le Palais Libre,* N° 4 (novembre 1943).

20. Discours de P.-H. Teitgen, J.O., Débats de l'A.N.C. (II), 6 août 1946, p. 3011.

21. On n'a jamais publié les détails qui concernent d'autres sanctions moins sévères, et, ce qui est plus important, la raison pour laquelle un grand nombre de 266 suspensions aboutirent à des révocations. Le peu de renseignements fragmentés que l'on a pu dévoiler se trouve dans : J.O., Débats de l'A.C.P., 22 février 1945, p. 122 ; J.O., Débats de l'A.N.C. (II), 6 août 1946, pp. 3007-09 ; J.O., Débats du C.R., 18 janvier 1955, pp. 58-59 ; *Bulletin Hebdomadaire d'Informations Judiciaires,* N° 8 (2 juin 1945).

22. Le ministre de la Justice, Teitgen, alors qu'il assurait sa propre défense à l'Assemblée contre la charge de n'avoir pas suffisamment épuré la magistrature, dit que sur les 418 décisions de commission qui lui avaient été soumises, il en avait approuvé 295, que dans 103 cas il avait imposé des peines plus lourdes que celles initialement recommandées, et n'avait au contraire atténué les peines recommandées par la commission que dans vingt cas. (J.O., Débats de l'A.N.C. [II], 6 août 1946, pp. 3007-09.) Le ministre de l'Intérieur Tixier assura qu'en ce qui concernait les décisions de la commission pour les échelons supérieurs de son département, il avait accepté toutes les recommandations à l'exception d'une seule qu'il fit réétudier parce que la sanction proposée n'était pas assez sévère. (J.O., Débats de l'A.C.P., 1er décembre 1944, p. 399.) Il est impossible de savoir si ces exemples sont représentatifs ou non de l'influence de la révision ministérielle sur les verdicts des commissions.

22. Les remarques qui suivent concernant les critères des commissions s'appuient sur le travail de Elijah Ben-Zion Kaminsky « An Anti-Subversive Program in the French Public Service : The French Epuration Administration of 1944-53 » (dissertation de doctorat en Ph. non publiée, Université de Harvard, 1962), pp. 132-91. Le Dr. Kaminsky étudiait les décisions du Conseil d'État prises sur appel des décisions des commissions d'épuration. Comme la plupart des appels étaient fondés sur des défauts prétendus de procédure, plutôt que réels, du procès initial, les rapports du Conseil donnent peut-être, contrairement à ce qu'on pourrait croire, un aperçu représentatif de critères indépendants. Malheureusement, il n'existe aucun moyen de juger d'après la jurisprudence du Conseil avec quelle fréquence les différentes sortes de conduites coupables faisaient l'objet d'une sanction. Les minutes des procès initiaux ne sont pas consultables.

24. Kaminsky, p. 135.

25. Malgré les demandes répétées de toutes les parties, aucune des statistiques systématiques de l'épuration des ministères n'a été rendue publique. Les généralisations ne peuvent donc qu'être bâties à

partir de données fragmentaires dévoilées épisodiquement. Voir en particulier l'allocution radiophonique de P.-H. Teitgen du 15 février 1945, reproduite dans les *Cahiers Français d'Information,* N° 2 (22 février 1945), 8-9. Pour l'épuration du Conseil d'État, qui s'acheva le 20 décembre, plus du tiers de ses 152 membres furent appelés à comparaître devant sa commission d'épuration. Trente-six en reçurent une sanction, en général la révocation. (J.O., Débats de l'A.C.P., 20 février 1945, p. 122.)

26. *Le Monde,* 12 janvier et 19 septembre 1945 ; Raymond Brugère, *Veni, vidi, Vichy... et la suite : Témoignages, 1940-1945* (Paris, 1953), p. 152.

27. Ces chiffres ne comprennent pas les employés de l'administration locale, pour lesquels on ne dispose d'aucun chiffre, mais pour qui de toute façon les sanctions étaient rares. Environ 5 000 employés d'entreprises semi publiques et nationalisées reçurent aussi des sanctions diverses. Il faut répéter que ces chiffres *n'incluent pas* les individus exclus automatiquement, à la suite d'une décision judiciaire, de la fonction publique. On a classé selon divers systèmes les 11 343 sanctions en fonction de leur nature et de leur gravité. Cf. J.O., Débats de l'A.N., 3 août 1948, p. 5230 ; J.O., Débats de l'A.N., 25 janvier 1951, p. 408 ; J.O., documents du C.R., 1953, N° 276.

28. Loi N° 46-195 du 15 février 1946 (J.O., 16 février, pp. 1378-1379) ; Circulaire du ministère des Finances N° 40B/4 du 28 février 1946 (J.O., 1er mars, pp. 1783-85) ; Loi N° 47-1680 du 3 septembre 1947 (J.O., 4 septembre, pp. 8768-70) ; Circulaire du ministère des Finances N° 127-36/B/4 du 31 décembre 1947 (J.O., 2 janvier 1948, pp. 42-45).

29. Les extraits pertinents de la circulaire (N° 10 010) sont cités par Jean Montigny dans « l'Épuration dans l'Armée », *Écrits de Paris,* N° 70 (août 1950), p. 53-54, et dans la *Requête aux Nations Unies sur les violations des droits de l'homme,* qui fut présentée par l'Union pour la Restauration et la Défense du Service Public (Paris, 1951), p. 154.

30. Cf. Raoul Girardet (éd.), *La Crise militaire française, 1945-1962 : Aspects sociologiques et idéologiques* (Paris, 1964), pp. 20-22 ; Paul-Marie de la Gorce, *The French Army : A Military-Political History* (New York, 1963), p. 336 ; J.O., Débats de l'A.N., 19 mai 1949 (2e session), pp. 2704-05.

31. Cf. Contre-amiral Paul Auphan et Jacques Mordal, *The French Navy in World War II* (Annapolis [Md.], 1959), pp. 373-80 ; La Gorce, *French Army,* pp. 316-17, 342-44, 350 et passim ; J.O., Débats de l'A.N., 19 mai 1949 (2e session), pp. 2704-05.

32. Cf. Jacques Isorni, « L'Épuration Administrative », *Défense de l'Occident,* N° 39-40 (janvier-février 1957), 90-91 ; Claude Bourdet, « Pour que Revive la Collaboration », *France-Observateur,* 6 novembre 1952.

33. Voir Alphonse Juin, *Trois siècles d'obéissance militaire : 1650-1963* (Paris, 1964) et les citations dans Girardet, pp. 158-229.

6

Un nouveau corps politique

Considérant qu'il est juste que tous les complices du régime qui a commencé par l'attentat du 2 décembre pour finir par la capitulation de Sedan, en léguant à la France la ruine et l'invasion, soient frappés momentanément de la même déchéance politique que la dynastie à jamais maudite dont ils ont été les coupables instruments ;

Considérant que c'est là une sanction nécessaire de la responsabilité qu'ils ont encourue en aidant et assistant, avec connaissance de cause, l'ex-empereur dans l'accomplissement des divers actes de son Gouvernement qui ont mis la patrie en danger.

... Ne pourront être élus représentants du peuple à l'Assemblée nationale les individus qui, depuis le 2 décembre 1851 jusqu'au 4 septembre 1870 ont accepté les fonctions de ministre, sénateur, conseiller d'État ou préfet.

... Sont également exclus de l'éligibilité à l'Assemblée nationale les individus qui, aux élections législatives qui ont eu lieu depuis le 2 décembre 1851 jusqu'au 4 septembre 1870 ont accepté la candidature officielle...

Fait à Bordeaux, le 31 janvier 1871.

La délégation du Gouvernement de la Défense nationale

LÉON GAMBETTA, A. GLAIS-BIZOIN,
AD. CRÉMIEUX, L. FOURICHON [1]

Le comportement du Gouvernement provisoire, vis-à-vis des hommes de la IIIe République, semblait calqué sur un précédent beaucoup plus ancien que celui du Gouvernement de la défense nationale ; son programme semblait inspiré par le dogme du péché originel. Les hommes de l'ordre ancien étaient tous condamnés par les péchés commis par le régime qu'ils avaient servi ; pourtant, quelques-uns allaient (ou pouvaient) être sauvés. Certains avaient démontré leur foi en la République, en ne votant pas les pouvoirs constituants au maréchal Pétain en 1940, ce qui les justifiait. D'autres, qui avaient succombé à la tentation, seraient peut-être rachetés par les travaux accomplis pour la Résistance. Le dogme devenait orthodoxie ; les disciples de la nouvelle religion expulsaient les prêtres païens de l'ancienne. Si les nouvelles institutions ne représentaient pas véritablement l'esprit de leurs fondateurs, si la nouvelle religion assimilait beaucoup d'éléments de ce paganisme qu'elle remplaçait, si on n'assistait pas aussi rapidement que l'avaient escompté les disciples à l'avènement d'une nouvelle ère dans l'histoire des hommes - peut-être aurait-on dû s'y attendre ; cela s'était déjà produit au moins une fois dans le passé.

La Résistance était résolue à ne laisser aux hommes de Vichy, ou à ceux qui avaient collaboré avec l'Allemagne, aucune place dans la vie politique de la France libérée ; seulement il ne suffisait pas pour cela de remettre sa pendule à l'année 1940. L'hostilité dont de Gaulle et la Résistance faisaient preuve envers la IIIe République était particulièrement marquée vis-à-vis des membres du Sénat et de la Chambre des députés ; on considérait leur abdication du 10 juillet 1940 comme le dernier et l'ultime exemple de leur indignité et de leur irresponsabilité. Pour un certain nombre de gaullistes, ce mépris des sénateurs et des députés de la IIIe République n'était qu'un cas particulier de leur antiparlementarisme général ; il en était rarement de même dans les rangs de la Résistance métropolitaine. A de très rares exceptions près, la Résistance était dévouée à la République : « Lorsque nous aurons retrouvé la liberté, ce seront nos institutions démocratiques qui seront les instruments d'une nouvelle civilisation républicaine » ; mais ces institutions devaient être « rajeunies, redéfinies, épurées, et dirigées par des hommes neufs » [2].

La condamnation des anciens sénateurs et députés s'exprimait, de façon caractéristique, en des termes intransigeants.

> « Le passé est mort. Les « nationaux » ont trahi la France. Aux Radicaux qui avaient le pouvoir, aux Communistes qui refusèrent de le prendre en 1936, nous disons : un péché par omission est aussi sérieux qu'un péché délibéré. Les Socialistes ont trahi le socialisme. Les hommes d'hier avaient le pouvoir en juin 1940. Ils ont abdiqué devant l'ennemi et laissé assassiner la République » [3].

Il existait un courant puissant, favorable à l'idée de rendre inéligibles à toute fonction politique future tous les législateurs de la IIIe République. Comme le formulait l'Organisation Civile et Militaire, s'il y avait plusieurs degrés de culpabilité, il n'y avait pas d'innocents. Les membres de l'O.C.M. étant des démocrates, ils étaient enclins à laisser l'électorat juger de la révocation de ces hommes ; étant aussi réalistes, ils reconnaissaient la nécessité de promulguer une législation les déclarant inéligibles [4].

Pour la première année ou les deux premières années du régime de Vichy, alors qu'aucune personnalité politique importante n'avait encore rejoint la Résistance et que celle-ci n'était encore composée, presque totalement, que d'« hommes neufs », cette proposition était, superficiellement, plausible. Mais ensuite, commença le ralliement à de Gaulle d'hommes politiques d'avant-guerre, en même temps que la formation du Conseil National de la Résistance qui inclut des représentants des partis d'avant-guerre. Une telle proposition se mit alors à ressembler davantage à une ordonnance d'autodestruction qu'à une mesure prise contre d'autres. Le problème revêtit un aspect critique à l'été 1943 quand furent entamées les discussions concernant la composition de l'Assemblée consultative provisoire. De même que le C.N.R., l'Assemblée était dans une large mesure conçue pour démontrer l'ampleur du soutien dont jouissait de Gaulle ; il fallait effectivement, pour cela, qu'elle comptât des représentants élus de la IIIe République.

Il fallait établir une définition de l'inéligibilité qui fût radicale, tout en étant pratique. Le C.F.L.N. avait délégué André Philip pour jeter les grandes lignes de l'Assemblée consultative. Philip proposa quatre catégories d'hommes à déclarer inéligibles à l'A.C.P. projetée : tous les ministres du maréchal Pétain depuis le 17 juin 1940 ; des collaborateurs de plusieurs types ; tous ceux qui avaient été nommés par Vichy à des « postes de responsabilité » ou nommés conseillers départementaux ou nationaux ; et les 569 membres de l'Assemblée nationale qui avaient voté le pouvoir constituant au maréchal en 1940. Les trois premières catégories furent acceptées d'emblée, du moins pour l'instant. La dernière semblait également politiquement séduisante et (presque) réalisable.

La Résistance avait certes bien des motifs de rancune envers les sénateurs et les députés de la IIIe République, mais celui qui restait dans leur esprit le plus vivant et le plus profond, c'était le fait que la majorité d'entre eux aient coopéré à l'assassinat de la République. Le projet de Philip prévoyait l'exclusion de tous ceux qui avaient participé à ce « reniement de leur mandat républicain ». D'un point de vue pratique, mis à part le fait que plus de 80 % des sénateurs et des députés de Vichy avaient voté « oui », ce groupe comptait peu de dirigeants de la Résistance. En revanche, « les quatre-vingts » qui avaient voté « non » comprenaient, en dehors de Philip lui-même, des piliers de la Résistance comme Vincent Auriol, Jean Biondi, Paul Giacobbi,

Félix Gouin, Jules Moch et François Tanguy-Prigent ; et beaucoup parmi ceux qui étaient absents ou s'étaient abstenus (et ceux-là ne seraient pas proscrits) étaient également des personnalités de la Résistance : André Le Troquer, Pierre Mendès France, Henri Queuille.

La proposition de Philip, comme celle de l'O.C.M., se heurta à l'écueil de la nécessité politique. En effet, elle aurait rendu quasiment impossible toute représentation des partis de droite : presque toute la droite (ainsi qu'une écrasante majorité de radicaux) avait voté « oui » ; parmi les autres, pratiquement aucun ne pouvait participer à l'A.C.P. On s'était heurté à la même difficulté pour obtenir des représentants de la droite au C.N.R. Le seul représentant parlementaire de l'Alliance Démocratique qui avait voté « non » (le marquis de Moustiers) était un « giraudiste » ; Joseph Laniel, qui avait voté « oui » mais avait ensuite immédiatement rejoint l'opposition, représentait ce parti au C.N.R. Un certain nombre de mouvements de la Résistance, ainsi que le parti socialiste mettaient en doute le bien-fondé de l'inclusion au Conseil de quelqu'un qui avait voté les pleins pouvoirs à Pétain. Une majorité du C.N.R. (qui comprenait ses membres communistes) décida que Laniel s'était « rédempté » par ses activités de Résistance [5].

Ce fut cette considération qui détermina l'attitude du « Groupe des Parlementaires Adhérant à la France Combattante » à Londres lorsqu'ils discutèrent de ce problème. S'ils adoptaient les critères de Philip, seule une poignée de députés de gauche serviraient : certains avancèrent que des motivations partisanes jouaient. Quatre membres du groupe parlementaire avaient eux-mêmes voté « oui » : Paul Antier, Lucien Galimand, Max Hymans et André Maroselli. Le groupe épousa le point de vue du député communiste Fernand Grenier qui les avertissait de ne point « ériger d'imprenables barricades ». Il demanda instamment au Comité d'Alger de ne pas accepter le projet de Philip [6].

Sous sa forme finale, l'ordonnance qui instaurait l'Assemblée consultative se rendait à l'objection du groupe parlementaire tout en retenant dans leur principe les critères de Philip. On gardait ses quatre catégories « d'inéligibles » ; néanmoins ceux qui appartenaient aux deux dernières (les conseillers de Vichy et ceux qui avaient voté « oui »), pouvaient, sur la base de leur activité résistante, voir « lever leur inéligibilité » sur décision du C.N.R. [7]. Mis à part des changements dans le « corps remplaçant », c'était là le système que l'on allait adopter vis-à-vis de l'éligibilité pour toutes les fonctions d'élus dans la République restaurée.

Il a déjà été fait mention de l'ordonnance du 31 avril 1944, « portant organisation des pouvoirs publics en France après la Libération ». Hormis les mesures immédiates qu'il appelait, le texte prévoyait l'élection de nouveaux conseils municipaux et départementaux aussitôt que l'on pourrait reconstituer des listes électorales. Il envisageait également une Assemblée représentative provisoire. Dès que les circonstances le permettraient, chaque département élirait un certain nombre de représentants en fonction de sa population. Lorsque les élections auraient eu lieu dans les deux tiers des départements de la métropole, l'A.C.P. cesserait d'exister et le gouvernement du général de Gaulle ferait une passation des pouvoirs en faveur de l'Assemblée qui, de ce fait, gouvernerait. Un an avant la libération totale de la France, l'Assemblée représentative, à son tour, remettrait ses pouvoirs à une « Assemblée nationale constituante » qui déciderait des institutions qui allaient gouverner la République restaurée.

(Le système des élections par étapes avait été conçu - comme le reste de l'ordonnance - selon l'hypothèse que la Libération allait prendre des mois, peut-être des années. L'avancée rapide des Alliés en 1944 et 1945 rendit envisageable l'imminence d'un effondrement allemand, et donc la possibilité de se dispenser du stade intermédiaire de l'Assemblée représentative. Trois semaines après la reddition allemande en mai 1945, le général de Gaulle appela à l'élection de l'Assemblée constituante à l'automne.)

Le projet d'ordonnance que le gouvernement soumit à l'Assemblée consultative d'Alger ne faisait aucune référence à l'inéligibilité. Le C.F.L.N. suivit l'avis de l'Assemblée qui recommandait que la liste des disqualifications qui établissait l'A.C.P. elle-même dans l'ordonnance soit élargie aux conseils municipaux et départementaux ainsi qu'à l'Assemblée représentative. Comme dans l'ordonnance sur l'A.C.P., l'inéligibilité, excepté dans le cas de ministres et de collaborateurs de Vichy, pouvait être suspendue sur le motif d'une activité de résistance. L'« autorité de remplacement » passait du C.N.R. aux préfets ; pour qu'une activité de résistance soit acceptée comme motif de suspension d'inéligibilité, elle devait être certifiée par les Comités de Libération Départementaux. On rendit deux cent soixante-trois décisions préfectorales de suspension d'inéligibilité. Elles concernaient cinquante-huit de ceux qui avaient « voté « oui », quatre conseillers nationaux de Vichy et deux cent un conseillers départementaux nommés par Vichy [8].

Plusieurs semaines après la libération de Paris, lorsqu'il devint clair que l'Assemblée représentative projetée ne pouvait en réalité être réunie, on prit des mesures pour élargir l'Assemblée consultative. On porta la représentation de la Résistance métropolitaine de 49 à 148 ; celle de la Résistance d'outre-mer de 21 à 26 ; celle du Sénat et de la Chambre des députés de 20 à 60 ; le nombre de 12 représentants des territoires français d'outre-mer resta le même. C'est « l'autorité désignante » pour chaque représentant - c'est-à-dire un mouvement de résistance indépendant - qui eut alors le privilège à la place du C.N.R. ou des préfets de suspendre l'inéligibilité pour l'A.C.P. L'Assemblée elle-même, néanmoins, avait le pouvoir de passer par-dessus la décision d'une « autorité désignante » et d'invalider n'importe quel choix [9].

Pour les soixante délégués des Assemblées d'avant-guerre, l'autorité désignante était un comité nommé par et parmi « les quatre-vingts » (ceux qui avaient voté « non » à Vichy). Ils avaient espéré que tous parmi eux recevraient des sièges à l'Assemblée consultative. En même temps, certains au moins sur les quatre-vingts étaient hostiles à *toute* suspension d'inéligibilité en faveur de ceux qui avaient voté « oui » [10]. Ce n'était pas la limitation de la délégation parlementaire à soixante qui empêchait la pleine représentation que recherchaient les « quatre-vingts » : il n'y avait que cinquante-huit membres du groupe prêts à servir. (Cinq ne rentrèrent de déportation en Allemagne que beaucoup plus tard ; onze étaient morts, dont sept tués par les Allemands ; trois détenaient des fonctions administratives ou ministérielles incompatibles avec l'appartenance à l'A.C.P. ; trois faisaient déjà partie de l'Assemblée et représentaient la Résistance.) La principale difficulté était le fait que l'ordonnance stipulait que les soixante sièges parlementaires devaient être répartis en fonction du poids relatif des différentes parties à la Chambre des députés le 3 septembre 1939. Comme cette répartition n'avait aucun rapport avec la composition politique des quatre-vingts, trente-huit seulement d'entre eux pouvaient faire partie des délégations parlementaires. Le restant se composait de communistes qui avaient été expulsés de l'Assemblée avant le 10 juillet 1940, d'abstentionnistes et d'hommes qui étaient absents sous Vichy. Les « quatre-vingts » ne reçurent jamais ce qu'ils considéraient comme leur dû et un bon nombre d'entre eux subirent avec une certaine amertume l'ingratitude de la République [11].

Si beaucoup considéraient avec quelque scepticisme les prétentions jugées extravagantes des « quatre-vingts », la très grande majorité de la presse en France libérée était favorable à un décret radical d'inéligibilité destiné à ceux qui avaient voté « oui ». Les sondages d'opinion faisaient apparaître des majorités de deux à trois contre un en faveur de l'inéligibilité pour les 569. On rapportait dans un sondage un commentaire presque universel qui accompagnait cette opinion : « Il faut des hommes nouveaux ; profitons de l'occasion » [12]. Les opposants naturels à l'inéligibilité parlementaire pour ceux qui avaient voté « oui » étaient ceux qui allaient souffrir le plus de cette institution : les partis radicaux et les partis de droite, dont la grosse masse des députés et des sénateurs appartenaient à cette catégorie. Mais au cours des premières années de l'après-guerre ces groupes furent trop faibles pour que leur opposition ait du poids.

Au début de 1945, alors que les élections locales et départementales approchaient, le gouvernement modifia légèrement la liste des activités qui entraînaient l'inéligibilité et altéra sensiblement la procédure de suspension [13]. La liste révisée comprenait : le fait d'avoir été ministre sous Vichy, d'avoir été démis de ses fonctions par l'épuration administrative, d'avoir été condamné à une amende pour profit illicite pendant l'occupation, d'avoir été nommé conseiller départemental ou national par Vichy, d'avoir voté les pleins pouvoirs à Pétain, le 10 juillet 1940, d'avoir gardé une fonction exécutive attribuée par Vichy après le retour de Pierre Laval au gouvernement en avril 1942. On avait retiré de la liste le comportement collaborationniste (ou « indigne ») en général. Depuis le texte précédent, on avait établi des lois et des systèmes de tribunaux chargés de s'occuper de la collaboration et toute personne reconnue coupable de collaboration ou déclarée être dans une situation d'« indignité nationale » était automatiquement inéligible ; il n'était donc pas nécessaire d'inclure ces délits dans la nouvelle législation sur l'inéligibilité.

Comme auparavant, on pouvait suspendre l'inéligibilité pour activité de résistance. Il s'éleva, cependant, des objections variées au système existant, qui donnait ce pouvoir aux Comités Départementaux de Libération et aux préfets. Des membres des Comités de Libération pouvaient eux-mêmes être des candidats locaux, auquel cas il se créerait un conflit d'intérêt. Il pouvait y avoir plus d'un préfet ou C.D.L. susceptibles d'exercer leur juridiction sur le cas d'un individu donné, et donc de rendre des jugements contradictoires. Enfin, alors que dans certains départements il y avait eu dix suspensions ou davantage, dans dix-sept aucune suspension préfectorale n'avait eu lieu. On décida de créer une nouvelle juridiction unifiée qui étudiât les cas de tous les conseillers départementaux et nationaux nommés par Vichy et de tous les sénateurs et députés qui avaient voté « oui », dont le cas n'avait pas encore fait l'objet d'une décision préfectorale.

On créa un Jury d'honneur, composé du vice-président du Conseil d'État, du chancellier de l'Ordre de la Libération et du président du C.N.R. [14]. C'était une juridiction souveraine, il n'y avait aucune possibilité d'appel une fois sa décision rendue. Le Jury prenait ses décisions à partir des dossiers établis par le ministère de l'Intérieur, des déclarations sous serment émanent de fonctionnaires locaux, de groupes de Résistance et de Comités de Libération et de dépositions établies par les individus concernés. Toutes les décisions étaient publiées, avec une brève indication des raisons qui justifiaient la décision arrêtée, au Journal Officiel.

Fin 1945, pratiquement tous les cas considérés par le Jury étaient traités ; en 1946, on reconsidéra un certain nombre de cas en raison de l'existence de nouvelles preuves ; en octobre 1946, le Jury fut dispersé. D'après l'ordonnance du 6 avril, l'inéligibilité ne n'appliquait qu'aux élections communales et départementales d'avril et mai 1945. Les ordonnances et lois ultérieures élargirent l'inéligibilité à toutes les élections locales et nationales à venir jusqu'aux élections générales de 1951. (En 1953 une amnistie abolit l'institution de l'inéligibilité fondée sur la conduite tenue pendant la guerre.)

Étant donné la brièveté des explications qui accompagnaient les décisions du Jury d'honneur, il est extrêmement difficile de définir ses critères avec quelque précision. A la première audience d'Albert Rivière, on estima que sa présence au cabinet de Pétain du 17 juin au 11 juillet 1940 ne pouvait être compensée par l'aide indéniable qu'il avait apportée à la Résistance ainsi qu'à des pilotes alliés dont l'avion avait été abattu ; son inéligibilité ne fut pas suspendue. Lors d'une deuxième audience, de nouvelles pièces à conviction touchant son comportement alors qu'il était au cabinet de Pétain entraînèrent la révision du verdict [15]. Antoine Pinay, futur Premier ministre sous la IVe République, gagna une révision analogue. A la première audience, le fait qu'il ait accepté une fonction de conseiller national de Vichy fut décisif et on le déclara inéligible ; puis de nouvelles preuves de ses activités de Résistance (non spécifiées) aboutirent à une suspension [16].

Un comportement simplement « correct » n'entraînait pas la suspension ; c'était le cas d'un député qui s'était conduit d'une manière honorable pendant l'Occupation, mais n'avait pu prouver qu'il avait participé à la lutte contre l'ennemi « d'une façon suffisamment directe et active pour effacer les conséquences de l'acte qui avait motivé son inéligibilité » [17].

Une formule qui apparaît fréquemment dans les décisions du Jury indique que celui-ci fixait des critères particulièrement élevés pour les sénateurs et les députés :

> Les actes qu'il (un certain député) a entrepris au nom des Français et de la Résistance ne représentent pas ce degré de participation à la lutte contre l'ennemi que la nation était en droit d'attendre de ses repésentants élus [18].

Lorsqu'un individu avait pris des risques personnels pour aider la Résistance, c'était généralement une raison suffisante pour que son inéligibilité fût suspendue ; ce fut le cas de Gabriel Debregas, qui prit part à la lutte en rendant, à partir de 1942, « une aide précieuse et constante aux maquis, souvent dans des circonstances périlleuses, et qui a coûté la vie à sa fille, associée à ses activités » [19].

Mais la seule activité humanitaire, même dangereuse, ne suffisait pas. On ne suspendait pas l'inéligibilité d'un député, même s'il avait secouru des résistants blessés et malades, risquant ainsi sa propre sécurité puisque « il n'avait pas participé directement à la lutte » [20].

Presque tous les comptes rendus complets qui accompagnent une décision de suspendre l'inéligibilité insistent sur « la participation active et effective à la lutte contre l'ennemi et l'usurpateur » exigée par l'ordonnance ; si cette exigence n'était pas satisfaite, « au sens strict », cela suffisait à expliquer que l'on laisse inéligible une personne qui en dehors de cela était tout à fait respectable [21]. Ce critère était parfois appliqué avec une rigueur incroyable, comme ce fut le cas pour le verdict défavorable rendu envers un sénateur qui

> s'est montré hostile au gouvernement de Vichy et favorable à la Résistance ; qui, se trouvant en zone non occupée, est volontairement retourné à Roubaix, sachant parfaitement qu'il avait été désigné comme otage (par les Allemands) et a ainsi subi trois mois d'emprisonnement. mais... il n'appartenait à aucun mouvement de résistance et n'a participé d'aucune autre manière à la lutte [22].

Même une participation héroïque à la Résistance pouvait ne pas suffire si elle était contrebalancée par du pétainisme, qui venait encore aggraver le délit premier, celui d'avoir voté les pleins pouvoirs au Maréchal. On ne suspendit pas l'inéligibilité de Charles Vallin, en dépit de son ralliement aux Français Libres en 1942, pour lequel on fit une grande publicité, et des honneurs militaires (cinq citations) qui lui échurent alors, en raison « du rôle politique très important qu'il a joué entre 1940 et 1942, et qui a contribué à affaiblir le moral de la nation » [23].

Bien que le Jury n'ait pas adopté de date impérative, on pouvait rejeter la participation la plus active à la

Résistance si elle était venue trop tard [24]. Il ne pouvait suffire de faire preuve d'une attitude hostile envers l'envahisseur pour voir son inéligibilité suspendue [25] : cependant, lorsque, à cause de son opposition politique à Vichy, alliée à son antigermanisme, un individu était destitué de la fonction de maire et forcé de quitter le département, cela pouvait suffire [26]. On suspendit l'inéligibilité de Guy La Chambre parce que, tout en ayant présenté une défense réduite à des points techniques au procès de Riom, « cela n'en constituait pas moins un acte de résistance aux plans de l'usurpateur, qui a contribué à accroître son sentiment de frustration » [27].

On prenait en ligne de compte l'âge d'un individu : on ne demandait pas aux octogénaires de courir partout en faisant sauter des ponts. On suspendit l'inéligibilité d'un député parce qu'il avait « participé à la lutte autant que le lui permettait son grand âge, proclamé son hostilité au pseudo-gouvernement de Vichy, ouvertement et à diverses occasions, et aidé des résistants » [28].

Mais à tous on demandait quelque chose - c'est ce que découvrit un député qui, tout en gardant une attitude digne pendant l'occupation n'avait pas, malgré un âge certain il est vrai, participé à la Résistance à un degré suffisant » [29].

Le repentir ne faisait pas partie des exigences formelles préalables à toute suspension, pas plus que l'absence de repentir ne constituait un obstacle formel ; néanmoins, pour le jugement défavorable rendu dans le cas de Jean Castagnez, le fait qu'il eût publié une apologie du vote du 10 juillet fut, sinon la raison principale du jugement, du moins une circonstance aggravante [30].

Malgré les critères rigoureux du Jury d'honneur, presque un tiers des causes qui lui furent soumises reçurent une décision favorable. Sur 416 sénateurs et députés dont les cas avaient été considérés par le Jury, on décida la suspension pour 114 (27 %) (voir tableau I) ; sur 233 conseillers de Vichy, il y eut 79 (35 %) suspensions [31] en tout, sur 639 décisions finales rendues par le

Jury, 193 (33 %) furent favorables. Si l'on tient compte des décisions préfectorales, il y eut suspension pour 172 sénateurs et députés sur 474 (36 %) et 280 conseillers sur 424 (66 %), ce qui fait un total global de 452 décisions favorables (51 %) sur 898 cas [32].

Des considérations politiques, étrangères aux critères formels de l'ordonnance concernée, entraient-elles dans les décisions du Jury ? On prétend parfois que non seulement l'institution du Jury d'honneur mais aussi ses pratiques étaient en fait une manœuvre destinée à détruire la droite [33]. Le Jury refusa trois fois plus de cas d'hommes de droite soumis à l'inéligibilité que de socialistes (163 contre 52) ; si l'on applique le calcul, plus pertinent, de la fréquence relative des actions favorables, les décisions du Jury furent presque cinquante pour cent plus favorables aux socialistes qu'aux hommes de droite (35 % d'actions favorables contre 21 %). Si le phénomène de Résistance avait été présent en proportion égale dans les milieux de droite et de gauche, ces chiffres tendraient à étayer l'accusation d'impartialité. En fait, tous les témoignages ainsi que l'opinion de n'importe quel observateur objectif suggèrent que, bien au contraire, l'incidence relative de la participation à la Résistance était beaucoup plus déséquilibrée que ne semblerait l'indiquer la proportion des « relèvements » du Jury d'honneur. Si ces chiffres doivent démontrer quoi que ce soit (ce dont on peut douter) c'est bien que le Jury était favorable à la droite.

D'autres raisons, à peine plus solides d'ailleurs, mènent à penser que le Jury avait des critères moins rigoureux pour les hommes de droite que pour ceux de gauche. Si les raisons d'un refus pour les socialistes étaient souvent que leur activité de Résistance avait été *insuffisante,* pour les membres de la droite le refus avait pour justification caractéristique *l'absence* de toute preuve de résistance. Alors que dans quatre-vingts pour cent et plus des cas où des socialistes furent relevés de l'inéligibilité la décision spécifiait l'activité de résistance invoquée, cela n'était fait que pour la moitié des décisions favorables concernant des hommes de droite. Enfin, l'impression qui se dégage des résumés concernant la conduite adoptée pendant la guerre par bien des hommes de droite (conduite qui leur valut le relèvement) est exactement semblable à celle que produisent les descriptions de la conduite adoptée par bien des socialistes qui essuyèrent des décisions défavorables [34].

Si le Jury a réellement fait preuve de la partialité que suggèrent certaines de ses décisions, il y a à cela trois explications possibles. Tout d'abord, si l'on voulait que la droite reste une force saine (et vivante) de la politique française, elle avait besoin de toute la mansuétude qu'on voulait bien lui offrir ; les membres du Jury avaient peut-être peur des conséquences de l'effondrement éventuel d'une de leurs forces. Il est aussi possible que le Jury (peut-être inconsciemment) ait exigé de la part des socialistes une conduite encore plus méritante parce qu'il gardait en mémoire l'attitude de tant de leurs camarades lors du vote du 10 juillet et pendant l'occupation. Finalement, puisque le parti socialiste avait expulsé presque la totalité de ses membres qui avaient voté « oui » avant la création du Jury, celui-ci pouvait leur refuser une action favorable sans que (dans la plupart des cas) l'individu en question n'en subisse plus de préjudices concrets.

Le parti socialiste effectua une épuration plus profonde de ses propres rangs que tout autre parti politique (et même que toute autre institution quelle qu'elle soit) en France. Les fondements de l'épuration qui eut lieu à la Libération avaient été jetés pendant la guerre : la scission entre les « munichois » avec Paul Faure à leur tête et les « bellicistes » de Léon Blum, qui avait menacé l'unité du parti avant 1940, devint effective et irréparable. Les premiers, presque unanimement, votèrent « oui » le 10 juillet 1940 et devinrent souvent vichyssois par la suite et même parfois collaborateurs ; les derniers étaient en majorité résistants. Des socialistes résistants comme André Le Trotquer, qui n'avait « jamais su qu'il y avait tant de pleutres et de traîtres dans son parti », résolurent durant la première année du régime de Vichy de se débarrasser d'eux [35]. En mai 1941, le Comité d'Action Socialiste, comité exécutif clandestin du parti, décida d'expulser non seulement les députés et sénateurs du parti qui avaient voté les pleins pouvoirs à Pétain, mais aussi ceux qui s'étaient abstenus. On établit des procédures pour réorganiser totalement le parti ; même des membres de longue date n'étaient réadmis au parti « purifié » que s'ils présentaient des preuves de leur attitude résistante [36].

Après la Libération, le parti socialiste démontra que ses engagements clandestins n'avaient pas été prononcés à la légère. Chaque fédération départementale entreprit d'effectuer une épuration complète en examinant aussi bien les cas de membres anciens que ceux des nouveaux inscrits. Au Congrès national spécial du parti en novembre 1944, 96 des 151 membres survivants de la délégation parlementaire d'avant-guerre du parti furent soit expulsés soit suspendus. Sur les 85 (vivants) qui avaient voté « oui », 74 furent exclus de façon permanente, 9 (sur la base de leur activité résistante) furent temporairement suspendus, 1 député fut réintégré pour « avoir servi exceptionnellement la Résistance », 1 autre cas fut renvoyé à une décision ultérieure. Sur 5 qui s'étaient abstenus à Vichy, 4 furent exclus, 1 suspendu ; sur les 20 membres de la délégation socialiste absents de Vichy, 7 furent exclus, 1 fut suspendu [37]. Aucun autre parti ne mena une épuration dont la rigueur et l'envergure soient comparables à celles des socialistes. Daniel Mayer, le nouveau secrétaire général, annonça dans son rapport au Congrès du Parti de 1945 que le parti avait été « purifié, revigoré, rajeuni, rénové et transformé » par l'exclusion de camarades indignes [38]. Ils avaient certainement essayé. On peut se faire une idée de leur succès (une idée certes partiale) avec les observations de Philip Williams, qui constata qu'en dépit de l'épuration socialiste, beaucoup plus de la moitié des candidats socialistes aux élections de 1945 avaient déjà été élus sous la IIIe République. Au commencement de la nouvelle législature, il y avait moins de jeunes députés (moins de trente-cinq ans) chez les socialistes que dans les autres partis [39].

L'épuration des radicaux fut considérablement plus modérée que celle des socialistes, mais pas totalement négligeable. A Alger, en juin 1944, un congrès du parti radical-socialiste expulsa 5 radicaux qui avaient détenu des fonctions dans le cabinet de Pétain : Georges Bonnet, Camille Chautemps, Albert Chichery, Lucien Lamoureux et Jean Mistler. Le congrès résolut à l'unanimité d'exclure du parti

> « tous ceux qui... par leur approbation, leur collaboration, l'acceptation de titres, de responsabilités ou d'honneurs se sont compromis avec les ennemis de la nation ou de la République [40]. »

A leur « Petit Congrès » en décembre 1944, les radicaux exclurent 34 de leurs sénateurs et députés d'avant-guerre, et en suspendirent 2 pour quatre ans. Sur les 34 hommes exclus, 27 avaient voté « oui », de même que 1 de ceux qui avaient été suspendus ; les autres étaient absents de Vichy au moment du vote. (Quatre de ceux qui avaient voté « oui » et avaient été exclus furent plus tard relevés de leur inéligibilité par le Jury d'honneur ; les autres restèrent inéligibles.) Le parti conservait dans ses rangs 50 sur les 77 radicaux survivants qui avaient voté « oui » à Vichy, dont la plupart restaient légalement inéligibles [41]. Si le congrès radical n'avait pas eu lieu juste après l'épuration socialiste, on peut imaginer que l'assainissement des radicaux aurait été encore plus modéré. De fait, les « radicaux de gauche », un groupe qui comprenait Albert Bayet, Pierre Cot, Jacques Kayser, Pierre Le Brun, Jammy Schmidt et Madeleine Zay (la veuve de Jean), se plaignaient amèrement de l'insuffisance de l'épuration de leur parti, qui permettait le retour au pouvoir des « munichois » [42].

La manière dont les communistes procédèrent à leur épuration se rapprochait plus de celle de leur patrie idéologique que de celle des autres partis. Pour le parti communiste français, le traître n'était pas celui qui avait trahi la France (ou bien c'était par hasard) mais plutôt celui qui avait trahi le Parti. Dans presque tous les cas, la trahison consistait à s'être opposé au pacte germano-soviétique d'août 1939. Beaucoup de ces rénégats furent exécutés soit avant, soit après la Libération. René Nicod, qui avait quitté le Parti au moment du pacte, avait voté « non » le 10 juillet et été emprisonné presque quatre ans par Vichy, fit l'objet d'une furieuse attaque communiste à l'A.C.P., dont il était membre ; la majorité ayant refusé d'accéder à la demande communiste d'exclure Nicod de l'Assemblée, son attitude fut qualifiée d'« acte d'agression anticommuniste » [43]. On ne pouvait pas ignorer Nicod, mais lorsque c'était possible, on fit de dissidents communistes qui n'avaient été ni vichyssois ni collaborateurs des « non-existants » : lorsque Marcel Cachin, en tant que doyen d'âge de l'Assemblée, lut à voix haute la liste des députés morts pour la France, il omit le nom de Roger Beneson qui avait quitté le Parti en 1939 et était mort dans un camp de concentration allemand ; la presse communiste omit un autre « rénégat » communiste cité dans la liste des otages fusillés à Châteaubriant [44].

Aucun des autres partis n'effectua d'épuration d'aucune sorte. Le Mouvement Républicain Populaire (M.R.P.), parti neuf, n'avait aucun passé à désavouer. Les partis de droite n'avaient aucune intention de limiter davantage leurs ressources parlementaires déjà bien entamées ; ils effectuèrent des regroupements et des réalignements, mais pas d'épuration.

La France libérée présentait un visage politique qui, dans presque tous ses aspects, montrait une rupture radicale avec le passé. Pendant les quatorze premiers mois qui suivirent la Libération, le gouvernement provisoire gouverna extra-constitutionnellement, mais on pensait d'un côté comme de l'autre que lorsque la procédure normale serait remise en place, il ne pourrait être question de revenir à la IIIe République. Tous les secteurs d'opinion, à la seule exception des radicaux, étaient favorables à la création d'une nouvelle « IVe République ». Au référendum d'octobre 1945, plus de 96 % des votants optèrent pour la mise en pièces de la Constitution de 1875 et pour un nouveau départ.

Il y avait également une révolution dans le poids relatif des tendances politiques. Les élections municipales au printemps 1945 préfiguraient les bouleversements de l'automne. Les « modérés » et les radicaux perdirent la majorité dans un tiers des communes qu'ils contrôlaient avant la guerre (la baisse était beaucoup plus frappante dans les villes moyennes) ; les socialistes triplèrent, et les communistes firent plus que quadrupler le nombre de municipalités qu'ils contrôlaient. Étant donné que les notables modérés obtiennent généralement des résultats bien meilleurs sur le plan local que leurs confrères sur le plan national, l'affaire était claire.

L'élection de l'Assemblée constituante, qui accompagnait le référendum, montra l'étendue de la révolution que l'on avait accomplie. Aux dernières élections d'avant-guerre (1936), la droite avait bénéficié de 42 % des votes émis ; en 1945, elle n'avait que 16 %. Les radicaux et leurs alliés passaient de plus de 22 % à 9 %. Les socialistes, en revanche, grimpaient de moins de 10 % à plus de 25 % et les communistes sautaient de 16 % à plus de 26 %. Le M.R.P., né pendant la Résistance, ébahit les observateurs politiques en gagnant 24 % des votes populaires à sa première apparition. Parmi les votes populaires, ainsi qu'à l'Assemblée constituante, on constatait une « majorité marxiste ».

L'autre changement encore plus radical concernait les hommes qui représentaient les partis. Aux premières élections générales de l'après-guerre, 93 % des candidats faisaient leurs débuts politiques. Parmi ceux qui avaient été élus à la première Assemblée constituante, 85 % n'avaient jamais siégé au cours d'une législature d'avant-guerre [45]. Leur « nouveauté » n'était pas le seul aspect qui caractérisait les hommes de la nouvelle Assemblée (et ceux qui allaient suivre). Quatre-vingts pour cent de la première Assemblée constituante (et des deux assemblées élues en 1946) avaient été des résistants actifs [46]. La plupart des estimations situent le pourcentage des résistants actifs dans la population adulte à un ou deux pour cent ; cette élite infime dominait complètement la scène politique en 1945 et 1946. Si son influence relative s'estompa par la suite quelque peu, tout au long de la IVe République les députés, les sénateurs et les ministres furent issus très souvent des rangs de la Résistance (voir tableau 2). La liste des présidents du Conseil qui avaient constitué le premier rang de la Résistance comprend Bidault, Faure, Gouin, Laniel, Marie, Mayer, Mendès France, Mollet, Pleven et Queuille. Au cours des premières années de la Ve République, des hommes que la Résistance avait mis au premier plan étaient arrivés à la tête du gouvernement (de Gaulle, Michel Debré, Jacques Chaban-Delmas), l'opposition de droite (Georges Bidault, Jacques Soustelle) et l'opposition de gauche (Claude Bourdet, André Philip).

L'épuration parlementaire, qui visait à « renouveler » la vie politique française, avait écarté des centaines d'hommes politiques d'avant-guerre ; en termes relatifs elle fut plus sévère que l'épuration de tout autre domaine. Le parlement français fut effectivement renouvelé ; la très grande majorité des législateurs de l'après-guerre étaient des « hommes neufs ». *Post hoc ergo propter hoc ?* * Dans leur majorité du moins, probablement pas. Il y avait certainement des hommes qui seraient redevenus parlementaires si le Jury d'honneur,

---

* Après cela, et donc à cause de cela ?

ou bien leur parti, ne les avait pas exclus. Mais la transformation radicale des forces politiques dans les nouvelles assemblées ainsi que le succès impressionnant des candidats de la Résistance, indiquaient que des causes plus essentielles étaient en jeu.

Dans la période de l'après-guerre, la France était « résistantialiste » dans l'âme. La plupart des observateurs attribuent les succès considérables des communistes dans l'après-guerre largement au fait qu'ils aient réussi à se présenter comme le parti le plus résistant de tous. Les hommes neufs, pourvus de références résistantes, avaient un immense avantage sur les vétérans de la IIIe République, qui partageaient l'opprobre attaché à ce régime. En entrant dans les isoloirs, les Français disaient ce qu'ils avaient dit sur l'ordonnance concernant l'inéligibilité : « Il faut des hommes nouveaux ; profitons de l'occasion. »

Notes du chapitre 6

1. Joseph Reinach (éd.), *Dépêches, circulaires, décrets, proclamations et discours de Léon Gambetta* (Paris, 1886-91), vol. II, pp. 124-25.

2. *Libération* (Nord), 28 août 1942.

3. *Combat,* N° 45 (25 décembre 1942).

4. *Cahiers* [de l'O.C.M.], juin 1942.

5. Jacques Debû-Bridel, *Les Partis contre Charles de Gaulle* (Paris, 1948) pp. 45-46 ; René Hostache, *Le Conseil National de la Résistance : Les institutions de la clandestinité* (Paris, 1958), p. 150 ; Henri Michel, *Histoire de la Résistance* (Paris, 1950), p. 48.

6. Lucien Gallimand, *Vive Pétain, vive De Gaulle* (Paris, 1948), p. 68 ; Jean Pierre-Bloch, *Le Vent souffle sur l'histoire* (Paris, 1956), pp. 148-56.

7. Ordonnance du 17 septembre 1943 (J.O. [Alger], 23 septembre 1943, pp. 139-40).

8. J.O., 12 mai 1945, pp. 2695-96 ; 26 juin 1945, pp. 3868-69.

9. L'A.C.P. avait déjà exercé trois fois cette prérogative à Alger : une fois dans le cas d'un délégué nord-africain parce qu'il était vichyssois, une fois dans le cas d'un sénateur nommé par l'O.C.M. parce que l'inéligibilité à laquelle il était soumis en raison de son vote à Vichy n'avait pas été relevée par le C.N.R. Elle devait l'exercer encore une fois en France - dans le cas d'un membre de la Fédération Républicaine qui avait voté « oui » ; l'Assemblée Constituante l'exerça également une fois dans le cas d'un député qui avait été un fervent vichyssois.

10. Louis Noguères, *Un défi à la Résistance : M. Jules Jeanneney, ministre d'État* (Rodez, 1945), pp. 47-53 ; J.O., Débats de l'A.C.P. 31 mars 1945, pp. 1028-40 ; 3 août 1945, pp. 1786-88.

11. La Commission constitutionnelle de la première Assemblée constituante rejeta à l'unanimité une proposition de Joseph Paul-Boncour, président des « quatre-vingts », selon laquelle les sièges au Conseil de l'Union française prévus dans le projet de constitution

seraient réservés à ceux qui avaient voté « non » et n'avaient pas réussi à gagner les élections à la future Assemblée nationale. (J.O., A.N.C. [1], *Bulletin des Commissions,* N° 17 [16 avril 1946], p. 413.) Depuis la fin de la guerre, les survivants des « quatre-vingts » avaient organisé des banquets annuels à Vichy le 10 juillet.

12. *Service de Sondages et de Statistiques : Sondages,* N° 12 (1er avril 1945). Cf. *Bulletin d'Information de l'Institut Français d'Opinion Publique,* 16 avril 1945. Les deux sondages montraient que si les riches et les gens situés à droite du spectre politique se répartissaient à peu près équitablement dans les deux camps sur la question de l'inéligibilité, ceux qui avaient des revenus plus faibles et ceux de gauche y étaient favorables à quatre ou cinq contre un.

13. Ordonnance du 6 avril 1945, (J.O., 7 avril, pp. 1914-15).

14. René Cassin, vice-président du Conseil d'État, présidait le Jury. Ni Louis Saillant, président du C.N.R., ni l'amiral Thierry d'Argenlieu, chancelier de l'Ordre de la Libération, ne participaient aux travaux du Jury ; leurs sièges étaient occupés par leurs suppléants : Maxime Blocq-Mascart (de l'O.C.M.) et A. Postel-Vinay (également de l'O.C.M., plus tard à la tête de la Banque d'Outre-mer), respectivement.

15. J.O., 17 mai 1946, p. 4254 ; 22 novembre 1946, p. 9319.

16. J.O., 7 octobre 1945, p. 6318 ; 21 octobre 1945, p. 6762.

17. J.O., 7 mai 1949, p. 4470.

18. J.O., 14 octobre 1945, p. 6513.

19. J.O., 19 janvier 1946, p. 505.

20. J.O., 21 octobre 1945, p. 6765.

21. J.O., 10 janvier 1946, p. 252.

22. J.O., 28 décembre 1945, p. 8638.

23. J.O., 21 octobre 1945, pp. 6762-63.

24. J.O., 15 décembre 1945, p. 8298.

25. J.O., 28 décembre 1945, p. 8633.

26. J.O., 7 octobre 1945, pp. 6318-19.

27. J.O., 11 octobre 1945, p. 6410.

28. J.O., 28 décembre 1945, p. 8632.

29. J.O., 19 décembre 1945, p. 8395.

30. J.O., 10 janvier 1946, p. 251.

31. Sur les 223, 215 étaient des conseillers départementaux (75 relèvements) et 8 étaient des conseillers nationaux (4 relèvements). Le fait qu'un tout petit nombre de conseillers nationaux aient vu leur cas soumis au Jury, en tant que tels, s'explique peut-être largement par le fait que beaucoup, comme Pinay, étaient jugés « à titre de député » ou « à titre de conseiller départemental » ; qu'un individu ait été également conseiller national constituait bien sûr un facteur aggravant pour son cas.

32. Il faut rappeler que des dizaines de milliers d'hommes (y compris sans doute quelques sénateurs et députés d'avant-guerre) devinrent automatiquement inéligibles à la suite de jugements rendus par les cours de justice et les chambres civiques. Il n'existe aucun

moyen pratique de déterminer combien de sénateurs et de députés ont pu devenir inéligibles de cette façon. On essaya plusieurs fois de défier ou de contourner ces lois d'inéligibilité. P.-E. Flandin faisait partie de ceux qui présentèrent leur candidature alors qu'ils étaient inéligibles. Il perdit, mais d'autres, eux, furent élus, et virent alors leur victoire annulée par le gouvernement. (*Année Politique,* 1952, pp. 34, 36 ; Association des Représentants du Peuple de la IIIe République, *Lettre aux adhérents,* N° 5 [février 1948].) Parfois des parents contestaient des élections au nom d'hommes que l'on avait rendus inéligibles. Après les élections de 1951, le vétéran communiste Marcel Cachin fut évincé en tant que doyen d'âge à l'Assemblée par M. Pébellier, « un chemisier retraité, modéré, qui vivait au Puy et au cours de ses quatre-vingt-cinq années d'existence n'était encore jamais sorti de sa ville natale. M. Pébellier contesta l'élection parce que son fils... était inéligible. Le fils écrivit et le père fit un discours inaugural qui, par l'éloge qu'il faisait du Maréchal et sa condamnation des lois sur l'inéligibilité, contrastait étrangement avec les discours révolutionnaires du doyen d'âge précédent. » (Philip M. Williams, *Politics in Post-War France : Parties and the Constitution in the Fourth Republic* [Londres, 1954], p. 198.)

33. Voir, par exemple, *Écrits de Paris,* février 1947, 22-24.

34. Voir, pour la droite, J.O., 23 mai 1945, p. 2919 ; 3 juillet 1945, pp. 4014-4015 ; 7 juillet 1945, p. 4133 ; 24 août 1945, p. 5285 ; 20 septembre 1945, p. 5891 ; 11 octobre 1945, p. 6410 (deux cas) ; 14 octobre 1945, p. 6512 ; 6 novembre 1947, p. 10960 ; pour les socialistes, J.O., 7 octobre 1945, p. 6320 et p. 6318 ; 11 octobre 1945, p. 6411 ; 21 octobre 1945, p. 6766 ; 15 décembre 1945, p. 8298 ; 19 décembre 1945, pp. 8394-95.

35. La remarque de Le Trotquer (à la suite du vote du 10 juillet 1940) est citée par Tony Revillon dans *Carnets : juin-octobre 1940* (Paris, 1945), p. 120.

36. Jean Pierre-Bloch, *Mes jours heureux* (Paris, 1946), p. 102 ; Daniel Ligou, *Histoire du socialisme en France : 1871-1961* (Paris, 1962), pp. 487-91, 500-11 ; *Populaire (Nord),* N° 24, 15 septembre 1943) ; *Populaire (Sud),* N° 19 (décembre 1943).

37. *Les Décisions du Congrès national extraordinaire* [1944] (Paris, s.d.), pp. 9, 16 ; Jules Moch, *Le Parti socialiste au peuple de France* (Paris, 1945), pp. 67-69. Au Congrès de 1945, on réintégra une poignée de ceux qui avaient été suspendus ; plus tard, certains de ceux qui avaient été exclus furent réadmis, mais on refusa certaines demandes. (*38e Congrès national : Rapports* [Paris, 1946], p. 9 ; *Bulletin Intérieur du Parti Socialiste,* N° 37 [novembre-décembre 1948], 30 ; *Le Monde,* 26-27 février 1950 ; Ligou, p. 517.)

38. *37e Congrès national : Rapports* (Paris, 1945), p. 3.

39. Op. cit., p. 69.

40. Marc Rucart, « Quoi, le Parti Radical-Socialiste », *La République Française I,* 9 (octobre 1944), 4.

41. Parti Radical-Socialiste, *Petit Congrès des 19, 20 et 21 décembre 1944 : Rapport moral* (Paris, 1944), pp. 18-20 ; *Combat,* 22 décembre 1944 ; *Le Monde,* 23 décembre 1944 ; *Patrie et Liberté : Le Parti*

Radical-Socialiste pendant la Résistance (s.l.n.d.), pp. 16, 27-29, 36.

42. *Voix de Paris,* 29 mars 1946.

43. J.O., Débats de l'A.C.P., 16 mars 1945, pp. 531-39.

44. Angelo Tasca [Rossi], *La Physiologie du Parti communiste français* (Paris, 1948), pp. 444-45.

45. Raoul Husson, *Élections et référendums des 21 octobre 1945, 5 mai et 2 juin 1946* (Paris, 1946), pp. XIV-XXII-XXXI.

46. Mattei Dogan, « Political Ascent in a Class Society : French Deputies, 1870-1958 », in Dwaine Marvick (éd.), *Political Decision Makers* (Glencoe [Ill.], 1961), pp. 85-87.

TABLEAU 1. *Relèvement de l'inéligibilité électorale des sénateurs et des députés*[a]

Parti d'affiliation[b]	Décisions du Jury d'Honneur				Relèvements préfectoraux[c]	Totaux		
	Causes entendues	Inéligibilité relevée	Inélig. non relevée	% de relèvements		Causes	Relèvements	% de relèvements
Communiste[d]	7	1	6	14	0	7	1	14
Socialiste	80	28	52	35	7	87	35	40
Radical[e]	119	40	79	34	25	144	65	45
Droite[f]	206	43	163	21	25	231	68	29
Non classé	4	2	2	50	1	5	3	60
Totaux	416	114	302	27	58	474	172	36

a) *Le jury d'honneur n'a jamais publié de report global sur ses travaux. J'ai réuni ces statistiques à partir des décisions séparées mentionnées dans le* Journal Officiel *pendant les années 1945 et 1946.*

b) *Fondé sur les dernières listes officielles d'avant-guerre des groupes du Sénat et de la Chambre des députés en 1939. (J.O., 22 janvier 1939, pp. 1178-1179 ; J.O., débats à la Chambre des députés, 2ᵉ session du 2 juin 1939, pp. 1489-90.)*

c) *Il n'existe aucune mention de relèvements considérés mais non accordés par les préfets ; il n'y a mention que des décisions affirmatives.*

d) *A strictement parler, anciens communistes, c'est-à-dire ceux qui quittèrent le Parti après le pacte russo-germanique d'août 1939, et ne furent donc pas exclus de l'Assemblée.*

e) *Comprend « les radicalisants ».*

f) *Définis comme tous ceux qui se trouvent à la droite des radicaux et forment une partie du Front national à la Chambre de 1936 ; cette désignation comprend ceux que l'on appelle généralement les centraux avant-guerre.*

TABLEAU 2. *Choix des législateurs de la IVe République parmi les rangs de la Résistance*[a].	Communistes	Socialistes	Radicaux	M.R.P.	Modérés	Gaullistes	Poujadistes	Non classés	TOTAL
1. Déportés, condamnés à mort, arrêtés par la Gestapo, internés, députés anti-pétainistes en 1940	24	27	13	10	14	11	-	2	101
2. Résistance depuis l'étranger - Londres, Alger, etc. ; disciples du général de Gaulle	7	5	17	11	7	16	3	8	74
3. Fondateurs et dirigeants de la Résistance ; chefs des Français libres, de syndicats secrets, d'organisations politiques	42	27	5	21	5	13	1	6	120
4. Cadres et membres actifs de la Résistance et d'autres groupements secrets	161	87	14	65	6	13	1	8	355
5. « Compagnons de la Libération » et détenteurs de la « Médaille de la Résistance » non classés sous les rubriques précédentes	-	24	7	15	3	7	-	3	59
6. Détenteurs de Croix de Guerre ou d'autres honneurs militaires (1939-45)	-	4	16	8	10	10	4	1	53
7. Prisonniers de guerre non classés ailleurs Non actifs dans la Résistance :	-	2	3	2	3	3	5	1	19
Moins de 21 ans en 1943	12	-	1	2	3	-	3	-	21
Plus de 21 ans en 1943	-	15	32	43	69	7	19	5	190
Pas de renseignement exact	-	7	13	39	22	11	5	6	103
Collaborateurs et détenteurs de fonctions officielles pendant le régime de Vichy	-	-	3	-	10	-	3	1	17
Total des députés élus en France métropolitaine	246	198	124	216	152	91	44	41	1 112

a) *Ce tableau est additif, mais certains députés auraient pu être classés sous d'autres rubriques. Ceux qui sont classés sous une rubrique donnée* ne sont pas *classés sous d'autres. Certaines classifications sont arbitraires et il y a sans doute des lacunes dans la documentation dont on dispose. On estime, néanmoins, que la plupart des députés classés sous le titre « Pas de renseignement exact » n'étaient pas des participants actifs à la Résistance.*

Reproduit avec l'autorisation de M. Mattei Dogan, d'après son article « Political Ascent in a Class Society: French Deputies 1870-1958 » dans Political Decision Makers *de Dwaine Marvick (éd.), (Glencoe [Ill.], 1961). p. 86.*

7

Une nouvelle société

> ... Il ne peut être question de négocier avec la presse anonyme : elle doit être supprimée et annihilée...
>
> *Manifeste de la Fédération Nationale de la Presse Clandestine* [1].

Rares étaient les domaines de la vie française que n'avaient pas affecté le régime de Vichy ni l'occupation allemande ; rares étaient ceux à la tête desquels on ne trouvait ni pétainistes ni collaborateurs ; aussi étaient-ils rares les secteurs où la Résistance n'envisageait ni châtiment ni réforme. La détermination de la Résistance à bâtir une France nouvelle, « pure et dure », rendait nécessaires des mesures radicales de renouvellement, dans tous les domaines et non pas seulement dans le secteur public.

La pensée de la Résistance s'était largement intéressée aux « réformes de structure » de l'économie : une bonne dose de contrôle de l'État dans l'industrie, des nationalisations massives et l'installation d'une nouvelle « classe dirigeante » économique. Il serait injustifié de mettre toutes les tentatives de réformes économiques au compte de l'épuration. A certains égards, les nationalisations en faisaient partie, dans la mesure où c'était la collaboration de propriétaires qui justifiait la confiscation. Ce fut le cas de la société de construction automobile Renault, de la société Gnôme-et-Rhône (moteurs d'avions), et l'usine d'automobiles Berliet, de la Société Francolor (produits chimiques), et d'autres. Le seul cas important où l'on refusa aux propriétaires une compensation pour la nationalisation d'un bien fut celui de Louis Renault, qui mourut en prison en 1944 avant d'avoir été jugé. Mais la raison principale des nationalisations était économique : les débats, les procédures adoptées et les résultats obtenus ne sont pas du ressort de cette recherche.

Il n'en est pas de même pour une autre mesure économique, celle concernant la confiscation des « profits illicites » recueillis sous l'occupation. Mais on n'en trouvera pas ici l'étude à cause de l'absence quasi totale d'informations concernant cette opération [2].

En marge de l'économie, nombre d'autres institutions de la société française firent l'objet de tentatives de « renouveau ». Le succès de ces tentatives fut inégal. La presse fut soumise, temporairement, à un renouvellement presque complet, et l'on tenta d'épurer le monde des lettres. L'Académie française et l'Église catholique ne furent « épurées » que de façon très limitée ; d'un autre côté il y eut un assainissement en profondeur des institutions syndicales. Des épurations moins importantes eurent lieu dans plusieurs autres domaines.

L'occupation allemande a mis à l'épreuve toutes les institutions françaises, notamment les journaux de la France. Trois solutions s'offraient aux journaux publiés dans le Nord en juin 1940. Ils pouvaient fuir devant les armées allemandes et se réinstaller dans la zone libre : cette option fut choisie seulement par des journaux publiés à Paris, dont la clientèle nationale rendait envisageable une telle décision (par exemple *L'Action Française, le Figaro, Le Temps*). Ils pouvaient tout simplement interrompre la publication : ce que choisirent de faire, à Paris, *L'Aube, L'Époque, L'Intransigeant, L'Ordre,* et *Le Populaire.* Ou bien, et ce fut l'option de la grande majorité des journaux de province, ils pouvaient continuer à publier sous l'occupation allemande. *Le Matin, L'Œuvre* et *Le Petit Parisien* furent les seuls quotidiens parisiens importants à avoir choisi cette voie [3].

Ce sont des raisons très diverses qui ont poussé les journaux qui avaient choisi de continuer la publication à le faire : elles vont du choix de la collaboration à un sens du devoir mal placé, en passant par l'opportunisme et l'indifférence. Pierre-Henri Teitgen, ministre de l'Information du Gouvernement provisoire, décrivit ainsi l'engrenage imposé par la guerre aux journaux qui continuèrent à publier « en toute bonne foi » :

> « On commence par dire : “Ce n'est pas trahir que de faire une concession à l'occupant - c'est dans l'intérêt national ; nous sauvons des innocents, empêchons des exécutions, limitons les déportations ; ce n'est qu'une petite concession, nous pouvons nous en tenir là.” Et puis le jour suivant... l'Allemagne exige une autre concession, et puisqu'on a cédé une première fois, on n'ose pas refuser la seconde... Cette seconde concession vous conduit à la troisième, à la quatrième, à la cinquième... ». Pour finir, on était réduit à zéro [4].

En novembre 1942, les journaux du Sud, qu'ils soient des publications « indigènes » ou « réfugiées », durent choisir entre collaborer et se saborder : l'expérience de ceux du Nord qui avaient continué leur publication sous l'occupation allemande avait montré des conséquences évidentes, et il n'y avait plus de zone libre vers laquelle s'enfuir. Parmi les quotidiens de Paris qui avaient fui en 1940, *Le Figaro* et *Le Temps* se sabordèrent en novembre 1942, *Paris-Soir* continua de paraître toute l'année 1943, et *L'Action Française* continua jusqu'à la Libération. Un nombre relativement restreint de journaux locaux choisirent la suspension de leur parution.

En plus des journaux d'avant-guerre qui continuaient de paraître, la France occupée vit naître plusieurs journaux, surtout à Paris. Ces nouveaux journaux, fréquemment subventionnés par les Allemands, représentaient divers points de vue collaborateurs, et étaient conçus pour des clientèles variées. Parmi les plus importants à Paris on trouve : *L'Atelier* (syndicaliste collaborateur), *Le Cri du Peuple* (P.P.F.), *La France Socialiste* (socialiste collaborateur), *La Gerbe* (littéraire), *Les Nouveaux Temps* (une imitation du *Temps*), *Le Pilori* (« hebdomadaire de combat contre la judéo-maçonnerie »), et *La Révolution Nationale* (« cagoularde »).

Il était évident pour la Résistance que la presse allemande de langue française, qu'elle soit issue de la guerre ou de la période précédente, serait supprimée à la Libération. Mais ils étaient unanimement d'accord sur le fait que cela ne devait pas aboutir à un retour au statu quo d'avant-guerre. La « presse pourrie » de la IIIe République céderait la place à une nouvelle presse, honnête et indépendante, fondée pour l'essentiel sur la presse de la Résistance. La nouvelle presse ne serait plus réduite à l'esclavage par les groupes financiers, qui avaient ainsi les moyens de contrôler l'opinion et défendre leurs intérêts. La nouvelle presse ne serait plus jamais la proie des publicistes, qui en faisaient un organe de propagande. Il n'y aurait plus de fonds secrets émanant de sources cachées, qui faisaient d'un journal l'instrument d'une puissance étrangère et un organe de trahison [5].

L'opinion de la Résistance sur l'épuration de la presse n'était pas seulement la somme des remarques éparpillées de la presse clandestine. Des groupes furent formés spécialement pour faire des recommandations au Comité d'Alger concernant la presse. Les groupes ad hoc commencèrent les débats au printemps 1943 ; une commission spéciale du Comité Général d'Études se pencha sur la question ; ainsi que les commissions du Comité National des Journalistes et la Fédération Nationale de la Presse Clandestine.

Il y eut accord général sur les principes de base : les journaux collaborateurs devraient disparaître ; la Résistance, au moins provisoirement, utiliserait leurs installations quand elle apparaîtrait au grand jour. Toutefois, nombre de questions restèrent sans solutions. Fallait-il appliquer des sanctions aux seuls journaux qui avaient collaboré avec empressement, ou à tous ceux qui étaient parus légalement sous la censure allemande ? Devait-on interdire les journaux qui avaient paru dans la zone libre avant l'invasion allemande ou seulement ceux qui étaient apparus sous l'occupation allemande ? Si l'on choisissait cette dernière solution, quelle devrait être la date déterminante pour chaque zone ? Si les journaux qui débutèrent sous Vichy n'étaient pas condamnés en principe, pouvait-on les autoriser à reparaître sous leurs anciens titres ? Que faire des biens des journaux réquisitionnés ? Ces questions-là ainsi que de nombreuses autres restèrent un sujet de désaccord dans les débats clandestins ; en effet, pour certaines d'entre elles la décision finale ne fut prise que deux ans après la Libération.

La première législation concernant la presse promulguée par le C.F.L.N. ne concernait que la période suivant immédiatement la Libération. Tous les journaux qui paraissaient encore légalement au moment de la Libération allaient être suspendus et leurs biens mis sous séquestre. Il incomberait aux comités de presse régionaux, constitués par des représentants des syndicats de presse d'avant-guerre, du C.D.L., et du ministère de l'Information, d'autoriser les nouveaux journaux à paraître, en utilisant, si c'était nécessaire, les locaux des publications suspendues. On donnerait la préférence aux journaux de la Résistance, mais quelques publications d'avant-guerre pouvaient être autorisées à reparaître (sous leurs anciens titres). Deux questions clés furent laissées à une décision ultérieure : quels critères adopter pour décider la réouverture d'un journal (avec ou sans son ancien titre) ; que faire des biens des journaux mis sous séquestre [6] ?

La prise effective des locaux des vieux journaux à la Libération se fit dans la confusion, mais rarement dans la violence. Le gouvernement ratifia, plutôt qu'il n'ordonna, l'occupation des bâtiments des journaux, qui avaient été divisés entre les journaux de la Résistance, sur les accords informels de ses membres. En pleine Libération de Paris, quelques jours avant l'entrée des troupes de Leclerc, la presse clandestine émergea au grand jour. *Le Populaire* prit les locaux du *Matin, L'Humanité* et *Le Parisien Libéré* commencèrent de s'imprimer sur les presses du *Petit Parisien, Combat, Défense de la France* et *Franc-Tireur* utilisèrent les installations de *L'Intransigeant,* où les Allemands avaient publié leur *Pariser Zeitung.* Les premières éditions de la nouvelle presse de Paris furent vendues au coin des rues au milieu des tirs de l'insurrection. En province également, les journaux de la résistance prirent les installations des publications suspendues. Toutefois, dans plusieurs départements, il n'existait pas de journaux clandestins capables de se transformer en quotidiens. Dans ces localités, on vit surgir des journaux totalement nouveaux, parrainés par les organisations de la Résistance ou par des Comités Départementaux de Libération.

Nulle part ailleurs l'épuration ne fut aussi radicale et prompte. Francisque Gay, de la Fédération de la Presse Clandestine, avoua que durant l'occupation il avait été sceptique quant à leurs chances d'exécuter leurs « plans audacieux pour un renouvellement total » ; mais six semaines après la Libération de Paris il était évident pour Gay que « sur les points essentiels, nos objectifs les plus ambitieux ont été atteints d'emblée » [7].

La nouvelle presse était remarquablement différente de l'ancienne, d'abord par son format, qui fut sévèrement réduit du fait de la pénurie de papier. Remarquable aussi était l'enthousiasme qu'elle engendra, et qui se retrouve dans l'amateurisme de beaucoup des nouvelles publications. Mais c'est surtout la révolution politique qui avait eu lieu dans la presse française qui est importante. C'était un renversement total. En 1939 les radicaux et les partis de la droite contrôlaient la presse avec 46,2 % de la circulation totale des journaux (et jouissait en plus de l'appui tacite de la plupart des publications non partisanes) ;

Tableau 3. *Évolution de la presse française : 1939-1949 (a)*

Tendance (b)	1939	1944	1947	1949
Indépendante et non politique (c)	10 (41,6 %)	14 (14,9 %)	17 (20 %)	14 (20,4 %)
Communiste	3 (5,2 %)	31 (26,8 %)	25 (22,2 %)	20 (17,3 %)
Socialiste	10 (6,2 %)	25 (21 %)	26 (14,8 %)	21 (12 %)
Radicale	20 (16,9 %)	9 (5,4 %)	19 (13,6 %)	14 (17,4 %)
M.R.P.	-	15 (13,6 %)	22 (16,3 %)	11 (9,3 %)
Droite	61 (29,3 %)	13 (7,3 %)	22 (10,9 %)	20 (15,1 %)

(a) Selon les statistiques de Jean Mottin in *Histoire politique de la presse : 1944-1949* (Paris, 1949), p. 143. Le premier numéro de chaque groupe se rapporte au nombre total des journaux de cette tendance publiant au moins 20 000 exemplaires. Le nombre entre parenthèses se rapporte à la part de ces journaux dans la diffusion totale des journaux de cette importance. (Les journaux de plus de 20 000 exemplaires faisaient quelque 90 % de la diffusion totale des journaux).

(b) Les tendances politiques sont définies ici assez approximativement ; c'est-à-dire que « Radicale » inclut « radicalisant », etc.

(c) Les journaux de cette catégorie étaient généralement plus conservateurs en 1939 qu'en 1944 : depuis ils sont revenus quelque peu en arrière.

ensemble, les presses communistes et socialistes atteignaient 11,4 % du nombre total des lecteurs. A la fin de l'année 1944 la part des radicaux et de la droite avait chuté à 12,7 % ; celle des socialistes et des communistes s'était élevée à 47,8 % et c'était maintenant eux qui bénéficiaient de l'appui d'une bonne partie de la presse « non partisane » (voir tableau 3).

Une fois la révolution politique de la presse française accomplie, immédiatement après la Libération, les positions politiques sur la presse se durcirent selon le principe du *cui bono.* Les journaux socialistes, communistes ainsi que ceux de la Résistance installés dans les imprimeries réquisitionnées avaient tout particulièrement intérêt à rendre permanente la situation existante. Les radicaux, la droite et les propriétaires des journaux séquestrés tentèrent de « normaliser » la situation de la presse, ce qui pour eux impliquait de retrouver autant que possible le statu quo d'avant-guerre. Le M.R.P., qui en tant que nouveau parti avait bénéficié de ce renouvellement de la presse, et en tant qu'héritier d'une bonne partie de la droite y avait perdu, était divisé. Il fallut encore plus d'un an, cependant, pour que soient traduites en législation les positions des partis, étant donné que le Gouvernement provisoire gouvernait par décrets. Lorsque l'Assemblée constituante fut élue, à l'automne 1945, on promulgua une loi de presse qui satisfit - temporairement - la majorité de gauche de l'Assemblée. Pendant le printemps 1946, avant que la loi ne passe, la gauche et la nouvelle presse traversèrent des mois de mécontentement et d'inquiétude.

Pendant l'été 1944, on instaura par le biais d'une circulaire du ministère de l'Information, donnant aux autorités locales des recommandations sur la politique à suivre envers la presse, des dates limites après lesquelles, si le journal était toujours édité, il y avait présomption de culpabilité : quinze jours après le 25 juin 1940, pour la zone Nord ; quinze jours après le 11 novembre 1942 pour la zone Sud [8]. Dans une ordonnance datée du 30 septembre 1944, le gouvernement ratifiait la suspension des journaux publiés entre ces dates-là et la Libération (ainsi que des journaux dont la publication avait commencé après le 25 juin 1940). Les suspensions seraient levées ; 1) si les propriétaires ou les administrateurs d'un journal étaient acquittés des accusations de collaboration ; 2) si le gouvernement décidait de ne pas les poursuivre ; 3) si aucune mesure n'avait été prise dans un intervalle de six mois à dater de l'ordonnance. (En fait, les ordonnances promulguées par la suite accordèrent plusieurs fois l'expiration automatique d'une suspension.)

L'ordonnance se taisait sur la question de savoir ce qu'il allait advenir des établissements confisqués dont les propriétaires étaient reconnus coupables. Du point de vue de la nouvelle presse, il était plus inquiétant de savoir que les propriétaires de journaux qui étaient acquittés allaient récupérer leurs établissements. Qu'adviendrait-il, alors, des journaux résistants qui s'étaient installés dans leurs locaux ? L'attitude de la nouvelle presse devint celle d'une auto-défense combative.

En février 1945, la nouvelle presse fut rassurée sur un point (relativement secondaire). Le gouvernement décréta que l'usage des titres apparus sous l'occupation serait définitivement banni, même si les journaux concernés avaient l'autorisation de réimprimer [9]. Selon les propres paroles du ministre de l'Information, P.-H. Teitgen, ces « drapeaux de Vichy » étaient « à jamais enfouis dans la fosse commune de nos déshonneurs nationaux » [10].

La réglementation importante qui suivit, en ce qui concerne la presse, fut l'ordonnance du 5 mai 1945. Afin d'accélérer la décision qui rendait coupables ou innocents des journaux parus sous l'occupation, ce décret introduisait un concept nouveau dans la législation française : celui de la responsabilité criminelle des sociétés. Il s'avéra difficile de faire aboutir les procès ouverts contre des propriétaires individuels de journaux en déterminant le comportement du journal lui-même, particulièrement quand ses propriétaires étaient multiples. De ce jour, on jugea les journaux eux-mêmes. S'ils étaient considérés comme coupables, les sociétés de presse devaient être dissoutes et leurs propriétés confisquées [11]. Si un journal était déclaré innocent, ou si le gouvernement abandonnait les poursuites, ses droits et ses biens lui étaient restitués.

La clause de l'ordonnance concernant la restitution des biens aux journaux acquittés rendait explicite la menace à la presse nouvelle, qui n'était que sous-entendue dans l'ordonnance du mois de septembre précédent. Tout d'abord, la presse résistante fut satisfaite des assurances que lui donnait le ministre de l'Information, qui annonçait que ces procès étaient engagés en grande partie pour la forme [12]. L'ordonnance elle-même était formulée de manière rassurante ; elle évoquait la présomption de culpabilité concernant les journaux en question et dressait la liste des actions coupables de telle sorte que le rôle du tribunal ne consista plus guère qu'à certifier le fait que le journal avait bien été publié pendant l'occupation.

La presse nouvelle ne conserva pas longtemps la certitude d'être confirmée dans l'occupation des locaux des journaux confisqués ; sur cinquante-cinq journaux jugés en 1945, moins de la moitié furent déclarés coupables [13]. La Fédération Nationale de la Presse Française (F.N.P.F.), porte-parole de la presse nouvelle, était convaincue que seules des mesures radicales pouvaient empêcher que la « presse de la trahison » les supplante. Les nouveaux journaux étaient persuadés que seule une législation qui prévoyait la confiscation par décret, et non par les caprices d'une action judiciaire, suffirait à protéger leurs intérêts [14]. L'Assemblée Constituante nouvellement élue (avec sa majorité socialo-communiste) se présentait naturellement comme l'instrument de mise en œuvre d'une telle législation.

Au début de 1946, Gaston Defferre, ministre socialiste de l'Information dans le nouveau gouvernement, présenta un projet de loi qui satisfaisait enfin les exigences de la presse résistante. Tous les journaux apparus sous l'occupation, à l'exception d'une poignée d'entre eux que l'on avait déjà autorisés à paraître (comme *La Croix*) devaient être expropriés. Leurs biens seraient remis à un holding d'État, la Société Nationale des Entreprises de Presse (S.N.E.P.), qui les revendrait ou les louerait à bail à la presse nouvelle. Les journaux déclarés coupables de collaboration ne recevraient aucune compensation ; ceux qui seraient jugés innocents (ou ne seraient pas poursuivis) seraient dédommagés sur la base d'une estimation de la valeur de leurs biens au 25 juin 1940, moins les frais engagés par la S.N.E.P.

Bien que la configuration politique de la nouvelle Assemblée rendît certain le passage de la loi Deferre, le débat fut long et âpre. Les radicaux et la droite condamnaient la proposition, que non seulement ils jugeaient injuste, mais qu'ils considéraient comme une impudente manœuvre politique. Déjà avant les élections de 1945, les radicaux avaient crié à l'infamie : ils prétendaient que puisque leur parti était privé des moyens d'expression qu'il avait en 1939, les résultats des élections étaient falsifiés d'avance ; ils avaient exigé alors que soient restaurées les proportions d'avant-guerre [15]. Lors des débats de l'Assemblée en 1946, Edouard Herriot, le grand patron du parti radical, expliqua le médiocre succès électoral de son parti en soulignant la révolution de la presse : ils avaient « affronté des canons avec des sabres en bois » [16]. Pire encore, du point de vue de ceux que la révolution de la presse désavantageait, le processus constituait un cercle vicieux. Une Assemblée qui serait fondée sur les élections « falsifiées » risquait de figer le statu quo politique en rendant permanent le « renversement » survenu dans la presse.

La gauche contestait l'affirmation selon laquelle la redistribution de la presse avait affecté de manière importante l'issue des élections. Defferre souligna le fait que la droite avait reçu plus de 40 % des votes dans quatre départements où elle n'avait pas de quotidien, et moins de 10 % dans trois départements où elle n'en avait qu'un ou deux. Les radicaux avait eu 36 % des votes en Savoie, où ils ne possédaient aucun journal ;

moins de 10 % dans quatorze départements où ils avaient des organes de presse [17]. Les appels aux principes d'équité, de libéralisme et de liberté de la presse, qui émanaient des défenseurs des propriétaires de journaux collaborateurs, ne semblaient à la gauche que pures formules rhétoriques [18]. Le vote final sur le projet de loi suivit strictement, à de rares exceptions près, les directives des partis. Les socialistes, les communistes, et leurs alliés votèrent « oui » ; les radicaux et la droite votèrent « non » ; le M.R.P., hormis quelques transfuges des deux autres camps, s'abstint. Les votes socialistes et communistes à eux seuls, même si tous les autres avaient été négatifs, étaient suffisants pour faire passer le projet, qui devint la loi du 11 mai 1946.

La politique partisane en ce qui concerne les questions de la presse ne se manifesta pas seulement par la loi du 11 mai 1946. La loi ne faisait qu'autoriser les transferts à la S.N.E.P. (le processus de transfert lui-même était aux mains des hommes politiques qui siégeaient au Cabinet). L'usage qu'elle fit de ce pouvoir illustre de façon frappante la scission qui régnait entre les partis à propos de la presse. Philip Williams a résumé les différentes façons dont les ministres de l'Information des divers partis appliquaient la loi.

> « Les deux ministres socialistes faisaient en moyenne plus de vingt transferts par mois, contre moins de quatre lors du mandat des ministres d'autres partis. Le contraste était plus saisissant encore pour ce qui était des journaux qui n'avaient pas été condamnés. Il y en eut soixante qui furent transférés au cours de cette période [1946-1948], dont plus des deux tiers (y compris la plupart des plus importants) par les deux socialistes. Au moment de leur mandat, le rythme de transfert de ces journaux était presque d'un par jour ; sous celui des ministres M.R.P. d'un par mois et sous celui des ministres R.G.R. un en quatre mois » [19].

Les journaux de la Résistance, les partis de gauche et la F.N.P.F. élevèrent des protestations contre le sabotage de la loi imputable aux ministres, mais ce fut en vain. En raison du pouvoir dont le ministre de l'Information disposait pour appliquer (ou de l'application en bloc de) la loi de presse, cette fonction devint un motif crucial de négociations dans l'édification des cabinets de coalition. On créa une jurisprudence embrouillée à mesure que les tribunaux locaux « interprétaient » la loi de presse dans un sens complètement opposé aussi bien à sa formulation qu'aux intentions pourtant claires qu'elle véhiculait. Des arrangements privés entre des journaux anciens et nouveaux, conclus avec la bénédiction de la S.N.E.P., devinrent de plus en plus courants alors que les deux bords cherchaient à régulariser leur situation. L'embrouillamini, cependant, ne fut complètement démêlé qu'en 1954, lorsque fut adoptée une loi de presse révisée qui satisfit tout le monde, si ce n'est les irréconciliables des deux côtés.

L'épuration de la presse provoqua un renversement temporaire dans le rapport existant entre la part que chaque parti avait dans la presse et la part des votes qu'il obtenait. Avant-guerre, les socialistes et les communistes avaient moins de 60 % de leur « juste part » de la presse, en termes de diffusion, tandis que les radicaux et la droite avaient un tiers et un cinquième de plus que « leur part », respectivement. En 1944-1945, c'était ces derniers qui se trouvaient relativement désavantagés, et les socialistes et les communistes qui étaient sur-représentés dans la presse. En 1946-1947, aussi bien la part des socialistes que des communistes dans la presse était exactement proportionnelle à leur part électorale ; la part des radicaux, bien que beaucoup plus faible qu'avant la guerre en termes absolus, était supérieure à la part de leurs votes ; la presse de la droite n'arrivait pas encore à la parité, mais se remettait rapidement (voir le tableau 4). Après 1947, l'équilibre était encore mieux (ou « trop ») rétabli [20].

L'épuration de la presse donna à la Résistance une tête d'avance lors de la Libération. La possibilité d'ac-

TABLEAU 4. *Modification du rapport entre la proportion des votes et la part de la presse de chaque parti*

Partis politiques (y compris les alliés et affiliés)	1936-39[b]			1944-45[c]			1946-47[d]		
	% des votes	% de la presse politique	Part de la presse par rapport à la part des votes	% des votes	% de la presse politique	Part de la presse par rapport à la part des votes	% des votes	% de la presse politique	Part de presse par rapport à la part des votes
Communistes	15,6	9	57,7 %	26,5	36,2	136,6 %	28,3	28,5	100,7 %
Socialistes	19,9	19,9	54,3 %	25	28,3	113,2 %	17,9	19	106,1 %
Radicaux	22,1	29,3	132,6 %	8,9	7,3	82 %	11,1	17,5	157,7 %
M.R.P.	-	-	-	23,9	18,4	77 %	26	21	80,8 %
Droite	42,4	50,9	120 %	15,7	9,9	63,1 %	16	14	87,5 %

a) *Statistiques électorales tirées de l'*Encyclopédie politique de la France et du monde, *2e éd. (Paris, 1950), I, 358 ; statistiques de la presse tirées de Jean Mottin,* Histoire politique de la presse : 1944-1949 *(Paris, 1949), p. 143.*

b) *Statistiques de vote des élections du 22 avril 1936 ; statistiques de la presse en date d'août 1939.*

c) *Statistiques de vote des élections du 21 octobre 1945 ; statistiques de la presse en date du 31 décembre 1944.*

d) *Statistiques de vote des élections du 10 novembre 1946 ; statistiques de la presse en date du 1er mars 1947.*

céder aux imprimeries confisquées leur conférait un avantage financier considérable. Le système qui rendait nécessaire une autorisation préalable du gouvernement avant de publier, qui resta en place jusqu'en 1947, avait été instauré au moins autant en raison de la pénurie de papier qu'en vertu d'une volonté de purifier la presse ; néanmoins, il eut pour conséquence de donner à la presse nouvelle un quasi-monopole bien protégé pendant plus de trois ans. En outre, la presse qui émergeait de la clandestinité jouissait d'une autorité morale énorme dans la France « résistantialiste » des années qui suivirent immédiatement la fin de la guerre.

En dépit de ces avantages, en l'espace de quelques années, la presse nouvelle (à de très rares exceptions près) soit disparut, soit se transforma complètement. Au début de 1947, trente-six journaux avaient fermé boutique ; cinq ans plus tard, la liste des manquants comprenait 185 quotidiens et 453 hebdomadaires [21]. La moitié des journaux qui étaient apparus (ou réapparus) lors de l'insurrection ont disparu, parmi lesquels *L'Aube, Ce Soir, La France Libre, Front National, L'Homme Libre,* et *Libération.* La plupart de ceux qui ont survécu ont subi une telle transformation qu'il est impossible de les reconnaître. *Défense de la France* devint *France-Soir* à la fin de 1944, bien que jusqu'en 1946 il proclamait sous son titre « Défense de la France, fondé sous l'occupation, 14 juillet 1941 ». Puis, le jour même où *France-Soir* annonçait en gros titre « Les quadruplés sont nés hier en 1 h 9 mn », il abandonnait la formule qui rappelait son origine et la remplaçait par « Le plus fort tirage et la plus forte vente de tous les journaux français » [22]. *Combat,* publié par Albert Camus pendant les premières années de l'après-guerre, fut vendu à un homme d'affaires tunisien lorsqu'il vint à être menacé par la faillite. *Combat* est l'un des rares journaux français dont le sous-titre continua à faire référence à ses origines résistantes ; la formule « De la Résistance à la Révolution », même si elle apparaissait dans des caractères de plus en plus petits, n'avait jamais complètement disparu. *Le Parisien Libéré* et *Franc-Tireur* (rebaptisé *Paris-Jour*) sont devenus des affaires totalement commerciales.

D'une façon assez ironique, le seul journal qui fait persister de façon manifeste l'élan, un certain sens de la loyauté, et l'esprit d'effort coopératif qui caractérisaient la presse de la Résistance en 1944, est un journal qui n'a pas d'antécédents résistants, un journal qui ne parut que quelques mois après la Libération, un journal, en fait, dont la parution fut attaquée et blâmée par de nombreux « vrais résistants ». La création du journal *Le Monde,* qui succédait au journal *Le Temps,* constitue la seule contribution permanente et substantielle de l'épuration de la presse au journalisme français. C'est là peut-être en soi une justification suffisante (si elle est nécessaire) de l'opération tout entière.

Au moment de la Libération, le Comité National des Écrivains (C.N.E.) comprenait quasiment tous les écrivains de la Résistance, ainsi que ceux qui désiraient vivement être considérés comme tels. On comptait parmi eux Louis Aragon, Simone de Beauvoir, Julien Benda, Albert Camus, Georges Duhamel, André Malraux, François Mauriac, Jean Paulhan, Jean-Paul Sartre, et Vercors. En septembre 1944, le C.N.E. pria le gouvernement de prendre des mesures judiciaires sévères contre les écrivains collaborateurs [23]. Ce fut fait ; les auteurs tinrent la première place lors des premiers procès. Henri Béraud, Robert Brasillach, Charles Maurras, Georges Suarez, et d'autres écrivains connus furent parmi les premiers à comparaître devant les nouvelles cours de justice. C'est pourquoi il n'y eut guère de sanctions prises contre les écrivains par la profession elle-même. On instaura une commission d'épuration des auteurs au printemps 1945, qui se composait des représentants de plusieurs sociétés littéraires, mais étant donné que les tribunaux avaient déjà jugé les causes des principaux écrivains collaborateurs et vichyssois, elle se contentait généralement de personnalités relativement secondaires. Les seuls écrivains de renom qui furent sanctionnés furent André Castelot, André Thérive, et Henry de Montherlant. Il leur fut interdit pendant un délai allant de un à deux ans de publier leurs ouvrages, la plus grave sanction permise [24].

Si les sanctions prises par les commissions d'épuration contre les écrivains étaient en général assez rares et lentes à s'appliquer, on prenait aussi des mesures officielles pour empêcher la diffusion d'un certain nombre de leurs livres. Au début de 1945, il fut ordonné de retirer les œuvres collaborationnistes, antisémites et vichyssoises des rayons et de les renvoyer aux éditeurs. Parmi les auteurs dont les livres figuraient sur les listes émanant du Contrôle Militaire des Informations, on comptait Louis-Ferdinand Céline, Drieu la Rochelle, Charles Maurras, Jean Luchaire, Georges Suarez et Abel Bonnard [25].

Il y eut, en ce qui concerne les auteurs, une épuration officielle et une autre officieuse. Au mois de septembre 1944, le C.N.E. publia une « liste noire » des écrivains entachés. La préface de la liste soulignait le fait que ceux dont les noms étaient mentionnés n'étaient pas tous également coupables. On publiait leurs noms dans l'intention d'affirmer, de la part des membres du C.N.E., le vœu de n'avoir aucun « contact professionnel » avec eux (c'est-à-dire de ne pas écrire eux-mêmes pour des journaux qui publiaient des travaux de ces renégats). La liste comprenait René Benjamin, Jacques Benoist-Méchin, Henri Béraud, Georges Blond, Abel Bonnard, Robert Brasillach, André Castelot, L.-F. Céline, Alphonse de Châteaubriant, Drieu la Rochelle, Alfred Fabre-Luce, Bernard Faÿ, Sacha Guitry, Abel Hermant, Maurice Martin du Gard, Charles Maurras, Henry de Montherlant et Georges Suarez [26].

A l'automne 1944, alors que toute la presse était résistantialiste, ce genre de boycott paraissait une mesure efficace. Même sans la menace du boycott, les journaux de tendance résistante ne risquaient guère de publier les travaux de vichyssois ; pas plus que ces auteurs ne leur soumettaient leurs œuvres. A mesure que le caractère de la presse changea (et ce fut rapide), le rôle des listes noires devint purement moral. Et même cette force morale, ainsi que celle de l'épuration officieuse en général, fut dissipée par l'utilisation brutalement partisane qu'en firent les communistes.

André Gide, à ce qu'on affirma, n'avait pas « objectivement servi l'ennemi » en écrivant avant la guerre son ouvrage anticommuniste *Retour de l'U.R.S.S.*, mais il avait suscité des doutes sérieux quant à son patriotisme par son « zèle soudain à la fin de 1940 à étudier la langue allemande ». Sa « diffamation » de la paysannerie française, lorsqu'il avait demandé, dans son *Journal* de 1940, combien d'entre eux n'auraient pas volontiers accepté que Descartes et Watteau fussent Allemands si grâce à cela ils avaient pu vendre leur blé quelques centimes plus cher, constituait une autre accusation à son actif [27], cela à une période où les communistes dénonçaient le général de Gaulle en tant qu'agent de l'impérialisme britannique. Paul Nizan avait été avant la guerre l'un des principaux chefs de file littéraires du parti communiste. Il rompit avec le Parti à cause du pacte Hitler-Staline, puis fut tué au combat pendant la campagne de 1940, juste au moment où Maurice Thorez désertait son unité pour s'enfuir à Moscou. Après la guerre, les communistes veillèrent à ce que soient exclues les œuvres du « traître Nizan » d'une exposition des écrits de résistants et de vétérans ; on répandit une fausse rumeur selon laquelle Nizan avait coopéré avec la police pour faire supprimer en 1939 le P.C.F. Un groupe d'écrivains se récria contre cette calomnie ; on comptait parmi eux non seulement Raymond Aron, Albert Camus et François Mauriac, mais bien d'autres encore, qui étaient proches des communistes : Julien Benda, Jean-Paul Sartre, Simone de Beauvoir [28].

Au cours des mois qui suivirent la Libération, le C.N.E. se trouva de plus en plus soumis à l'influence des commissaires culturels communistes. Quelques-uns, comme Camus, avaient pressenti cela dès le début et démissionnèrent à l'automne 1944. Le père Bruckberger a consigné la conversation suivante entre Camus et Mauriac à cette époque :

> « Pourquoi avez-vous démissionné ?
> - Par honnêteté. Je ne peux laisser mon nom et ma signature à la disposition d'une majorité que je ne connais pas et qui n'est là que pour les besoins d'une manœuvre communiste dont nous ferons les étendards et les frais. D'ailleurs vous êtes dans la même situation que moi, monsieur Mauriac. C'est à moi de vous demander pourquoi vous ne démissionnez pas.
> - C'est par solidarité.
> - Non, monsieur Mauriac, c'est par peur. Vous avez peur d'eux et c'est pourquoi vous vous laisserez mener où ils voudront.
> - C'est pourtant vrai », avoua Mauriac [29].

Dès 1946, la plupart des écrivains non communistes de premier plan avaient quitté le C.N.E. : officiellement, à cause de l'utilisation sans discrimination de la liste noire ; en réalité, en raison de la domination des communistes. Georges Duhamel, Jean Paulhan, François Mauriac et Jean Schlumberger faisaient partie de ceux qui démissionnèrent en 1946. Leur démission fut l'occasion d'un débat politique animé à propos de la liste noire et du « droit à l'erreur » de l'écrivain [30].

Malgré le discrédit partiellement encouru par l'épuration du monde des lettres, il y eut un renouvellement dans la littérature française. Il était attribuable, cependant, non pas tellement à l'épuration qu'à des facteurs politiques et démographiques plus généraux. Après la Première Guerre mondiale, les vétérans avaient dominé la vie littéraire française tandis que « les jeunes étaient restés à Verdun, sur la Marne et sur l'Yser. Après la Libération, la situation était inversée. Les écrivains les plus âgés soit étaient morts (Romain Rolland, Jean Giraudoux) soit avaient subi un discrédit à cause de leur alliance avec Vichy (Béraud, Céline, Maurras, Montherlant). Jean-Paul Sartre a écrit que lorsqu'on demanda à Jacques Maritain ses impressions sur la IVe République, il dit « la France manque d'hommes ». Il voulait dire, explique Sartre, « manque d'hommes de ma génération ». Les jeunes auteurs de la Résistance, Camus, Vercors, Sartre lui-même, avaient pris leur place ; et il leur était difficile d'empêcher leur camaraderie résistante d'influencer leur comportement littéraire et par là le climat littéraire tout entier.

> « Comment, se demande le critique, dirai-je moi, résistant, à cet ancien résistant que je ne trouve point bon son dernier roman sur la Résistance ? » Il le lui dit cependant, car il est honnête ; mais il laisse entendre que le livre, encore qu'il soit manqué, recèle une qualité plus exquise et plus rare que s'il eût été réussi ; quelque chose comme l'odeur de la vertu » [31].

Naturellement, le renouvellement littéraire était loin d'être complet et jamais il ne réussit à forcer les remparts de ce monument de la vie intellectuelle française, l'Académie française.

La société française comptait peu d'institutions qui soient plus « vichyssoises » et plus « collabo » que l'Académie française. Beaucoup parmi les immortels qui menaient depuis des années la lutte destinée à défendre l'évêque Bossuet contre l'Ère des lumières devinrent des partisants dithyrambiques de Pétain lorsque le Maréchal prêta l'autorité de l'État à leur camp ; d'autres académiciens coopérèrent avec enthousiasme aux efforts de propagande des Allemands. Georges Duhamel et d'autres firent ce qu'ils purent pour empêcher leurs collègues pétainistes et germanophiles de compromettre trop gravement l'Assemblée elle-même, mais le seul immortel qui fût véritablement résistant, qui se fût engagé dans une activité clandestine illégale, était François Mauriac.

Chose peu surprenante, l'Académie faisait l'objet de remarques amères de la part de la Résistance, après la

Libération ; on parlait même de dissoudre cette assemblée vieille de trois cents ans. Le général de Gaulle montra sa volonté de remplir son rôle de chef de l'État en tant que « protecteur » de l'Académie, mais suggéra à celle-ci qu'elle aurait intérêt à redorer son blason bien terni en invitant des écrivains résistants à occuper les postes vacants. Le général dit plus tard « Si mes apaisantes promesses étaient très bien accueillies, ma suggestion novatrice l'était moins » [32].

Lors de la rencontre annuelle des cinq académies de l'Institut en octobre 1944, Jérôme Tharaud, qui représentait l'Académie française, consacra la plus grande part de son « discours sur la libération » au thème du « pardon et de l'oubli » [33].

Par des ordonnances hors du contrôle de l'Académie, le gouvernement exclut automatiquement quatre de ses membres lorsqu'ils furent condamnés à la dégradation nationale : Abel Bonnard, Abel Hermant, Charles Maurras et le maréchal Pétain. On fit occuper en 1946 les sièges des deux premiers, mais l'Académie s'abstint de façon significative d'occuper ceux de Pétain et de Maurras avant leur mort en 1951 et 1952 [34].

D'autres pétainistes et collaborateurs de premier plan restèrent à l'Académie ; d'autres furent élus plus tard, bien que des candidats « trop compromis » eussent aussi, parfois, été refusés. Paul Bourget décrivit un jour l'Académie comme l'une des quatre grandes forteresses européennes de défense contre la révolution, avec la Chambre des lords, la papauté et l'État-major général prussien. Rien de ce qui a pu se produire après la Libération n'a altéré la justesse de ce sobriquet.

L'Église catholique, tout comme l'Académie française, était un monument du conservatisme qui avait épousé la cause pétainiste de la Révolution nationale. (Comme à l'Académie, l'attitude de l'Église n'était pas monolithique, mais la proportion de résistants, ne serait-ce que résistants par la pensée, y était aussi faible.) Pendant l'occupation, les résistants non catholiques avaient généralement évité d'attaquer le pétainisme du clergé ; ils n'investissaient ni moralement ni politiquement dans la réputation du clergé (et même loin de là) et ne voulaient pas risquer de créer la discorde avec leurs camarades catholiques. Les catholiques résistants, en revanche, non seulement étaient personnellement troublés par la ligne de conduite adoptée par un certain nombre d'évêques mais encore inquiets de la réputation future de l'Église [35]. Les propositions spécifiques d'épuration de l'Église furent rares ; il y eut pourtant un prêtre, résistant enthousiaste, pour suggérer que :

> « dans chaque région, soit formé sans retard par des prêtres patriotes un Comité de Libération ecclésiastique, auquel seront soumis tous les cas concernant le clergé. L'épuration est nécessaire pour que le clergé ne perde pas son influence nationale. Les mesures prises seront soumises au Ministère de la Justice par l'intermédiaire du Nonce auprès du gouvernement » [36].

Inutile de dire que cette proposition ne fut pas adoptée.

Si l'on n'avait guère pris de mesures publiques à l'encontre de la collaboration du clergé, le gouvernement en revanche n'était pas complètement indifférent aux activités de la hiérarchie sous le régime de Vichy. A la Libération de Paris, le cardinal Suhard, fervent partisan de Pétain, reçut un accueil glacial des représentants de De Gaulle lorsqu'il les rencontra et se vit refuser l'autorisation de célébrer la messe à Notre-Dame. Un archi-collaborateur, le cardinal Baudrillart, avait eu la sagesse de mourir avant la Libération, épargnant ainsi à l'Église l'embarras de voir l'un de ses prélats au banc des accusés, ou au contraire épargnant au gouvernement l'embarras de devoir exempter de toute poursuite l'un des collaborateurs les plus bruyants et les plus violents de France. Mgr Valeri, nonce du Pape, fut « discrédité » ainsi que d'autres représentants diplomatiques de Vichy et son successeur, Mgr Roncalli (futur Jean

XXIII) dut s'atteler, à la demande du gouvernement, à la révocation des évêques compromis. On ne connaît pas exactement le nombre de renvois que souhaitait le gouvernement ; peut-être jusqu'à trente ou trente-cinq. Au printemps 1945, on conclut un accord sur la révocation de sept évêques ; toute l'affaire fut traitée avec le minimum de publicité [37].

L'importance de l'épuration des syndicats tenait non pas tant à ce qu'elle accomplissait qu'à ce qu'elle symbolisait : un vaste réalignement des forces à l'intérieur du mouvement syndical français. Les conflits qui trouvèrent à s'exprimer dans l'épuration avaient leur origine aussi bien dans des conflits datant d'avant-guerre que la période même de celle-ci, et c'est seulement en considérant cela que l'on peut en comprendre la signification.

Fondée en 1895, la Confédération du Travail (C.G.T.) se scinda en une branche communiste et une autre non communiste en 1921. La minorité communiste prit le nom de « C.G.T. Unitaire » (et bientôt on les appela les « unitaires » par opposition aux « confédérés » d'orientation socialiste). A l'occasion de leur participation au rassemblement du Front Populaire de la gauche, la C.G.T. et la C.G.T.U. se réunirent sous leur ancien nom en 1936. Lors de cette réunification, les communistes constituaient environ un quart de la force totale du mouvement, proportion qui ne cessa de s'accroître jusqu'à la guerre. A ce moment-là, les non communistes de la C.G.T. étaient eux-mêmes divisés, essentiellement, ou du moins de façon manifeste, sur des questions de politique étrangère. La moitié en gros des « confédérés », sous l'égide de René Belin, avaient des sympathies envers la revue *Syndicats,* fortement anticommuniste et antisoviétique et tout aussi fortement pro-munichoise ; l'autre moitié, disciples de Léon Jouhaux, étaient pour la résistance à l'Allemagne nazie, position qu'ils estimaient être la pierre de touche de la politique étrangère française, et élevaient une opposition sans faille aux politiques d'apaisement. A la fin des années trente, la C.G.T. était donc scindée entre une gauche communiste (antimunichoise), une droite anticommuniste (pro-munichoise) et un centre non communiste et antimunichois.

Il est impossible de surestimer la profondeur et l'amertume de la scission qui existait au sein de la C.G.T. « unifiée ». Les communistes ainsi qu'une fraction des socialistes s'étaient profondément (et irrévocablement, selon toutes les apparences) engagés dans la résistance à l'Allemagne nazie. Leur lutte traditionnelle contre le capitalisme français apparaissait comme inextricablement liée à la lutte contre la politique d'apaisement d'Hitler, la politique « de confiance ». Pour l'aile droite du mouvement syndical, de même que pour la droite française en général, les ennemis les plus dangereux étaient, à l'intérieur, les communistes, et à l'étranger l'Union soviétique. Certains étaient farovables à l'apaisement en raison d'un engagement pacifiste traditionnel, d'autres parce qu'Hitler constituait un « rempart contre le bolchevisme ». Il n'y avait aucune réconciliation possible des deux points de vue ; la seule question consistait à savoir si ce serait la gauche ou la droite qui, lors de la scission inévitable, garderait le contrôle de tout l'appareil syndical.

La gauche remporta une victoire temporaire en novembre 1938 lorsque le Congrès de la C.G.T. à Nantes condamna les accords de Munich, appela à une résistance ferme à l'Allemagne et dénonça l'alliance du groupe *Syndicats* avec Marcel Déat et Jacques Doriot. Mais il n'y eut pas pour autant de schisme dans l'organisation, et les partisans de l'attitude de *Syndicats* continuèrent à dénoncer les « bellicistes » dans des termes encore plus violents. Ludovick Zoretti, de la Fédération des Enseignants, accusa Léon Blum d'avoir pour unique souci le sauvetage des Juifs dans les Sudètes ; Raymond Froideval souscrivait à l'appel de Déat qui souhaitait qu'aucun Français ne « meure pour Dantzig » [38].

Lorsque la scission eut lieu, elle prit une voie toute différente de celle que l'on avait escomptée. Le pacte germano-soviétique du 22 août 1939 ouvrit les yeux des communistes de la C.G.T. sur le fait que la lutte entre Hitler et l'Ouest était un conflit impérialiste. Lorsque la guerre fut déclarée une semaine plus tard, le groupe *Syndicats* devint, dans les formes sinon avec beaucoup d'enthousiasme, antinazi. Certaines fédérations syndicales (de mineurs, de marins, des P.T.T.) se mirent à expulser leurs membres communistes immédiatement après la déclaration de guerre. La C.G.T. décida d'exclure les communistes de l'organisation dans son ensemble le 18 septembre, le jour qui suivit l'invasion de la Pologne par les Russes. Si théoriquement, seuls ceux qui « ne voulaient pas ou ne pouvaient pas » condamner l'invasion de la Pologne par les Russes devaient être expulsés, dans la pratique le critère adopté fut celui de l'attitude de chaque individu vis-à-vis du pacte ; ceux qui refusaient de faire une déclaration étaient considérés comme l'ayant approuvé et étaient expulsés. Le gouvernement ayant dissout par décret les syndicats à dominante communiste, la C.G.T. créa en parallèle des organisations non communistes. De temps à autre, le comité exécutif de la C.G.T. élevait de faibles protestations contre la politique répressive du gouvernement, qui arrêtait et internait arbitrairement des milliers de syndicalistes communistes ; cependant dans l'ensemble, la C.G.T.. gardait une attitude officielle de « neutralité », tandis que le groupe *Syndicats* se réjouissait ouvertement de la répression.

L'instauration du régime de Vichy provoqua de nouvelles scissions (et de nouvelles réconciliations) dans le mouvement syndical. La plupart des meneurs du groupe *Syndicats* devinrent pétainistes. Belin, porte-parole du groupe au comité exécutif d'avant-guerre de la C.G.T., devint le ministre du Travail de Pétain. Un grand nombre des alliés de Belin le rejoignirent au ministère ; d'autres fondèrent et publièrent des journaux syndicaux vichyssois et collaborateurs, tels *L'Atelier* et *Au Travail.* A l'automne 1940, la C.G.T., avec la Confédération Française des Travailleurs Chrétiens (C.F.T.C.) fut dissoute par un décret promulgué à l'instigation de Belin.

On inséra les syndicats locaux, non dissous, dans une nouvelle structure corporative fondée sur la « Charte du Travail », dont le projet émanait de Belin et de ses collègues. Ceux des syndicalistes qui étaient hostiles aux conceptions corporatistes de Belin manifestèrent sans perdre de temps leur opposition à la politique de Vichy. Moins d'une semaine après la dissolution de la C.G.T. et de la C.F.T.C., les représentants des deux fédérations publièrent un « Manifeste des Syndicalistes Français » qui réaffirmait la foi des signataires en un mouvement syndicaliste libre. On reconstitua la C.G.T. et la C.F.T.C. sous forme d'organisations clandestines. Au mois de septembre 1942, des discussions furent amorcées entre Léon Jouhaux (pour les « confédérés ») et les meneurs communistes de la C.G.T. qui, bien qu'ils aient été « clandestins » depuis septembre 1939, ne s'étaient rappelé qu'en juin 1941, au moment où Hitler avait envahi l'Union soviétique, qu'ils étaient des patriotes français. Les discussions se poursuivirent après l'arrestation et la déportation en Allemagne de Jouhaux.

En avril 1943, on parvint à un accord sur la réunification des deux ailes de la C.G.T. Le nouveau comité exécutif (clandestin) était organisé sur la base des proportions existantes en septembre 1939 : cinq « confédérés », trois « unitaires ». La C.F.T.C. comme la C.G.T. réunifiée étaient représentées au Conseil National de la Résistance et à l'Assemblée consultative d'Alger. Les syndicalistes résistants accusaient la Charte du Travail « de ne pas être un traité de paix sociale mais un instrument de répression policière, une comédie hypocrite » [39]. On publia des journaux syndicalistes clandestins ; on organisa des grèves illégales ; les ouvriers des voies des chemins de fer et des principales industries organisèrent le sabotage. Les syndicats résistants étaient à l'avant-garde de la lutte contre Vichy et les Allemands. Les anciens membres du groupe *Syndicats* furent des citoyens de l'une des « deux France », de 1940 à 1944 ; les syndicalistes résistants furent des citoyens de l'autre.

Le Gouvernement provisoire laissa aux syndicats eux-mêmes le soin d'épurer les mouvements syndicaux ; les textes de loi du gouvernement fournissaient simplement le cadre de la procédure, les critères et les sanctions qui devaient être appliqués. L'ordonnance du 27 juillet 1944 annula toute la législation du travail promulguée par Vichy, et rendit nulle également l'exclusion des syndicalistes communistes de la C.G.T. en septembre 1939. La réunification clandestine de la C.G.T. avait déjà annulé dans les faits l'exclusion des communistes ; mlais le fait de mettre les mesures prises en 1939 par la C.G.T. dans le même sac que la législation antisyndicale de Vichy avait l'avantage, pour les communistes, de sembler souscrire à la thèse selon laquelle l'exclusion de 1939 participait de la politique béliniste d'« agression anticommuniste » suivie par Vichy.

Il fallait instaurer une commission nationale de reconstitution des organisations syndicales, ainsi que des commissions analogues au niveau départemental. A l'un et l'autre niveau, les commissions devaient comporter de cinq représentants de la C.G.T. et deux de la C.F.T.C. Jusqu'à ce que les syndicats se soient reconstitués et puissent agir de leur propre chef, les commissions devaient interdire toute fonction syndicale à quiconque était considéré comme ayant secondé les desseins de l'ennemi, directement ou indirectement, en particulier en coopérant volontairement à la production au bénéfice de l'ennemi, à la déportation des travailleurs ou à la destruction des libertés syndicales [40].

Les « commissions de reconstitution » réalisèrent leur

tâche sur la base de directives émanant à la fois de la C.G.T. et de la C.F.T.C.. et qui indiquaient les critères à suivre et les sanctions à prendre. Il fallait prendre automatiquement des mesures d'épuration dans le cas de ceux qui avaient participé à la publication de *L'Atelier,* de *Au Travail,* ou d'autres journaux analogues, ainsi qu'à l'égard de ceux qui étaient membres de comités syndicaux vichyssois et collaborateurs. Le fait d'avoir participé à des organisations instaurées sous le patronage de la Charte du Travail posait un problème plus complexe. La Résistance avait conseillé aux travailleurs de rester dans leurs syndicats ; certains résistants syndicalistes estimaient que leur devoir envers la Résistance incluait l'appartenance aux comités de coordination de Vichy. (Les instructions n'étaient pas formulées de façon claire et on pouvait en toute honnêteté les interpréter de diverses manières.) En revanche, certains avaient coopéré avec zèle à l'assaut mené par les nouveaux comités contre le syndicalisme traditionnel. Étant donné que les instructions de la Résistance avaient recommandé de poursuivre les activités syndicales afin de combattre l'influence des conceptions « chartistes », ceux qui partageaient ces dernières ne pouvaient guère invoquer pour excuse les ordres de la Résistance. Les directives communes ne pouvaient que conseiller la prise en compte des instructions de la Résistance lorsque des décisions étaient prises sur un plan individuel.

En ce qui concerne les critères choisis pour les sanctions, les directives communes restaient tout à fait dans les limites de l'ordonnance du 27 juillet 1944. Par contre, ces limites étaient dépassées pour ce qui est de la liste des sanctions applicables. Tout d'abord, l'ordonnance limitait le pouvoir des commissions à exclure des individus de fonctions syndicales ; les directives, elles, autorisaient aussi (et les commissions exercèrent effectivement cette prérogative) l'exclusion du parti même [41]. Deuxièmement, l'ordonnance n'avait attribué que des pouvoirs temporaires aux commissions ; leurs décrets devaient rester en vigueur seulement jusqu'à ce que les syndicats soient réorganisés et puissent prendre leurs propres décisions. La liste de sanctions des directives communes comportait la suspension temporaire, mais uniquement en tant que le penalty le plus faible d'une gamme de cinq sanctions possibles, dont la plus grave était l'exclusion syndicale à vie [42]. En outre, les commissions continuèrent à se charger des décisions touchant certains cas bien des mois après la reconstitution des syndicats. (Le gouvernement modifia alors l'ordonnance pour légitimer rétroactivement les sanctions définitives et postérieures à la reconstitution ; de même les décisions des commissions liaient désormais les syndicats individuels [43].)

La Commission nationale se chargeait des causes de tous ceux qui avaient des fonctions soit dans les organisations syndicales nationales, soit dans les fédérations départementales intersyndicales. D'octobre 1944 à décembre 1945, elle décida 316 sanctions ; trois quarts des cas (y compris ceux des syndicalistes les plus en vue et ceux dans lesquels des individus recevaient les plus lourdes condamnations) furent traités au cours des six premiers mois de travail. Les décisions de la commission comportaient 133 exclusions à vie d'organisations syndicales, 36 pour une durée de deux à quinze ans ; 30 personnes reçurent l'interdiction à vie d'avoir des fonctions syndicales ; 119 pour des durées allant de deux à quinze ans [44]. Toutes les sanctions de la Commission nationale, à part une poignée, visaient des responsables de la C.G.T. (et non de la C.F.T.C.).

On ne connaît pas le nombre des cas qui furent soumis aux commissions départementales (dont la juridiction ne s'étendait qu'aux responsables strictement locaux) ni de ceux qui furent traités par des commissions syndicales internes ; il n'est sans doute pas très important. La plupart des comités locaux avaient, comme la Commission nationale, une majorité non communiste [45]. Pourtant on assure souvent que les communistes se sont servis de l'épuration des syndicats pour éliminer leurs ennemis de la C.G.T. et ouvrir la voie à leur domination de cette organisation. On cite un certain nombre de cas où des non collaborateurs et des non « chartistes » ont été expulsés, intimidés ou même assassinés ; d'autres aussi où des syndicalistes collaborateurs ont reçu un certificat de bonne conduite parce qu'ils étaient prêts à jouer le jeu des communistes[46]. On ne peut faire une évaluation définitive de ces accusations, mais il est probable qu'un bon nombre sont fondées. Les communistes, dans le domaine des syndicats comme ailleurs étaient prompts à appliquer l'épithète de « collaborateur » ; ils avaient particulièrement tendance à confondre l'appartenance au groupe *Syndicats* avant-guerre, ou le soutien à Munich, et la collaboration. En septembre 1943, l'Union des Syndicats Ouvriers de la Région Parisienne (communiste) fit remarquer qu'outre la nécessité d'écarter de la C.G.T. les traîtres de guerre, il fallait éliminer les munichois, ceux qui étaient les plus soucieux de tout livrer à Hitler sur un plateau. C'étaient ceux-là qui adoptaient l'épouvantable formule « plutôt la servitude que la guerre » ; ils étaient responsables de la défaite de la France et on ne laisserait pas cette cinquième colonne se réorganiser, empoisonner le mouvement syndical. Leur présence risquait de provoquer une nouvelle scission ; il y en avait déjà eu deux au cours des vingt dernières années, qui avaient coûté cher à la classe ouvrière. Les travailleurs seraient consternés et leur confiance dans le mouvement syndical en serait ébranlée, si l'on plaçait encore une fois à la tête du mouvement des munichois « repentants » [47].

Il n'est pas improbable que des syndicalistes socialistes aient dans certains cas coopéré, pour appliquer des sanctions à des hommes dont les seuls « crimes » dataient des derniers jours de la IIIe République. Le plus gros de l'épuration syndicale s'effectua à la fin de

1944 et au début de 1945 - lors de la « lune de miel » socialo-communiste. Dans la mesure où les syndicalistes socialistes se rendaient compte qu'ils devaient rivaliser avec les communistes pour obtenir l'allégeance de la classe ouvrière, leur plus grande crainte était d'être considérés comme moins implacables, moins « résistantialistes » que ceux-ci.

Quels que soient les efforts déployés pour utiliser l'épuration syndicale à des fins partisanes, il est peu probable qu'ils aient été davantage qu'un facteur très secondaire dans la lutte d'influence gagnée par les communistes au sein de la C.G.T. Si même l'épuration constituait un facteur, ce fut bien l'alliance du bélinisme et du vichysme qui fut décisive, et non une utilisation tendancieuse de la machinerie de l'épuration. Par le dynamisme qu'ils avaient montré lors des grèves sur le tas de 1936, les communistes avaient remporté un appui vaste (et peut-être décisif) parmi les travailleurs de l'industrie. Quelles qu'aient été les pertes subies par les communistes en 1939-1941, elles furent largement compensées par le bénéfice de leur attitude militante sous la Résistance. Les victoires communistes, par rapport aux socialistes, aux élections de l'après-guerre, victoires particulièrement nettes dans les circonscriptions ouvrières, reflétaient au niveau politique l'évolution qui avait entraîné leur ascension au sein de la C.G.T. [48].

Il y eut encore d'autres épurations, dont la plupart eurent peu d'envergure et peu de signification. La presse clandestine avait parfois émis l'exigence qu'une épuration soit réalisée dans le théâtre ; les accusations, néanmoins, portaient plus souvent contre la « collaboration sociale » des comédiens que contre une activité professionnelle coupable. On institua une commission d'épuration du théâtre, mais elle ne délivra que très peu d'interdictions et aucune contre des comédiens de renom. Le directeur de la Compagnie Nationale de Radiodiffusion, en évoquant les critères de l'organisation, explique qu'il y avait un certain nombre d'artistes et de spécialistes de toute sorte qui faisaient des émissions sur Radio Paris. Or Radio Paris était devenue une radio allemande. Cela voulait-il dire que ces artistes collaboraient avec l'ennemi ? Certes, ils avaient tort de ne pas refuser les offres qui leur étaient faites, offres d'ailleurs aussi menaçantes qu'insistantes. Les hommes ne sont pas tous des héros et les acteurs n'ont pas toujours le loisir d'attendre des jours meilleurs. L'organisation se mit donc d'accord pour employer ceux qui avaient travaillé pour Radio Paris pour gagner leur pain, à condition qu'ils n'aient réalisé que des émissions artistiques ou littéraires. L'organisation ne voulait pas étendre son indulgence à ceux qui avaient pris part à des émissions de propagande [49].

On arrêta quelques acteurs de premier plan à la Libération, parmi lesquels les plus connus étaient Maurice Chevalier et Sacha Guitry. La presse allemande avait déclaré de façon calomnieuse que Chevalier avait fait une tournée des villes allemandes pendant la guerre ; en réalité, il avait chanté pour des prisonniers français dans le camp où lui-même avait été prisonnier en 1918. Il se fit rapidement libérer. Cependant, à cause de la grande diffusion des comptes rendus allemands, son image en resta ternie pendant quelque temps. Sacha Guitry, qui devint en quelque sorte un symbole du « collaborateur social », fut interné pendant un certain temps, mais on finit par abandonner les charges qui pesaient contre lui. Un petit nombre d'autres gens du spectacle comparurent devant les chambres civiques : Cécile Sorel fut déclarée indigne pour avoir sollicité en cadeau un appartement confisqué à un Juif ; l'actrice de cinéma Corinne Luchaire (la fille de Jean), qui avait eu un enfant illégitime d'un officier allemand, subit le même sort. Le monde du théâtre était loin d'être le pivot de la société française et excepté une certaine amertume due à l'impunité de Guitry, il n'attira pas énormément l'attention populaire.

Pour ce qui est des médecins et des hommes de loi,

on délégua à leurs associations professionnelles respectives la responsabilité d'effectuer une épuration. Il n'y eut ni dans un cas ni dans l'autre un grand nombre de sanctions prises. Mais celles qui pratiquaient « le plus vieux métier du monde » ne s'en tirèrent pas si aisément ; l'un des principaux arguments qui furent proposés en faveur de la « loi Marthe Richard », qui fit fermer les maisons closes en France, évoquait à quel point elles avaient joué le rôle de centres de « collaboration ».

L'efficacité de l'épuration variait énormément. Dans les cas où elle correspondait à des changements inhérents au siècle lui-même, elle « réussit » (au parlement, dans les syndicats). L'action gouvernementale la plus décisive ne pouvait provoquer un changement permanent à moins que ne soient modifiés de façon fondamentale les fondements de l'institution elle-même. L'épuration de la presse fut efficace pendant un temps parce que le Gouvernement provisoire « s'était emparé des moyens de production » et les avait administrés au bénéfice de la presse nouvelle ; lorsque cessa le contrôle de l'État, lorsque les mécanismes de l'économie de marché se remirent en marche, les effets de l'épuration commencèrent à se désagréger. Quand l'État entreprenait une action avec une conviction mitigée et lorsque l'institution concernée opposait une résistance au renouvellement, on n'arrivait pas à grand chose (c'est le cas de l'Église catholique, de l'Académie française).

Toutes ces épurations diverses n'ont pas abouti, comme on l'espérait, à une transformation de la société française. Mais elle n'était plus, néanmoins, tout à fait la même.

Notes du chapitre 7

1. *Pour une presse patriote, honnête et libre* (s.l.n.d. [début 1944].

2. Les milieux officiels français restent muets en ce qui concerne tous les aspects de l'épuration ; vis-à-vis du fonctionnement des comités départementaux de confiscation il a été observé un silence total. Les enquêtes auprès du ministère des Finances, sous l'autorité duquel les comités opéraient, n'ont rien donné ; pas plus que l'examen des budgets annuels de l'État en vue de trouver des reçus correspondant aux confiscations. Dorothy Pickles estime qu'on a confisqué en 1945-1946 douze milliards de francs. Elle compare ce chiffre aux 800 milliards de francs dépensés par les forces d'occupation allemandes de 1940 à 1944 et en conclut que le programme a été un fiasco. (*France Between the Republics* [Londres, 1946], p. 188). Les hauts fonctionnaires français avec qui j'ai discuté sur cette question partageaient ce point de vue.

3. *Paris-Soir* était un cas à part. Le personnel s'échappa au sud et y édita le journal. A Paris, les Allemands, sans le consentement du propriétaire, firent paraître un *Paris-Soir* fantoche qui continua à sortir sous l'ancien nom pendant toute l'occupation.

4. *Combat*, 28 octobre 1944.

5. Manifeste du Comité National des Journalistes, *Les Cahiers Français*, mai 1944.

6. Ordonnance du 22 juin 1944 (J.O. [Alger], 8 juillet, p. 550).

7. *L'Aube*, 7 octobre 1944.

8. La circulaire est reproduite dans *Le Vent souffle sur l'histoire*, de Jean Pierre-Bloch, (Paris, 1956), pp. 287-92. On a prétendu que la date du 26 novembre 1942 avait été choisie en particulier pour *Le Temps* qui, étant donné qu'il n'avait pas cessé de paraître jusqu'au 29 novembre, serait ainsi mis à l'index. Il est certes vrai qu'une grande hostilité était dirigée contre le journal *Le Temps*, qui avait été avant la guerre l'organe du Comité des Forges et s'était montré fervent munichois. Il y a des raisons de croire que cette allégation

soit fondée. Cf. Hubert Beuve-Méry, *Du « Temps » au « Monde »*, (Paris, 1956), p. 13 ; Abel Chatelain, *Le Monde et ses lecteurs sous la IVe République* (Paris, 1962), pp. 37-42 ; Claude Hisard, *Histoire de la spoliation de la presse française* (Paris, 1955), pp. 69-70 ; Raymond Millet dans *Le Monde,* 4 avril 1947.

9. Ordonnance du 17 février 1945.

10. *Combat,* 28 octobre 1944. Certains, néanmoins, relevèrent du trépas. Le général de Gaulle autorisa le journal catholique semi officiel *La Croix,* à reparaître avec son ancien titre, bien que sa parution se fût « quelque peu prolongée » dans la zone Sud après l'arrivée des Allemands. (*Mémoires de Guerre,* [Paris, 1954-59], III, 114). En réalité, *La Croix* avait cessé de paraître seulement le 21 juin 1944, lorsque l'interruption du trafic ferroviaire due au sabotage et aux bombardements alliés rendit impossible la distribution du journal à ses abonnés. L'interdiction d'utiliser les anciens titres fut parfois ignorée ou, plus fréquemment, tournée, aussi bien par des établissements d'avant-guerre dont on levait la suspension que par des journaux nouveaux qui voulaient profiter de la réputation de leur prédécesseur. Parfois, on ajoutait un mot à l'ancien titre (par ex., *La Dépêche du Midi* au lieu de *La Dépêche*) ; parfois on ôtait un mot (par ex., *Le Provençal* au lieu de *Le Petit Provençal*). Parfois on opérait des changements mineurs (par ex., *Le Petit Bleu de l'Agenais,* qui remplaça *Le Petit Bleu du Lot-et-Garonne*) ; parfois on avait recours à une manœuvre verbale (*Aspects de la France,* qui remplaçait *L'Action Française* en tant qu'organe du monarchisme français, s'intitula non officiellement « A.F. ») ; parfois une modification totale du titre pouvait être compatible avec une intention de continuité (*Le Monde,* qui occupait les locaux de *Le Temps* et employait une bonne partie de son personnel, imprima son titre dans la typographie caractéristique du *Temps*). Autant que j'aie pu le savoir, il n'y eut aucune poursuite contre ceux qui tournèrent l'ordonnance du 17 février 1945.

11. S'il y avait des circonstances atténuantes, le tribunal prononçait parfois la confiscation partielle et non totale. Même dans des cas de confiscation totale, on indemnisait certains actionnaires s'ils s'étaient efforcés d'empêcher l'activité criminelle du journal ou si les circonstances les en avaient empêchés.

12. J.O., Débats de l'A.C.P., 1er décembre 1944, pp. 402-403.

13. J.O., Débats de l'A.N.C. (I), 14 avril 1946, p. 1802.

14. La manière dont le ministère de la Justice et les tribunaux traitèrent ensuite les causes de la presse démontrèrent la sagesse de l'attitude de la F.N.P.F. Dès la fin de 1948, lorsqu'on eut jugé toutes les causes sauf 35, il y avait eu 115 verdicts « coupable », 30 acquittements et 393 décisions de ne pas effectuer de poursuite, ce qui en regard de la loi revenait au même que les acquittements. (Jean Mottin, *Histoire politique de la presse : 1944-1949* [Paris, 1949], pp. 31-32).

15. Parti Républicain Radical, *36e Congrès* [août 1945] : *Résolutions* (Paris, 1945) p. 16. Cf. Parti Républicain de la Liberté, *Le Programme du P.R.L.* (Paris, 1946), p. 6.

16. J.O., Débats de l'A.N.C. (I), 13 mars 1946, p. 712.

17. Ibid., p. 732. Bien entendu, ces chiffres ne prouvent rien si ce n'est qu'il n'existe pas de lien univoque entre la diffusion de la presse et les succès électoraux (ce que personne d'ailleurs ne prétendait). La révolution de la presse a eu sans aucun doute des conséquences sur les élections de 1945 (et les suivantes), mais il est malaisé de dire à quel point.

18. Voir, par exemple, J.O., Débats de l'A.N.C. (I), 14 avril 1946, p. 1788 ; Mouvement de Libération Nationale, *Premier Congrès National : Janvier 1945* (Paris, 1945), pp. 79-80.

19. *Politics in Post-War France : Parties and the Constitution in the Fourth Republic* (Londres, 1954), pp. 390-391. Le R.G.R. (Rassemblement des Gauches Républicaines) était une coalition organisée autour du Parti radical.

20. Voir tableau 3, p. 197.

21. Mottin, p. 42 ; J.O., Débats de l'A.N.C., 9 mai 1952, p. 2306.

22. Jacques Kayser, *Le Quotidien français* (Paris, 1963), p. 46 n. 13.

23. *Lettres Françaises,* 9 septembre 1944.

24. J.O., 26 juin 1946, p. 5746 ; 26 janvier 1947, p. 1040. L'épuration parmi les artistes fut une affaire beaucoup moins grave que parmi les écrivains. La commission d'épuration pour les « artistes, peintres, dessinateurs, sculpteurs et graveurs », comme celle des écrivains, comportait des représentants des principales associations professionnelles. Afin que les travaux de la commission ne deviennent pas l'occasion de favoriser des querelles hors de propos, le décret qui instituait la commission rappelait aux artistes membres qu'ils siégeaient en tant que représentants de tous les artistes, « de toutes tendances esthétiques ». A l'exception des dessinateurs politiques, la création artistique peut difficilement être « antinationale » ; chose peu surprenante, la plupart des sanctions prises par la commission d'épuration des artistes visaient ce groupe. Vlaminck fut le seul artiste de renom à recevoir une sanction et celle-ci était purement symbolique, puisque son terme était déjà expiré lorsqu'elle fut prononcée : la décision, datée du 24 juin 1946, lui interdisait d'exposer ou de vendre ses œuvres pendant une année à dater de septembre 1944. (J.O., 26 juin 1946, p. 5745).

25. *Bibliographie de la France : Chroniques,* CXXXIV, 4e série, N° 1-2 (5-12 janvier 1945), 8-9 (23 février-2 mars 1945), 14-15 (6-13 avril 1945), 22-24 (1er-15 juin 1945).

26. *Lettres Françaises,* 16 septembre et 9 octobre 1944.

27. Louis Aragon, dans les *Lettres Françaises,* 25 novembre 1944 ; J.O., débats de l'A.C.P., 7 juillet 1944, pp. 141-42.

28. *Combat,* 4 avril 1967.

29. *Nous n'irons plus au bois* (Paris, 1948)., pp. 32-34.

30. *Lettres Françaises,* 8 mars et 27 décembre 1946 ; 10 janvier 1947 ; Nouvelles Épîtres, N° 14, 20, 45 et 47 ; Georges Duhamel, *Tribulations de l'espérance,* (Paris, 1948), p. 57.

31. Toutes les citations de ce paragraphe viennent de « La Nationalisation de la Littérature », de Sartre, *Temps Modernes,* I, 2 (1er novembre 1945), 204-07.

32. De Gaulle, *Mémoires,* vol. III, p. 116.

33. J.O., 9 novembre 1944, pp. 1249-50.

34. Pétain était aussi membre de l'Académie des Sciences Morales et Politiques, l'une des quatre académies qui, avec l'Académie française, composaient l'Institut de France. Cette section de l'Institut refusa également d'occuper le siège vacant du Maréchal avant sa mort ; ce fut alors Albert Schweitzer qui succéda à Pétain. Néanmoins, l'Académie des Sciences exclua Georges Claude bien avant que sa condamnation pour collaboration le fasse exclure automatiquement de tous les corps liés à l'État tels que l'Institut.

35. Voir *Véritas,* N° 2 (25 août 1941) ; *Défense de la France,* N° 9 (décembre 1941) ; *Cahiers politiques,* N° 5 (janvier 1944) ; et la « Lettre ouverte des prêtres et aumôniers du Maquis aux cardinaux et aux évêques de France » (14 mai 1944) dans la collection B.D.I.C. « France/Occupée/Résistance/Maquis ».

36. Cité par Henri Michel, dans *Les Courants de pensée de la Résistance,* (Paris, 1962), p. 345.

37. André Latreille, « Les Débuts de Mgr Roncalli à la Nonciature de Paris : Souvenirs d'un Témoin, décembre 1944-août 1945 » *Revue de Paris,* août 1963, 66-74.

38. Henry W. Ehrmann, *French Labor from Popular Front to Liberation* (New York, 1947), pp. 106-10. Si le professeur Ehrmann ne pense pas que cette campagne ait été le fait de « la traîtrise intentionnée, de l'ambition personnelle ou de la pure corruption », il est convaincu qu'elle fut financée par des fonds externes et il laisse fortement à penser qu'elle a été, du moins en partie, payée par les fonds secrets des Affaires étrangères, dispensés par Georges Bonnet.

39. Cité par Michel, *Courants,* p. 180.

40. C.G.T., *Compte rendu des travaux de la Commission Nationale de Reconstitution des Organisations Syndicales et Travailleurs* (Paris, 1946), pp. 4-6.

41. Pour un petit nombre de cas d'exclusion totale, il y eut appel au Conseil d'État, l'argument étant que les commissions avaient abusé de leur autorité légale. Le Conseil accepta les appels et réforma les jugements, mais il n'y eut qu'un petit nombre de cas concernés et l'effet de ces réformes fut minime.

42. Dans la pratique, sur 316 décisions de la Commission nationale, toutes sauf une appliquaient des sanctions définitives.

43. Loi du 25 février 1946.

44. Totaux basés sur des rapports de décisions individuelles dans *Compte Rendu,* passim, C.G.T.

45. Ibid., pp. 4-6.

46. Cf. C.G.T., 26e Congrès National [1946] (Paris, 1946), pp. 84, 88, 125-26, 339-43 ; Elijah Ben-Zion Kaminsky, « An Anti-subversive Program in the French Public Service : the French Epuration Administration of 1944-1953 » (dissertation de PH.D. non publiée, Harvard University, 1962), pp. 310-313 ; Georges Lefranc, *Les Expériences syndicales en France de 1939 à 1950* (Paris, 1950), pp. 119, n. 11, 154, *et passim ; La Révolution Prolétarienne,* juillet 1947,

25-27 ; août-septembre 1947, 10-14 ; mars 1949, 22/86 ; avril 1949, 18/114 ; mai 1949, 24/152 ; juin 1949, 4/164 ; février 1950, 9/41-12/44 ; mars 1950, 20/84 ; *La Revue Syndicaliste,* janvier 1949, 2 ; février 1949, 1-4 ; mai 1950, 21 ; Alfred J. Rieber, *Stalin and the French Communist Party : 1941-1947* (New York, 1962), pp. 179-83.

47. *Bulletin,* N° 5.

48. Après la scission de 1947 à la C.G.T., qui donna lieu à la création de la C.G.T.-Force Ouvrière non communiste, quelques syndicalistes épurés furent admis dans la nouvelle fédération. D'autres rejoignirent la C.F.T.C. ; quelques-uns, avec certains anciens communistes (la classe de 1939) et des gaullistes, constituèrent la Confédération du Travail Indépendante, qui n'eut jamais une grande importance ; la plupart suivirent d'autres voies.

49. Cité par Pickles, *France,* pp. 180-181.

8

Nullum crimen sine lege

> « La loi, comme l'art, s'efforce continuellement et en vain de rattraper l'expérience. A chaque tournant de l'histoire, elle place le citoyen devant de nouvelles obligations et rend l'exercice de sa liberté dangereux dans un certain domaine en en faisant soudain un affront à la liberté des autres. C'est la tâche des juges et des législateurs de modifier la loi pour l'adapter aux incongruités de l'histoire. C'est une grossière inexactitude que de décrire toujours les juges et les législateurs assis, les uns sur des bancs, les autres à la Chambre des communes ou à la Chambre des lords ; en réalité, ils courent, ils courent aussi vite que les aiguilles du temps, tendant une main devant eux vers le présent afin de le nouer au passé qu'ils tiennent dans l'autre main. »
>
> REBECCA WEST [1]

J'ai tenté dans les chapitres précédents de montrer que l'épuration était, dans une large mesure, le fruit d'une volonté de renouvellement, plutôt que d'un simple désir de vengeance - même si ce dernier, assurément, n'a pas cessé d'être présent. La place d'honneur de la volonté de renouvellement se vérifie du moins en ce qui concerne l'aspect le plus dévoilé et le plus dramatique de l'épuration : le châtiment judiciaire des collaborateurs. La détermination de la Résistance à envoyer des collaborateurs au banc des accusés partait davantage d'une volonté de renversement que de renouvellement ; elle correspondait, chez ces hommes qui avaient été pourchassés, emprisonnés et torturés pendant des années par les partisans de Pétain et les agents de l'Allemagne, au besoin de punir.

Mais parallèlement à cette attente passionnée, il y avait l'attachement des résistants aux principes de justice et d'équité qui les distinguait des dirigeants de l'Allemagne nazie et de la France de Vichy.

S'ils avaient écouté l'appel de leur cœur et leur indignation, ils auraient tous souhaité, comme les plus extrémistes d'entre eux, tuer les coupables à bout portant, en songeant combien les tourments qu'enduraient leurs camarades les excusaient de se servir des mêmes procédés que leurs ennemis. Mais ils n'étaient pas Vichy ni les Allemands, ils étaient pour la liberté, le respect de la loi et la foi en la dignité humaine et c'était pour cela même qu'ils avaient combattu et résisté. Ils se devaient de respecter sans faille les droits de chacun, même ceux des criminels les plus méprisables [2].

Les décrets du Gouvernement provisoire, concernant l'action judiciaire à mener contre les collaborateurs, devaient concilier les appels du cœur et le respect envers les traditions de la justice française.

Le principe selon lequel « nullum crimen sine lege, nulla poene sine lege » (nul crime sans loi, nul châtiment sans loi), des lois promulguées après les délits qu'elles se proposent de punir font plus de mal que pas de loi du tout, est commun à tous les systèmes de jurisprudence. Il serait difficile de trouver un principe plus fondamental non seulement des conceptions traditionnelles du droit, mais des instincts d'équité du profane. On peut lire dans la Constitution révolutionnaire de 1793 que la promulgation de lois rétroactives est l'insigne de la tyrannie ; Benjamin Constant considérait la rétroactivité comme « l'attaque la plus diabolique que la justice peut perpétrer » et ajoutait qu'une loi rétroactive équivalait « à une absence de loi » ; l'article 4 du Code pénal français stipulait (et stipule encore) qu'aucun délit, infraction, crime ne peut être châtié par des peines instaurées après que l'acte ait été commis.

Cette aversion générale des législations rétroactives s'appuie sur l'hypothèse que lorsqu'un homme sait d'avance les conséquences de ses actes (ou du moins s'ils sont légaux ou non), il est légitime de l'en tenir pour responsable ; dans le cas contraire, ça ne l'est pas. En France, la très grande majorité de la population croyait à la légitimité et à la légalité du gouvernement de Vichy. Ils en soutenait la politique ou s'y opposaient (tout comme ils avaient appuyé ou combattu la politique de la IIIe République), ils avaient à l'égard de son degré de servilité envers l'Allemagne nazie des opinions diverses, il arrivait même qu'en suivant leur conscience ils désobéissent à ses lois et entrent dans une existence illégale. Mais s'ils suivaient cette dernière voie ils n'avaient aucun doute quant au fait que ce qu'ils faisaient était illégal ; à l'inverse, ceux qui obéissaient aux ordres du gouvernement étaient convaincus qu'ils suivaient la seule voie légale. La force du soutien politique dont jouissait le régime de Vichy diminua considérablement au cours de ses quatre années d'existence ; mais jusqu'à la fin, malgré quelques défections, les Français le reconnaissaient comme *le* gouvernement français.

Cependant le Gouvernement provisoire ne pouvait accepter cette image de la réalité ; ç'aurait été renoncer à un quelconque châtiment des hommes de Vichy. Au lieu de cela, le G.R.P.F. niait les choses telles qu'elles étaient apparues à des dizaines de millions de Français pour les remplacer par une construction artificielle de postulats juridiques. Vichy n'était pas le gouvernement légal ; c'était, dans le langage de centaines d'ordonnances, « l'autorité de facto, qui se nommait elle-même

Gouvernement de l'État français », ou encore, « l'usurpateur ». Contrairement à ceux d'un État légal, ses ordres n'absolvaient pas l'exécutant de toute responsabilité ; il fallait les considérer seulement comme une sorte de force majeure (une circonstance atténuante, si l'on ne pouvait s'y soustraire ou les tourner ; et uniquement dans ce cas-là).

Non seulement le régime de Vichy proprement dit (soit à dater du 11 juillet 1940) fut déclaré illégal par le Gouvernement provisoire à Alger, mais cette illégalité fut reculée à la formation même du cabinet de Pétain sous la IIIe République (17 juin). L'armistice lui-même était donc illégal ; non seulement la France avait continué, juridiquement, à être en guerrre avec l'Allemagne (un armistice, en droit international, ne fait que suspendre les hostilités) mais elle l'était aussi dans les faits.

Le général de Gaulle avait postulé dès le départ la nullité juridique de Vichy ; de toute façon, il était clair que l'adoption de cette doctrine constituait une nécessité pratique. Dès juin 1942, l'O.C.M. notait dans ses *Cahiers* qu'il fallait déclarer Vichy illégitime quels que soient les mérites des arguments adverses ; il serait impensable de renoncer à punir la totalité des actes commis en faveur du pouvoir occupant.

De ce fait, il n'y eut pratiquement aucun débat public sur ce thème à l'Assemblée consultative d'Alger. Malgré tout, des questions restaient posées. De toute évidence, la législation d'avant-guerre touchant à la trahison n'avait pas été conçue pour parer à une situation semblable à celle de la France en 1944 ; serait-elle, dans ce cas, suffisante ?

Les textes d'avant-guerre présentaient des difficultés diverses. Tout d'abord, ils n'avaient pas prévu cette situation, où un gouvernement français, légitime, indéniablement, mais néanmoins un gouvernement *de facto*, s'était fait le complice d'un pouvoir ennemi d'occupation [3].

Il était nécessaire de combler les lacunes qui demeuraient dans l'arsenal de lois français et le désarmaient devant l'« anti-France » [4] par une forme quelconque d'action législative.

Cela pouvait-il se faire dans le contexte du Code pénal d'avant-guerre, sans introduire une législation pénale nettement rétroactive ? La réponse unanime de la Résistance fut « oui ». L'Organisation Civile et Militaire, modérée, le Comité Général d'Études, les juges et les hommes de loi secrètement réunis à Paris pour conseiller le C.F.L.N., les communistes (dont le respect pour les finesses juridiques s'émoussait lorsque leurs ennemis étaient au banc des accusés) - tous répondirent « oui » [5].

Dans les principes, le Comité suivit ce conseil. Ce faisant, il ne se limitait pas exagérément, car peu avant la guerre on avait considérablement élargi les articles du Code pénal et l'on pouvait maintenant couvrir avec ses clauses une bonne partie de l'activité collaborationniste. La propagande en faveur des activités ennemies, la livraison d'hommes ou d'équipements à l'ennemi, l'enrôlement dans des groupes organisés ou subventionnés par l'ennemi, les actes destinés à démoraliser la population et enfin la formule bouche-trou de l'article 75 - « intelligence avec l'ennemi en vue de favoriser ses objectifs » - toutes ces clauses et d'autres encore faisaient partie de la législation largement conçue d'avant-guerre avec laquelle le Comité s'était engagé à travailler.

Malgré la portée des statuts existants, et le désir d'éviter la rétroactivité, on s'accordait généralement à penser qu'il fallait « interpréter » certaines des clauses du code d'avant-guerre. Dans cet esprit, le C.F.L.N. promulgua une législation pour faciliter l'interprétation des textes d'avant-guerre par la Cour [6].

Il y eut trois modifications d'interprétation essentielles. La première, promulguée plusieurs mois avant l'ordonnance principale sur la poursuite des collaborateurs, visait à combler toutes les lacunes éventuelles, qui risquaient d'être exploitées par les délateurs. Deux ordonnances stipulaient que transmettre des renseignements à propos de résistants ou d'autres personnes recherchées par les Allemands et Vichy, ou les livrer, devait être « interprété » comme une action qui nuisait à la défense nationale d'après l'article 83 du Code pénal [7].

La seconde modification découlait directement de la doctrine établissant la nullité de Vichy. Puisque Vichy n'avait aucune existence légale, il ne pouvait offrir à ceux qui l'avaient servi l'immunité que la loi française offrait traditionnellement à ceux qui exécutaient les ordres de leurs supérieurs. Le C.F.L.N., cependant, ne poussa point jusqu'à l'absurde cette doctrine de la non-existence de Vichy ; il fit des distinctions importantes en stipulant que les auteurs et complices des actes en cause ne seraient pas accusés de délit ou d'infraction s'ils avaient accompli ces actes en exécutant strictement des ordres ou des instructions, sans aucune initiative personnelle et sans outrepasser ces ordres ou instructions, ou bien l'acte consistait simplement à avoir rempli ses obligations professionnelles sans participer volontairement à une activité antinationale.

Cependant, aucune loi, aucun décret, ordre ou autorisation émanant de l'autorité de facto appelée « Gouvernement de l'État Français » ne constituait une justification au sens défini par l'article 327 du Code pénal, pas plus qu'une autorisation ou une approbation telle que pouvait en fournir la définition de certaines infractions, si l'accusé avait personnellement la possibilité de se soustraire à leur exécution, et lorsque sa responsabilité ou son autorité morale était telle qu'en refusant il aurait servi la nation.

De même, les clauses du paragraphe 1 de l'article ne s'appliquent pas à la dénonciation ou au fait d'avoir livré des personnes, ni à des actes de violence, ni au fait d'avoir livré délibérément du matériel, des documents ou des renseignements à l'ennemi [8].

Le dernier de ces trois principes de modification de la législation d'avant-guerre n'était pas fondé directement sur la nullité de Vichy mais sur son corollaire : le fait que le C.F.L.N. avait continué à mener la guerre au nom de la France. Les changements du Code pénal effectués en 1939 établissaient que le gouvernement pouvait assimiler les alliés de la France à la France elle-même en ce qui concernait les actes appartenant à la période de la guerre. Cela signifiait que l'on pouvait définir des actions menées contre un allié de la France comme juridiquement assimilables (et punissables de la même façon qu'elles) à des actions commises contre la France. Le 26 septembre 1939, un décret du gouvernement Daladier définissait ainsi les alliés d'alors de la France.

Étant donné la doctrine de l'illégitimité de l'armistice et la poursuite de la guerre, ce décret incluait de façon claire la Grande-Bretagne. L'ordonnance du 26 juin 1944 allait plus loin et déclarait que les troupes de « toute nation alliée en guerre contre les puissances de l'Axe », ainsi que les résistants et les prisonniers de guerre évadés, devaient être considérés, dans l'esprit du Code pénal, comme des troupes françaises. Ainsi le Code pénal « assimilait-il » les États-Unis et l'Union soviétique ; de même ceux qui avaient combattu soit dans la Phalange africaine, soit dans la Légion des Volontaires Français entraient dans le champ couvert par le Code.

Malgré ces « interprétations », cependant, le Code pénal ne constituait pas un instrument totalement satisfaisant pour accomplir le travail nécessaire. On risquait en l'utilisant de punir à la fois trop peu de gens et trop durement. Des collaborateurs de moindre importance risquaient d'échapper au filet assez grossier des lois existantes et continuer ainsi à jouer un rôle néfaste dans la vie publique française ; en outre, les peines prescrites par le Code pénal étaient d'une sévérité trop stricte pour être utilisables et appropriées aux « petits ».

Les résistants voulaient surtout punir « les grands coupables ». Mais ils souhaitaient aussi voir prendre des sanctions contre les « collaborateurs indirects », ceux dont les délits n'étaient pas prévus par le Code pénal d'avant-guerre. Il y avait ceux qui prenaient part à une agitation antisémite ; il y avait les déatistes et les doriotistes ; ceux qui n'avaient pas agi et ceux qui agissaient de façon criminelle, tels les médecins qui établissaient des certificats d'aptitude pour le travail obligatoire : c'est-à-dire pas seulement ceux qui servaient activement l'ennemi, mais aussi ceux qui faisaient preuve d'une certaine servilité [9].

On ne pourrait sévir dans cette catégorie de « Français indignes » que si l'on appelait des critères non pas légaux mais moraux. Le principe fondamental de la tâche de purification devait être le patriotisme. Il fallait que chacun fasse appel à son « sens de l'honneur », et que l'on introduise l'idée de crime contre la nation [10].

Il ne s'agissait pas, de toute façon, de gonfler la population pénitentiaire ou d'épuiser les munitions des pelotons d'exécution, mais de bâtir une France pure et dure. Pour ce faire, il n'était peut-être pas nécessaire d'appliquer des sanctions pénales ; il valait mieux décider que tous ceux qui par des actes ou de la propagande avaient soit aidé indirectement l'ennemi, soit œuvré en France pour l'instauration d'un ordre politique inspiré des doctrines hitlériennes, seraient de façon temporaire ou permanente exclus de toute fonction publique au sens large du mot, et de toute participation à la vie publique ou politique [11].

De la droite à la gauche de la Résistance, on s'accorda unanimement sur la nécessité d'introduire une nouvelle mesure qui serait à la fois un instrument de renouvellement et d'allègement de la loi ; elle substituerait une peine plus légère aux sévères sanctions prévues par le Code pénal.

En réponse aux requêtes de la Résistance métropolitaine et de l'Assemblée consultative, le gouvernement soumit le 26 juin à l'Assemblée une « Proposition d'ordonnance instituant l'Indignité Nationale » [12]. En des termes presque identiques à ceux que suggérait un groupe clandestin, la proposition définissait « l'indignité nationale » comme « la situation où s'était placé celui qui directement ou indirectement, avait volontairement aidé l'Allemagne ou ses alliés, ou porté préjudice à l'unité de la nation ou à la liberté et l'égalité des Français » [13].

Le gouvernement fit de son mieux pour éviter de signaler ouvertement la mesure comme rétroactive. L'indignité nationale n'était pas un délit, mais un « état » auquel un individu parvenait s'il accomplissait les actions énumérées ; le fait de s'être placé dans cet « état » devait être « attesté », non pas par un corps judiciaire certifié, mais par un « jury d'honneur ». Lorsqu'il présenta la mesure à l'Assemblée, le commissaire à la Justice François de Menthon assura que s'il avait fallu choisir entre présenter une loi rétroactive et pas de loi du tout, il aurait choisi la deuxième solution, mais que le cas ne s'était pas présenté ainsi [14].

Une telle conception ne put survivre à la séance de l'Assemblée à laquelle la proposition fut débattue. Dumesnil de Gramont, rapporteur de la proposition, exprima le sentiment qui prévalait alors en disant que, à moins de faire dire aux lois existantes des choses qui n'entraient pas le moins du monde dans l'intention de leurs auteurs, il y avait bien des sortes de collaboration que la législation en vigueur au 16 juin 1940 ne couvrait pas. Le gouvernement avait essayé, en instituant l'indignité nationale, de tourner cette difficulté par un artifice purement verbal. L'indignité nationale serait non pas un crime ni une condamnation, mais un « état » entraînant certaines disqualifications ; c'était une solution qui manquait de clarté.

Dumesnil, ainsi que le Comité des Juristes de la Résistance, trouvait qu'il eût été préférable de définir l'indignité nationale comme un nouveau délit, né des circonstances extraordinaires de la défaite ; et l'on n'aurait pas dû hésiter, par conséquent, à conférer un effet rétroactif à cette peine [15].

Moyennant des modifications secondaires décidées au cours des délibérations de l'Assemblée, on promulgua l'ordonnance qui instaurait l'indignité nationale le 26 août. L'exposé des motifs est net et nous éclaire sur l'inspiration du texte de loi.

Il explique que la conduite criminelle de ceux qui ont collaboré avec l'ennemi n'a pas toujours pris la forme d'une action spécifique pour laquelle on pouvait leur infliger une peine spécifique, selon une stricte interprétation de la loi. Souvent il s'est agi d'une conduite antinationale répréhensible en soi. Par ailleurs, les mesures disciplinaires de révocation applicables aux fonctionnaires qui s'étaient mal comportés n'étaient pas applicables aux autres secteurs de la société. Il était pourtant nécessaire de bannir certains individus de diverses positions électorales, économiques et professionnelles qui leur conféraient une influence politique.

Tout Français qui, sans même forcément violer une loi pénale existante, s'était rendu coupable d'une activité définie comme antinationale, s'était dégradé ; il était devenu un citoyen indigne dont il fallait restreindre les droits autant qu'il avait manqué à son devoir. Une telle discrimination légale entre les citoyens pouvait sembler grave, car une démocratie répugne toujours à toute mesure discriminatoire. Mais il n'était pas contraire au principe d'égalité devant la loi que la nation distingue entre ses bons et ses mauvais citoyens afin de tenir à l'écart des postes de direction et d'influence des Français qui avaient rejeté les idéaux et les intérêts de la France pendant l'épreuve la plus douloureuse de son histoire.

La définition des actes qui constituaient un comportement indigne était à la fois large et spécifique. Elle incluait toute aide volontaire apportée à l'Axe après le 16 juin 1940, ou tout acte prémédité que l'on pourrait appeler de « lèse-liberté-égalité-fraternité ». Parmi les actes spécifiques énumérés qui entraînaient une présomption de culpabilité, on trouvait le fait :

1. d'avoir été un membre de l'un des cabinets de Pétain ;

2. d'avoir rempli une fonction exécutive soit dans les services de propagande de Vichy, soit au Commissariat aux questions Juives ;

3. d'avoir été membre, même sans y avoir participé activement, d'organisations collaborationnistes [16] ;

4. d'avoir aidé à organiser des réunions ou des manifestations en faveur de la collaboration ;

5. d'avoir publié des écrits ou donné des conférences en faveur de l'ennemi, de la collaboration avec l'ennemi, du racisme ou de doctrines totalitaires.

Le fait d'avoir commis une des actions énumérées n'entraînait pas automatiquement la dégradation nationale à vie. Le tribunal devait tenir compte non seulement de l'importance et de la fréquence de ces actions, mais aussi de toute pression qui aurait pu être exercée sur l'individu [17]. Si l'on trouvait des circonstances atténuantes, la peine pouvait être infligée pour cinq ans, au minimum. En outre, le tribunal pouvait suspendre la peine dans le cas de ceux qui, ultérieurement aux actes qui leur étaient reprochés, se « réhabilitaient » soit par le biais d'une action militaire au cours de la guerre contre l'Axe, soit en participant à la Résistance [18]. Enfin, les tribunaux pouvaient (et ils le faisaient souvent) acquitter tout simplement un individu même s'il entrait techniquement dans le domaine d'action de l'ordonnance (par exemple, lorsqu'il était membre d'une organisation proscrite).

Dans l'ordonnance initiale, la liste des disqualifications avait un lien cohérent avec le but recherché : interdire à ceux qui en étaient indignes les fonctions dirigeantes et l'influence politique. Parmi les disqualifications on comptait : l'exclusion du droit de vote et de l'éligibilité à une fonction d'élu ; l'élimination de la fonction publique ; la perte de son rang dans les forces armées (ainsi que du droit à porter des décorations) ; l'exclusion de fonctions de direction dans des entreprises, des banques, d'autres institutions financières semi publiques, ainsi que dans des industries de la presse et de la radio ; l'exclusion de toute fonction dans les syndicats et les associations professionnelles ; l'exclusion des professions du droit, de l'enseignement et (de l'exercice régulier) du journalisme ; l'exclusion d'entités liées à l'État telles que l'Institut de France ; l'interdiction de garder ou de porter des armes. Aucune de ces peines ne pouvait être diminuée ; elle devait être appliquée en bloc. (La violation, ou la complicité dans la violation de l'une de ces mesures pouvait entraîner des peines allant jusqu'à cinq ans d'emprisonnement.)

On pouvait ajouter à cette liste, en outre, deux mesures discrétionnaires. La première, prévue par l'ordonnance initiale, était l'interdiction temporaire de résider en un lieu donné. La deuxième était ajoutée par une ordonnance de modification du 30 septembre : la confiscation de tout ou partie des biens de « l'indigne ». La dégradation nationale eut un effet secondaire, probablement non prévu par ceux qui rédigèrent la législation, consistant dans la perte des droits à la retraite, étant donné qu'une loi de 1944 stipulait la suspension du versement des retraites pendant la durée de sanctions comportant la perte des droits civiques. Pour des raisons diverses, la perte totale et permanente des droits aux pensions de retraite s'avéra l'exception et non la règle [19].

Telles étaient, donc, les lois : un Code pénal « interprété » pour les principaux délinquants ; l'indignité nationale pour les moins coupables. Mais il restait un vaste problème concernant la manière dont ces lois devaient être appliquées : quels tribunaux et quelles procédures fallait-il choisir ?

Certains étaient favorables aux procédures les plus expéditives (ou à l'absence de procédure), du moins à l'égard des principaux collaborateurs, et considéraient que, lorsque la trahison avait été publique et avouée, il fallait réduire au strict minimum les formes judiciaires.

Vérifier l'identité, prononcer la peine de mort, telle devait être la seule forme possible de justice, selon eux, pour les Français qui s'étaient faits les agents et les sergents de recrutement de l'ennemi [20].

D'autres souhaitaient un respect total des formes et l'utilisation des tribunaux militaires réguliers, tandis que d'autres encore auraient voulu garder les fondements des tribunaux militaires mais en effectuant des changements divers dans leur composition et leur procédure.

A l'Assemblée consultative d'Alger, en particulier au cœur du mécontentement suscité par la lenteur de l'épuration en Afrique du Nord, beaucoup étaient favorables (et ils étaient loin d'appartenir tous à l'extrême gauche) à des tribunaux populaires assurant un minimum de garanties procédurales. Tous les critiques du gouvernement insistaient sur la nécessité d'avoir des juges composés de résistants et l'Assemblée résolut à l'unanimité d'avoir recours au moins à des « procédures spéciales » [21].

Tout d'abord, le C.F.L.N. sembla déterminé à maintenir les procédures normales, tout en consentant quelques modifications de procédure dans le but d'accélérer les choses. C'était la position défendue par François de Menthon et André Philip au débat de janvier 1944 [22]. Mais au cours du printemps, il émergea de groupes d'étude clandestins une série de suggestions et d'opinions qui modifièrent le point de vue du Comité. Les juristes de la Résistance, secrètement réunis au palais de Justice de Paris, étaient convaincus qu'il serait impossible de trouver assez de personnel pour former des tribunaux militaires et se prononcèrent en faveur de cours spéciales dont le jury serait composé de citoyens patriotes [23]. Le Comité Général d'Études appuya cette manière de voir. Il proposa des tribunaux départementaux, composés d'un juge pour présider, de deux vétérans de guerre et de deux résistants nommés par le gouvernement. Ce tribunal de cinq personnes serait responsable de l'examen antérieur au procès de chaque cause et également du procès même des moins graves d'entre elles. Il devrait transmettre les causes plus graves à un tribunal supérieur, présidé par le président de la Cour de cassation et qui comprendrait, en outre, deux résistants désignés par le gouvernement [24].

L'ordonnance du gouvernement offrait à bien des égards une analogie frappante avec la proposition du C.G.E. Lorsqu'il expliqua la mesure à l'Assemblée consultative (celle-ci n'avait pas été consultée avant la promulgation), de Menthon dit qu'elle visait à réconcilier deux préoccupations : d'une part, le respect des formes et les garanties traditionnelles de la justice républicaine ; d'autre part, le désir de juger rapidement et de laisser la Résistance jouer son rôle dans le châtiment judiciaire de la collaboration [25].

Les clauses de l'ordonnnance du 26 juin répondaient à ce double but. Les « cours de justice », instaurées par le Gouvernement provisoire au moment de la Libération de la France, constituaient des versions miniatures des cours d'assises, tribunaux traditionnellement chargés de juger les crimes. Il y avait des tribunaux principaux dans chacune des vingt-sept circonscriptions de la cour d'appel, des tribunaux secondaires dans chaque département, que l'on pouvait encore diviser en sous-sections si nécessaire (le tribunal de Paris comptait dix-sept sous-sections). En dépit de leur ressemblance, dans les grandes lignes, avec les cours d'assises, on avait opéré plusieurs modifications importantes dans l'organisation et la procédure des nouvelles juridictions.

On conservait dans les cours de justice l'institution traditionnelle du juge d'instruction, qui conduit un interrogatoire personnel de l'accusé en vue de déterminer si le gouvernement doit intenter un procès ou abandonner la cause. Dans les nouveaux tribunaux, cependant, si le juge d'instruction pouvait conseiller l'une ou l'autre solution, la décision finale n'était plus de son ressort mais de celui du procureur de la République [26]. Ce changement de procédure avait au moins deux raisons d'être.

On craignait (avec raison) que des facteurs qui se renforçaient l'un l'autre, tels que l'épuration de la magistrature et la création de plus d'une centaine de nouvelles juridictions, ne mettent à rude épreuve les ressources en personnel du système judiciaire français. Dans tous les secteurs de l'opinion, on attendait avec une extrême impatience que s'achèvent les procès de collaborateurs. (L'ordonnance prévoyait une date limite [non spécifiée] après laquelle on n'ouvrirait plus de nouveau procès). Toute mesure qui pouvait accélérer la procédure sans pour autant faire un tort trop brutal à l'équité ne pouvait être que bien accueillie.

En même temps, le gouvernement gardait présent à l'esprit le fait que des causes envoyées devant les cours de justice risquaient d'être politiquement explosives. En laissant libre de décider de la poursuite un corps judiciaire que beaucoup soupçonnaient d'un faible enthousiasme pour l'épuration, on risquait de provoquer l'explosion de l'indignation populaire, si des collaborateurs de premier plan n'étaient pas accusés. Le gouvernement se donnait un bon instrument de contrôle en plaçant la décision dans les mains d'un haut fonctionnaire du ministère de la Justice. (Bien entendu, il pouvait jouer de ce pouvoir dans les deux sens : choisir de rejeter une accusation plutôt que d'envoyer un individu dont la culpabilité était mineure devant un jury vraisemblablement fait pour « envoyer à la potence »).

Les cours d'assises étaient composées de trois juges et de douze jurés (n'appartenant pas au corps judiciaire). Les nouvelles cours divisaient en trois les cours d'assises : elles se composaient d'un seul juge (une fois de plus, la disponibilité du personnel judiciaire avait été un facteur décisif) et de quatre jurés. Ils se réunissaient pour établir à la fois le verdict et la condamnation par une décision prise à la majorité. Le changement le plus important, toutefois, ne consistait pas dans la taille du jury, mais dans la façon dont on l'avait sélectionné.

La méthode normale consistait en une liste des jurés établie par une commission, composée d'un magistrat supérieur de justice et de représentants des conseils généraux. Deux raisons rendaient cette procédure impossible. La première était pratique et insurmontable : la plupart des conseils généraux avaient cessé d'exister. Leur personnel avait été considérablement modifié par Vichy, de façon qu'ils puissent servir d'instrument à la « révolution nationale » ; on avait dissout des dizaines de conseils à la Libération et ils ne pourraient être remplacés grâce à de nouvelles élections avant plusieurs mois. La deuxième raison était politique : la Résistance exigeait qu'il lui soit attribué immédiatement un rôle dans le procès des collaborateurs.

La solution adoptée fut de substituer aux conseils généraux défunts les Comités de Libération départementaux, qui de toute façon exerçaient déjà les fonctions de conseillers appartenant normalement aux prérogatives des conseils. Les listes des jurés destinées aux cours de justice devaient être établies par une commission composée d'un magistrat supérieur de justice et de deux délégués du Comité de Libération de la région. La liste devait inclure uniquement des hommes et des femmes (c'était là une innovation) « qui n'avaient jamais cessé de prouver leurs sentiments patriotiques » [27].

Cet aspect du nouveau système de tribunaux fut celui qui encourut les critiques les plus durables et les plus âpres. Ses adversaires les plus modérés faisaient observer que :

> « les jurés ainsi désignés étaient des « résistants », appelés à juger des adversaires de la résistance. C'étaient le plus souvent des gens de bonne foi. Mais quelle impartialité l'accusé pouvait-il attendre d'un déporté qui revenait de Buchenwald ou d'une mère dont le fils avait été fusillé par les miliciens ? » [28].

Beaucoup allaient plus loin, et prétendaient que les jurys, par la façon dont ils étaient composés, cessaient de garantir à l'accusé l'impartialité, et devenaient au contraire un instrument infaillible de la vengeance partisane [29].

Les polémiques lancées sur cette question n'étaient que des « dialogues de sourds », car les attaques dissimulaient un total malentendu à propos de la philosophie juridique qui sous-tendait la politique d'épuration. Ceux qui s'opposaient à l'épuration étaient pour la plupart, lorsqu'il ne s'agissait pas de pétainistes et de collaborateurs non démasqués qui maudissaient de Gaulle et tout ce qu'il faisait, des défenseurs de la théorie de « l'épée et du bouclier », proposée par l'histoire d'une période récente. En 1940-1944, la France avait eu besoin aussi bien de De Gaulle que de Pétain ; il y avait bien des façons d'avoir servi la France, et des hommes honorables, courageux, pouvaient avoir choisi l'une ou l'autre. On pouvait regretter que de chaque côté les hommes soient aveugles aux services rendus au pays par ceux de l'autre bord ; mais à coup sûr, quiconque était aveuglé de la sorte ne pouvait juger « impartialement ».

Quels qu'aient été les mérites de la théorie « de l'épée et du bouclier » comme reflet de la réalité - et elle en avait en effet quelques-uns à cet égard - elle était totalement inacceptable, dans l'environnement de 1944, pour le Gouvernement provisoire. Un bon citoyen ne pouvait pas davantage faire preuve d'« impartialité » vis-à-vis du crime que constituaient l'existence et la politique de Vichy, qu'il ne le pouvait en regard de délits de vol ou de meurtre. Le serment prêté par les jurés de « juger sans haine » impliquait l'absence de haine de l'accusé, et non de la haine du délit qui, elle, ne pouvait être évitée.

En définitive, les partisans comme les adversaires du système des cours de justice opposaient une image idéalisée du « sang-froid et de la sérénité du juge face aux crimes de droit commun », aux causes de collaboration pour lesquelles « il était difficile de rester serein car c'était là des crimes qui ne laissaient personne indifférent »[30]. On peut peut-être mettre en doute la « sérénité » d'une mère désignée comme juré au procès d'un enlèvement d'enfant ou, pour choisir un exemple plus banal, d'un bourgeois auquel on ferait appel pour juger d'un crime contre la propriété.

Quoi qu'il en soit, ce furent là les jurys qui délibérèrent, ce furent là les tribunaux qui émirent des jugements sur le cas de bien plus de 100 000 Français. Les tribunaux qui entendaient les causes d'indignité nationale, qu'on appelait les chambres civiques, leur étaient affectés et partageaient quasiment à tous égards la même procédure et la même organisation[31].

L'ordonnance du 26 juin 1944 avait instauré les juridictions compétentes pour juger la collaboration, mais n'avait prévu aucune clause spéciale pour le procès de Pétain et de ses ministres. Le gouvernement s'était engagé à les juger, mais pendant longtemps il hésita sur les moyens à employer. Le seul ministre de Vichy jugé à Alger, Pucheu, l'avait été par un tribunal militaire. Le Gouvernement provisoire, après s'être établi en France, continua pendant un certain temps à encourager l'utilisation des tribunaux militaires pour les plus hauts fonctionnaires de Vichy. Le 13 septembre 1944, le tribunal militaire de Paris reçut l'ordre de commencer à préparer la mise en accusation de Pétain et de ses ministres[32]. Mais on voulait que leur procès constitue le symbole de leur rejet par la nation, aussi décida-t-on finalement qu'une « Haute Cour », représentant symboliquement la nation, serait préférable.

> « L'ordre intérieur et la position extérieure de la France exigeaient que la capitulation, la rupture des alliances, la collaboration délibérée avec l'ennemi, fussent jugées sans tarder dans la personne des dirigeants qui s'en étaient rendus responsables. Sans cela, comment, au nom de quoi, châtier les exécutants ? Comment, au nom de quoi, prétendre pour la France à un rang de grande puissance belligérante et victorieuse ? »[33].

Cette cour, en fait, existait déjà : c'était le Sénat de la IIIe République, chargé d'après la Constitution de juger les ministres pour des crimes commis contre l'État. Néanmoins, il y avait des raisons impérieuses qui s'opposaient au choix du Sénat. Tout d'abord, sa composition politique, qui ne reflétait déjà pas les opinions du pays avant la guerre, ne le faisait certes pas plus en 1944. Puis, si l'on se servait du Sénat de la IIIe République on sous-entendait que le régime était encore légitime. Si le Gouvernement provisoire admettait (d'une façon tout à fait abstraite) que la IIIe République n'avait jamais cessé d'exister, du moins était-il résolu à la remplacer par une IVe et n'avait-il nul désir de prolonger la durée de facto de ses institutions. Enfin, étant donné que la très grande majorité des sénateurs de la IIIe République avait « automatiquement démissionné » le 10 juillet 1940 en votant les pleins pouvoirs à Pétain, il ne restait plus du Sénat que des bribes. Pour toutes ces raison, et aussi pour donner voix à la Résistance dans les décisions de la Cour suprême, on décida de créer une nouvelle juridiction.

Celle-ci, nommée la « Haute Cour de Justice », fut instaurée par l'ordonnance du 18 novembre 1944. Sa juridiction s'exerçait sur le chef de l'État (Pétain), le chef du gouvernement (Laval), ainsi que sur les fonctionnaires du cabinet et du sous-cabinet et les gouverneurs coloniaux qui avaient participé aux « gouvernements ou pseudo-gouvernements » siégeant en France entre le 17 juin 1940 et la Libération. Elle traiterait des actes commis avant ou après cette période lorsqu'ils seraient liés à d'autres commis pendant celle-ci. Ainsi, on pouvait accuser Pétain d'une conspiration de longue haleine contre la République, qui avait abouti entre le 17 juin et le 11 juillet 1940. De même, Marcel Déat, Joseph Darnand, Jacques Doriot et Fernand de Brinon pouvaient être jugés pour des actes commis pendant leur mandat au « gouvernement en exil » de Sigmaringen. Les complices des individus désignés pouvaient aussi relever de la Haute Cour (en fait cela ne se produisit pas) [34].

La cour devait se composer de vingt-sept membres : trois juristes qui présideraient, et vingt-quatre jurés choisis par l'Assemblée consultative. L'Assemblée devait dresser deux listes : une de cinquante sénateurs et députés qui étaient en poste au 1er septembre 1939 ; l'autre de cinquante hommes qui n'avaient pas été législateurs à cette époque. Il fallait choisir douze noms par tirage au sort dans chacune des listes afin de composer un jury. La commission d'instruction de la cour était mélangée de façon analogue : cinq juges professionnels et six hommes choisis par l'Assemblée. La cour ainsi formée devait être totalement souveraine. Elle pouvait infliger la peine de son choix (de la peine de mort à la dégradation nationale) pour n'importe quel crime. Il n'y avait aucune clause d'appel. La grâce présidentielle, cependant, pouvait s'appliquer aux verdicts de la Haute Cour. Et, contrairement à ce qu'il se passait avec la procédure normale, les verdicts prononcés par contumace devaient être exécutés sans autre procès.

L'ensemble du système adopté par le Gouvernement provisoire pour le châtiment judiciaire des vichyssois et des collaborateurs était loin d'être idéal : les lois utilisées étaient, dans les faits sinon par leur appellation, rétroactives ; les tribunaux étaient des « juridictions d'exception ». Étant donné les problèmes auxquels le gouvernement était confronté, on voit difficilement comment il aurait pu éviter ces écarts hors des normes légales. Nous verrons dans le chapitre qui suit comment le système fonctionnait dans la pratique.

Notes du chapitre 8

1. *The Meaning of Treason* (New York, 1947), p. 64.

2. André Philip à l'Assemblée Consultative, J.O., Débats de l'A.C.P., 15 janvier 1944, pp. 11-12.

3. François de Menthon à l'Assemblée Consultative, 10 juillet 1944, J.O., débats de l'A.C.P., 27 juillet, pp. 147-54.

4. *Au service de la renaissance française : Propositions du Parti communiste relatives aux premières mesures à prendre lors de la libération par les différents départements ministériels* (Paris, s.d. [début 1944], p. 27.

5. Pour l'O.C.M., voir le numéro de juin 1942 de leurs *Cahiers;* pour le C.G.E. voir leur *Questionnaire,* cité par Henri Michel dans *Les Courants de pensée de la Résistance* (Paris, 1962), pp. 347-48. La composition, le fonctionnement et les opinions des groupes légaux clandestins sont exposés par René Hostache, dans *Le Conseil National de la Résistance : Les Institutions de la clandestinité* (Paris, 1958), p. 344-46 ; Jacques Charpentier, dans *Au service de la liberté* (Paris, 1949), p. 210 ; dans le *Bulletin Hebdomadaire d'Informations Judiciaires,* N° 6 (19 mai 1945). Pour la position des communistes, voir *Au service de la renaissance française,* pp. 27-28.

6. J.O., débats de l'A.C.P., 27 juillet 1944, pp. 147-54.

7. Ordonnances du 17 et 31 janvier 1944.

8. L'ordonnance initiale, datée du 26 juin 1944, formulait les choses de façon légèrement différente. Au lieu d'évoquer la « responsabilité ou l'autorité morale » de l'individu, elle se limitait à ceux qui « détenaient une fonction administrative ou de direction » et auraient pu éviter d'exécuter les ordres. La formulation du texte ci-dessus fut remplacée par l'ordonnance du 14 septembre 1944 et fut intégrée à la version finale du texte concernant la mise en accusation des collaborateurs, l'ordonnance du 28 novembre 1944. Ce changement aboutissait à donner une latitude d'interprétation beaucoup plus grande aux tribunaux.

9. *Cahiers* [de l'O.C.M.], I (juin 1942).

10. *Ibid.*

11. *Questionnaire* du C.G.E., Michel, *Courants,* loc. cit.

12. J.O., Documents de l'A.C.P., N° 108.

13. Cf. « Rapport reçu de France », *Cahiers Français,* N° 51 (décembre 1943). Albert Colombini fait observer que le langage de l'ordonnance se rapproche beaucoup de celui de la loi du 29 octobre 1793 qui définissait les compétences du Tribunal Révolutionnaire. (« Le Crime d'Indignité Nationale », *Les Lois Nouvelles,* 1946, p. 3 n.l.).

14. J.O., débats de l'A.C.P., 27 juillet, pp. 147-64.

15. *Ibid.* Le gouvernement avança un certain nombre d'autres arguments lui permettant de nier qu'il fût en train d'aménager des lois rétroactives. Le plus convaincant était l'affirmation de René Cassin et d'autres selon laquelle l'introduction de l'indignité nationale représentait le remplacement rétroactif d'une peine plus lourde par une autre plus légère (lex mitior), pratique spécifiquement autorisée par les Codes français.

16. Cette clause subit plusieurs modifications avant que soit établie sa version finale (dans l'ordonnance du 26 décembre 1944). Mais la liste des organisations collaborationnistes donnée dans l'ordonnance n'était jamais considérée comme restrictive. Dans l'ordonnance initiale, on considérait comme coupable l'appartenance à l'une des organisations énumérées à n'importe quel moment à partir du 16 juin 1940 ; dans d'autres, seulement si l'individu était resté membre après le 1er janvier 1942. Sous sa forme finale, l'ordonnance fixait le 1er janvier 1941 (le lendemain de Montoire) comme date limite. La liste finale (qui depuis août avait subi quelques ajouts et retraits mineurs) comptait : le Service d'Ordre Légionnaire, la Milice Nationale, la Légion des Volontaires Français, les Amis des L.V.F., le Parti Populaire Français, la Légion Tricolore, La Parti Franciste, le Service d'Ordre Prisonnier, le Groupe Collaboration, la Phalange Africaine, le Parti National Collectiviste, le Mouvement Social Révolutionnaire, le Rassemblement National Populaire, le Comité Ouvrier de Secours Immédiat.

17. Ce dernier point n'était pas inclus dans la proposition initiale du gouvernement, mais on l'avait ajouté sur proposition de l'A.C.P. : ce fut l'une des rares occasions durant ces années-là où l'Assemblée proposa un adoucissement du projet du gouvernement.

18. La clause initiale demandait la « participation active » ; ce fut modifié dans l'ordonnance du 26 décembre en « participation active effective et prolongée » ; c'était une mesure destinée à désarmer les « septembristes ».

19. Premièrement, d'après la loi de 1924, si l'individu privé de ses droits civiques avait une femme ou des enfants mineurs, ils recevaient la part de retraite qu'ils auraient reçue s'il était mort. Deuxièmement, si les cours et les chambres civiques ne pouvaient annuler les conséquences individuelles de la dégradation nationale parce qu'elles étaient forcées d'appliquer ou de suspendre en bloc les peines, les grâces présidentielles (qui furent nombreuses) pouvaient s'exercer de manière sélective et étaient fréquemment employées

pour restituer les droits à la retraite. Enfin, il y eut l'intervention d'amnisties à effet rétroactif.

20. *Résistance,* N° 6 (25 janvier 1943).

21. J.O., débats de l'A.C.P., 15 janvier 1944, passim.

22. *Ibid.,* pp. 6-8, 11-12.

23. Hostache, pp. 345-46 ; *Bulletin Hebdomadaire d'Informations Judiciaires,* N° 6 (19 mai 1945).

24. *Questionnaire du C.G.E.,* cité par Michel dans *Courants,* pp. 348-49.

25. J.O., débats de l'A.C.P., 27 juillet 1944, pp. 147-54.

26. La fonction de grand jury de la chambre des mises en accusation fut rendue superflue également, et une fois rendue la décision du procureur local, on ne pouvait faire appel qu'à son supérieur, le procureur de la République.

27. Ceci impliquait clairement, bien entendu, la nécessité d'être si-non résistant, du moins sympathisant de la Résistance. Néanmoins, outre la tradition d'exclure du jury ceux dont les relations personnelles avec l'accusé pouvaient justifier des présomptions de partialité dans un sens ou dans l'autre, les ordonnances prévoyaient que personne ne pourrait être juge ou juré à un procès donné s'il avait déjà eu affaire à la même cause, en tant que participant à un « Tribunal de Résistance ».

28. Charpentier, *Au service,* p. 259.

29. Louis Rougier, « La France est-elle un État de Droit ? » *Écrits de Paris,* février 1950, 87. Un certain nombre de C.D.L. avaient une majorité communiste et dans certains départements il est possible qu'ils aient inclus dans les listes de jurés un nombre disproportionné de membres du Parti ou de sympathisants. En fait, d'après les dires de procureurs de la République avec qui j'ai abordé cette question, les jurés communistes se sont comportés de manière aussi imprévisible et aussi incohérente que les non communistes.

30. P.-H. Teitgen, *Les Cours de justice* (Paris, 1946), p. 30.

31. L'appellation des « chambres civiques », mais non leurs attributs, subit deux modifications au cours de 1944. Désignées sous le terme de « jurys d'honneur » dans le projet de loi initial du gouvernement soumis à l'Assemblée, on les transforma en « sections spéciales » (des cours de justice) dans l'ordonnance du 26 août 1944. Un mois plus tard, en raison des connotations malvenues de cette formule (le même nom avait été donné par Vichy à des tribunaux extrêmement répressifs), on la transforma en « chambres civiques », nom qu'elles gardèrent jusqu'au bout. Il y avait entre leur procédure et celle des cours de justice la différence mineure que des causes pouvaient leur être transmises non seulement par le procureur du gouvernement mais aussi directement par le C.D.L. Les chambres civiques n'étaient pas la seule juridiction qui pouvaient condamner un individu à la dégradation nationale. Les cours de justice ainsi que la Haute Cour n'entendaient que des causes dont le défendant était accusé d'un délit pénal, mais elles ajoutaient automatiquement, quelles que soient les sanctions pénales délivrées, la dégradation na-

tionale. Même si une personne qui comparaissait devant l'une de ces juridictions était déclarée innocente des délits pénaux dont elle était accusée, elle pouvait être déclarée coupable d'indignité nationale et condamnée à la dégradation nationale.

32. Guy Raïssac, *Un soldat dans la tourmente* (Paris, 1963), pp. 350-51. Voir aussi le communiqué du cabinet dans *Combat*, 11 octobre 1944.

33. Charles de Gaulle, *Mémoires de guerre,* (Paris, 1954-59), III, 109-10.

34. On envisagea néanmoins cette possibilité ; en effet, Charles Maurras était l'un des individus dont on envisageait de conduire le procès à la Haute Cour, bien qu'il n'ait jamais détenu de fonctions officielles (J.O., débats de l'A.C.P., 5 décembre 1944, p. 423.)

9

Des prisonniers au banc des accusés

« Les ingénieurs, entrepreneurs et maçons qui ont bâti le mur de l'Atlantique se promènent parmi nous bien tranquillement. Ils s'emploient à bâtir de nouveaux murs. Ils bâtissent les murs des nouvelles prisons, où l'on enferme les journalistes qui ont eu le tort d'écrire que le mur de l'Atlantique était bien bâti. »

JEAN PAULHAN [1]

« La libération du territoire français fut accompagnée de révélations surprenantes. De partout l'on vit surgir des maquisards doublement clandestins, de qui les chefs de la Résistance avaient, autant que les Allemands, ignoré l'existence. On apprit en même temps qu'une foule de gens n'avaient sollicité, voire mendié des emplois du gouvernement de Vichy que pour mieux tromper l'ennemi et travailler à sa défaite. Même les agents du commissariat aux Affaires juives n'étaient entrés dans ce service que pour secourir les pauvres israélites persécutés. En bref, le monde entier s'était mépris pendant quatre ans sur le personnel véritable de la Résistance. »

LE MARQUIS D'ARGENSON [2]

L'aspect de l'épuration qui reçut le plus de publicité fut bien celui des procès tant attendus des vichyssois et des collaborateurs. Ce fut aussi le plus décevant, celui dont l'échec symbolisa ensuite, pour bien des résistants, la fin de tous leurs rêves des « lendemains qui chantent ». La conception différente qu'avaient la Résistance métropolitaine et le général de Gaulle de la tâche de la justice réservait une source potentielle de mécontentement. La Résistance souhaitait une épuration radicale et profonde qui renouvelle et régénère le pays. Toutes les déclarations de De Gaulle, au contraire, insistaient sur la nécessité de « pardonner et d'oublier ». Alors que la Résistance voulait que soit réalisée une opération chirurgicale, par laquelle on couperait les membres contaminés de peur qu'ils ne continuent à infecter la vie politique dans son ensemble, le leitmotiv de De Gaulle était : « La France a besoin de tous ses fils » [3].

Cette différence entre les désirs « quantitatifs » du général et de la Résistance était néanmoins, beaucoup moins sensible que tout ce qui les unissait sur cette question. L'un comme l'autre était d'avis que la tâche de la justice devait s'accomplir rapidement, afin que puisse démarrer l'œuvre positive de reconstruction et de rénovation. L'un comme l'autre soutenait ardemment l'idée que la justice devait s'appliquer proportionnellement : « Nous frapperons d'autant plus fort que les coupables seront plus haut. » Pour des raisons tout à fait hors du contrôle du Gouvernement provisoire, ces espoirs ne se réalisèrent pas. Les procès traînèrent pendant des années ; des jugements disproportionnés provoquèrent un écœurement généralisé. L'épuration s'acheva non pas sur la satisfaction d'une tâche, certes déplaisante, mais bien remplie ; non pas par la réconciliation et par la restauration de l'unité nationale, mais dans un sentiment universel de frustration et d'amère déception. A peine un an après la libération de Paris, pour Albert Camus, il était clair que désormais non seulement l'épuration était ratée, mais encore discréditée. Le mot d'« épuration » était déjà assez pénible en lui-même ; et voilà que la chose était devenue odieuse. L'échec était total. Ils avaient été trop nombreux à réclamer la peine de mort comme si l'emprisonnement avec travaux forcés ne représentait rien, trop nombreux à prétendre que c'était retourner à la Terreur que de punir le déshonneur et la délation de quelques années de prison. Maintenant, la France constatait son impuissance. Il ne restait plus qu'à tenter d'empêcher les injustices les plus flagrantes d'empoisonner plus encore une atmosphère déjà difficile à respirer [4].

> « L'épuration en France est non seulement manquée, mais encore déconsidérée. Le mot d'épuration était déjà assez pénible en lui-même. La chose est devenue odieuse...
> L'échec en tout cas est complet.
> C'est qu'aussi bien la politique s'en est mêlée, avec tous ses aveuglements. Trop de gens ont crié à la mort comme si les travaux forcés, par exemple, étaient une peine qui ne tirait pas à conséquence. Mais trop de gens, au contraire, ont hurlé à la terreur lorsque quelques années de prison venaient récompenser l'exercice de la délation et du déshonneur. Dans tous les cas, nous voici impuissants. Et peut-être le plus sûr aujourd'hui est de faire ce qu'il faut pour que des injustices trop flagrantes n'empoisonnent pas un peu plus un air où les Français ont déjà du mal à respirer »[4].

On était conscient de l'énormité de la tâche qui attendait les autorités judiciaires ; personne n'espérait qu'elle pût être accomplie en l'espace d'une nuit. Mais on se rendait moins compte des nombreux obstacles pratiques qu'il allait falloir surmonter. Les transports, les moyens de communications étaient détraqués. La police et la magistrature ne pourraient être un outil de répression efficace que lorsqu'elles auraient elles-mêmes été épurées. Enfin, tâche monumentale, il fallait instaurer, au milieu de ce chaos, plus de deux cents nouvelles instances, pourvues chacune de leur personnel d'enquête et d'accusation. Au faîte de leur activité, les cours de justice et les chambres civiques employaient presque la moitié du personnel judiciaire du pays.

Dans la région parisienne, il y eut près de 4 000 arrestations dans la semaine qui suivit la Libération ; une semaine plus tard, le chiffre total était passé à 6 à 7 000 ; au début d'octobre, on comptait 10 000 personnes internées, la plupart au Vélodrome d'Hiver et dans l'ancien camp de concentration de juifs à Drancy. Au lendemain de la Libération, on arrêta au total dans l'ensemble de la France 80 000 personnes [5].

Ceux qui étaient arrêtés étaient gardés en « internement administratif », mesure de sécurité promulguée par le gouvernement Daladier peu après le début de la guerre en 1939 et réitérée par le Gouvernement provisoire. On instaura immédiatement des commissions de sélection ; il y en avait déjà cinq qui fonctionnaient à Paris une semaine après la Libération. Ces commissions composées de trois hommes regroupaient des représentants des Comités de Libération Départementaux, du ministère de la Justice et de la police. Elles opéraient jour et nuit ; à la fin de 1944, le nombre de ceux qui étaient arrêtés sans instruction préliminaire était tombé à 5 000 [6].

Les Parisiens savaient que des centaines de personnes avaient été arrêtées, mais se demandaient quand les procès allaient commencer. Les échos qui leur parvenaient de province indiquaient que là, du moins, la justice suivait son cours : les collaborateurs payaient pour leur trahison, la milice pour ses atrocités. Mais dans la capitale, au cours des semaines qui suivirent la Libération, aucun procès n'eut lieu. Septembre passa, ainsi qu'une bonne partie d'octobre, et malgré tout les tribunaux restaient inactifs. Dans d'autres parties du pays, on faisait fonctionner les tribunaux militaires en attendant que soient instaurées les cours de justice ; à Paris on n'en voyait aucun. La presse de la Résistance ne fut pas longue à exprimer son impatience.

Ce retard était dû à une situation d'impasse judiciaire comme on n'en avait jamais vu. A Paris, il y avait sur les bureaux des magistrats chargés de l'instruction 700 dossiers au début d'octobre ; un mois plus tard ce chiffre avait triplé ; en novembre il doubla : début décembre, les juges d'instruction de la seule cour de Paris se trouvaient confrontés à un arriéré de plus de 4 200 causes. Cette situation se reproduisit dans toute la France : en février 1945, le corps des juges d'instruction avait traité plus de 25 000 des 60 000 dossiers ouverts. Mais c'était un travail de Sisyphe. Le mois suivant, il fallait ouvrir plus de 60 000 causes nouvelles et l'année 1946 était déjà bien avancée quand le nombre de causes en retard à l'instruction tomba en dessous des 20 000. Les espoirs de pouvoir rapidement mettre fin au travail des cours de justice furent étouffés sous une avalanche de papier [7].

Le report du commencement des procès et l'insatisfaction qu'il suscita firent s'instaurer un climat de désenchantement, qui atteignit même, dans une certaine mesure, le résultat de la Libération en général, et qui devait plus tard s'aggraver. L'épuration n'était pas un motif de mécontentement aussi puissant que la pénurie de combustible pour le chauffage, mais, comme l'observait Dorothy Pickles qui était à Paris à l'époque :

> « A mesure que les mois passaient, et que la situation alimentaire non seulement ne semblait aucunement s'améliorer mais plutôt se détériorer, les gens étaient déçus ou consternés, mais, dans l'ensemble, patients. Ils comprenaient pourquoi les Alliés n'avaient pas pu livrer les approvisionnements promis, ils admettaient qu'il faudrait du temps pour surmonter la ruine des transports et le marché noir et que le manque aigu de main-d'œuvre et de charbon compliquait tout. Ils étaient exaspérés mais pas désenchantés... Les obstacles techniques qui entravaient [l'épuration] apparaissaient moins clairement au grand public que les obstacles qui empêchaient d'améliorer l'approvisionnement alimentaire. Ce n'était pas là une tâche où la France

> avait besoin de l'aide des Alliés... On considérait... l'épuration comme un symbole, une épreuve par laquelle on saurait si oui ou non quelque chose avait réellement changé en France depuis que la IIIe République avait sombré sous la défaite et l'occupation. Quand il devint clair qu'elle ne serait pas accomplie aussi prestement et aussi complètement que l'exigeait l'opinion publique, le résultat en fut inévitablement le désenchantement »[8].

Une fois qu'eurent commencé les procès (à Paris, dès la fin octobre) le mécontentement se centra non pas sur les retards, mais sur l'« incohérence ». Certaines catégories de collaborateurs, disait-on, étaient punis avec trop de sévérité, tandis que d'autres l'étaient trop légèrement, ou même échappaient au châtiment. La tendance des jugements rendus différait apparemment beaucoup d'une région à l'autre. Même lorsqu'une même instance examinait des causes apparemment identiques, les jugements rendus semblaient presque relever du caprice.

Au début, l'ulcération la plus profonde venait du fait que ceux dont on avait souhaité le jugement avec le plus de ferveur n'étaient pas là. Le maréchal Pétain, Pierre Laval, Joseph Darnand, Marcel Déat, Jacques Doriot, ils étaient tous à Sigmaringen, hors d'atteinte, pour le moment, de la justice française. D'autres avaient trouvé asile à l'étranger, ou dans l'« immigration interne »[8a]. Tant la logique que la passion exigeaient que les chefs de file de la trahison soit les premiers au banc des accusés, mais c'était impossible. Il était hors de question de reporter le début des procès jusqu'à ce que les principaux accusés soient présents, aussi le gouvernement dut-il se tourner ailleurs pour trouver les premiers qui seraient appelés à répondre de leur activité personnelle et aussi, symboliquement, de la politique de collaboration.

Des raisons pratiques imposaient que les premiers à être jugés soient ceux dont les dossiers pourraient être constitués le plus rapidement. Des raisons politiques exigeaient que les premiers procès soient ceux des collaborateurs présents les plus connus et les plus haïs. En conséquence, du moins à Paris, ce furent les journalistes et les propagandistes qui formèrent une bonne part de « la première charrette ». Non seulement ils étaient connus, mais les paroles qu'ils avaient exprimées par oral ou par écrit étaient imprimées ou enregistrées clairement et donc irréfutables.

Le premier à comparaître devant la cour de justice de Paris fut Georges Suarez, qui avait été généreusement rétribué par *Aujourd'hui* pour promouvoir la collaboration, pour affirmer que c'était un devoir sacré de dénoncer des activités résistantes et pour appeler à plusieurs reprises à l'intensification des exécutions de Juifs et de communistes. Suarez fut condamné à mort et fusillé. Parmi les autres journalistes que la cour de Paris condamna à mort ou à de longues peines d'emprisonnement pendant les premières semaines de son fonctionnement, il y eut Henri Béraud de *Gringoire*, Robert Brasillach de *Je Suis Partout*, le commandant Paul Chack d'*Aujourd'hui*, Lucien Combelle de *Révolution Nationale*, Stéphane Lauzanne du *Matin*, Robert Macot de *Radio-Paris*, Charles Tardieu de *L'Écho du Nord* et Guy Zucarelli des *Nouveaux Temps*.

Alors que l'on procéda assez tôt au jugement des journalistes et des propagandistes, on ne jugea les hauts fonctionnaires, dont l'activité présentait une ambiguïté et une opacité caractéristiques, qu'avec plusieurs mois de retard. Et ce ne fut que beaucoup plus tard qu'eurent lieu les procès des « collaborateurs économiques », dont les causes requéraient une instruction longue et laborieuse. Lorsqu'on les jugea, on constata souvent que les jurys, même ceux qui étaient composés de « durs », répugnaient à les condamner. Il était difficile d'établir la distinction entre des tractations commerciales légitimes et illégitimes avec les Allemands ; les jurés étaient d'avis, en général, qu'il fallait bien que l'accusé gagne sa vie [9].

Il se répandait peu à peu le sentiment que l'on faisait

des journalistes les boucs émissaires, tandis que les autres, en particulier les collaborateurs économiques, restaient libres ou ne recevaient que des peines symboliques. Le trait de Jean Paulhan (qui forme l'une des épigraphes de ce chapitre) résume les sentiments populaires. La saillie de Jean Paulhan recouvrait, en réalité, un grain de solide vérité : bien souvent les seules entreprises de construction qui étaient suffisamment équipées pour entreprendre des projets urgents de reconstruction étaient celles qui, parce qu'elles avaient collaboré, avaient conservé intacts leur matériel et leur personnel. On suggérait qu'il y avait des cas de corruption, que les riches pouvaient « acheter » leur acquittement ou, du moins, le report de leur procès à des temps plus cléments. La thèse du complot était l'une des thèses favorites de la presse communiste, laquelle était loin cependant d'en avoir le monopole ; il n'y a rien qui plaise autant aux journaux français que de laisser entendre l'existence de corruption et de complicité dans les sphères les plus élevées.

Il est vrai, certes, que les journalistes furent traités avec une sévérité relativement plus grande que les autres, mais l'esprit populaire a exagéré cette différence. Les procès des journalistes importants étaient quasiment les seuls qui faisaient l'objet d'un article dans la maigre presse de 1944 et 1945. Il fallait faire des coupures considérables dans les nouvelles si l'on voulait qu'elles puissent tenir dans les formats restreints à deux ou quatre pages des journaux d'alors, aussi les procès plus nombreux de miliciens, de délateurs ou d'autres n'étaient-ils pas signalés, ou bien étaient simplement énumérés sous forme de statistiques, en quelques lignes, au bas de la dernière page. Qui plus est, le cas de la cour de Paris, dont la presse de la capitale tirait ses conclusions, n'était pas représentatif : en tant que quartier général de la presse collaborationniste, cette juridiction comptait un nombre disproportionné de journalistes parmi sa « clientèle ». Mais même à Paris, sur les quatre-vingt-quinze personnes qui furent exécutées après leur condamnation par la cour de justice, il n'y avait qu'une poignée de journalistes ; cinquante personnes avaient torturé pour le compte des Allemands et de la milice, trente avaient été des délateurs [10].

Toutes les accusations de corruption et de complicité restent sans preuve et, jusqu'ici, probablement impossibles à prouver ; il n'y a, de toute façon, aucune raison de croire que ce genre de pratique était très répandu [11]. Il est donc également impossible d'appuyer les allégations qui s'y attachaient (le fait qu'il soit avantageux de faire retarder son procès, parce que les tribunaux seraient moins sévères plus tard) bien qu'en elles-mêmes elles soient plausibles et probablement vraies. Toutefois, pour ce qui est l'impression selon laquelle on faisait des journalistes les boucs émissaires, les apparences exagéraient la réalité. Les procès de collaborateurs éminents, dont les délits exigeaient des peines plus sévères, étaient délibérément programmés avant ceux de moindres coupables ; on jugeait les hommes dont les fautes étaient manifestes avant ceux dont les activités étaient ambiguës. Enfin, on consacra relativement plus d'attention aux procès et aux exécutions en 1944-1945 que plus tard [12].

L'autre accusation en rapport avec l'« incohérence », beaucoup plus grave et plus pertinente celle-là, concerne le fait que la sévérité des tribunaux variait d'un département à l'autre. C'était vrai, indéniablement, et les différences sont stupéfiantes [13]. Le nombre total des procès, sur une population de 10 000 personnes, était de 12 à Limoges et de 44 à Orléans (la moyenne était de 27). Le nombre des procès soumis à des cours de justice (en exceptant ceux qui étaient jugés par les chambres civiques) allait de 5 sur une population de 10 000, à Rennes, à 26 sur 10 000 à Aix (moyenne 13). On constate des écarts de même amplitude lorsque l'on s'intéresse au jugement rendu dans ces cours. A Montpellier, la cour de justice acquitta 7 % de ceux qui y comparurent ; à Caen, il y eut 25 % d'acquittés (moyenne, 14 %). Les condamnations à mort prononcées en présence de l'accusé représentaient 2 % de toutes les peines à Douai ; 19 % à Dijon (moyenne, 6 %) [14].

Ces chiffres, aussi frappants qu'ils soient, ne reflètent pas la réelle ampleur des écarts. Chaque district juridique comprenait entre trois et sept tribunaux départementaux, dont certains à leur tour étaient divisés en sections. Les variations du nombre de procès engagés dans un département donné et du degré de sévérité avec lequel ils étaient menés à bien, sont donc sans doute sensiblement plus fortes que ne le laissent penser les totaux de chaque circonscription ; le fait qu'un district soit proche d'une moyenne, sur une échelle donnée, risque de masquer le fait qu'il comptait, à l'intérieur de ses cours, aussi bien les pourcentages les plus faibles que les plus élevés quant au phénomène que nous tentons de mesurer.

Les statistiques disponibles ne laissent émerger aucun découpage géographique bien net. Si l'on arrive à discerner un vague tracé, c'est uniquement en regard de la fréquence avec laquelle était prononcée la peine de mort. Tous les districts où elle était le plus souvent prononcée - Dijon, Grenoble, Limoges, Montpellier, Poitiers, Riom, Toulouse - sont plus au sud que ceux où elle était le moins fréquente - Amiens, Angers, Caen, Douai, Paris, Rouen. Mais dans un certain nombre de districts du Sud - Chambéry, Nîmes, Pau - on y avait moins souvent recours que dans certains districts du Nord - Bourges, Orléans, Rennes.

Que devons-nous faire de ces vastes écarts et quelle explication leur donner ? Pour l'instant, nous ne pouvons guère que les constater. Nous avons mentionné le fait que les chiffres correspondant aux districts ne sont que des moyennes. Des chiffres qui concernent la fréquence et la sévérité d'une action judiciaire ne peuvent avoir une signification que si on les compare aux statistiques des délits, or nous ne les avons pas. Pour être comparables, des indices de sévérité doivent tenir compte des données qui concernent la diversité spécifique des comportements délictueux auxquels on s'intéresse ; or, cela aussi nous l'ignorons.

Même si nous en savions bien davantage qu'aujourd'hui sur les différences réelles et significatives de la jurisprudence des cours de justice, nous ne saurions pas pour autant comment les expliquer. On a prétendu que c'était chose connue parmi les magistrats français, même en temps normal : la jurisprudence est très variable d'une région à l'autre [15]. Ce ne semble pas suffisant pour expliquer les différences de sévérité des cours de justice. Parmi d'autres facteurs qui pourraient avoir influencé les tribunaux, on cite l'ampleur des exactions des Allemands et de la milice, ainsi que des activités de résistance, dans chaque département ; la couleur politique de chaque région ainsi que des Comités de Libération Départementaux, qui avaient une part importante dans le choix des jurés ; les pressions diverses locales ; et enfin, les tendances personnelles des magistrats locaux (les juges comme les procureurs) [16]. Tout bien pesé, il semble que les explications satisfaisantes de ces variations régionales vont sans doute continuer à échapper à l'historien.

Mais l'« incohérence » ne touchait pas seulement aux variations régionales ; au sein même d'une cour, il ne semblait pas exister de rapport entre la gravité du délit et la sévérité de la condamnation. A Paris, par exemple, on condamna un chef militaire responsable, le général Pinsard, à la détention à vie, parce qu'il avait prêté serment de loyauté à Hitler et mené une campagne de recrutement pour envoyer des Français combattre aux côtés des Allemands sur le front russe ; en revanche, on exécuta deux jeunes miliciens qui étaient présents lors de l'assassinat de Georges Mandel mais n'avaient pas effectivement participé à cette action. Le comte de Puységur, « un obscur scribouillard dont les écrits n'avaient jamais influencé quiconque » fut condamné à mort [17] ; Stéphane Lauzanne, éditorialiste d'un journal influent et subventionné par les Allemands, *Le Matin,* fut condamné à vingt ans d'emprisonnement. Le commandant Paul Chack, président du « Comité d'Action Anti-Bolchevique », fut exécuté ; Georges Albertini, secrétaire général du Rassemblement National Populaire, tout aussi germanophile (et bien plus important), fut condamné à cinq ans de détention. Deux semaines après le jugement d'Albertini, on condamna aux travaux forcés une dactylo, Simone Delb, qui travaillait dans les bureaux de Jean-Hérold-Paquis, un propagandiste germanophile.

Tout au long de l'automne et de l'hiver 1944-1945, Albert Camus, alors l'éditorialiste de *Combat,* avait mené avec François Mauriac (qui écrivait régulièrement dans *Le Figaro*) un débat animé sur le thème de l'épuration [18]. Camus, dont l'éditorial quotidien faisait une description émouvante de l'atmosphère de Paris libéré, rejetait aussi bien la haine que le pardon : la première parce qu'elle lui était étrangère et lui répugnait ; le deuxième parce qu'il semblait une insulte à ses camarades morts et mettait fin à toute possibilité de construire la nouvelle société pour laquelle la Résistance s'était battue. Mauriac - « saint François des Assises » - se faisait l'apôtre de la réconciliation et du pardon ; « que celui d'entre vous qui n'a jamais péché lui jette la première pierre », tel était le texte de son sermon hebdomadaire.

Le 5 janvier 1945, après avoir suivi pendant deux mois et demi l'expérience de la cour de justice de Paris, Camus écrivait avec résignation qu'il était trop tard. Des journalistes qui ne l'avaient pas mérité allaient encore être condamnés à mort. Des agents de recrutement suffisamment beaux parleurs seraient encore partiellement acquittés et, las d'une justice si faible, les gens continueraient à intervenir de temps en temps dans des affaires dont ils ne devraient plus avoir à se mêler. Un certain sens commun les sauverait des pires excès, l'indifférence et la lassitude feraient le reste. On pouvait s'habituer à tout, même à la honte et à la stupidité. Mais il n'écrivait pas cela sans tristesse et sans amertume. Un pays qui ne réussissait pas à s'épurer risquait fort de ne pas réussir à se rénover. Les nations portaient le sceau de leur justice. Ce pays aurait dû être capable de montrer au monde autre chose que ces aspects désordonnés. Mais une pensée claire, et l'intégrité humaine, ne s'apprenaient pas. Puisque ces qualités faisaient défaut aux Français, ils auraient besoin de menues consolations ; comme l'avait dit Mauriac, ils auraient besoin de charité [19].

L'écœurement qu'éprouvait Camus face aux disproportions scandaleuses des jugements était partagé par ses confrères. *Franc-Tireur* parlait du grave risque que la justice devienne l'objet de l'espèce la plus dangereuse de ridicule [20].

Cette manière de voir trouvait de nombreux échos dans la presse, dans les mouvements de Résistance et à l'Assemblée consultative [21]. L'insatisfaction concernant les procès ne se limitait pas aux éditeurs les plus fervents et les plus affirmés de la Résistance et à ses représentants à l'Assemblée. Les sondages d'opinion de l'hiver 1944-1945 montrent une impatience et une irritation quasi générale vis-à-vis du cours suivi par la justice. On estimait en général que les jugements étaient trop longs à venir, souvent trop indulgents et, par-dessus tout, disproportionnés.

Parfois, on attribuait cette disproportion à l'influence d'un corps de juges et de procureurs insuffisamment épuré ; on prétendait que certains freinaient en secret l'action de la justice, et que d'autres au contraire cherchaient à effacer le souvenir de leur passé vichyssois en devenant des « durs de durs ». (Dans un commentaire sur le procureur qui avait requis l'emprisonnement à vie pour la dactylo de Hérold-Paquis, *L'Aurore* disait espérer que si jamais un juif comparaissait maintenant devant lui, il oublierait la haine pour « cette race maudite » qu'il avait si souvent exprimée pendant l'occupation [22].) On invoquait des raisons de procédure : le recours à des jurys plus réduits, les instructions hâtives. Quoi qu'il en soit, la principale cause de l'incohérence ne se trouvait pas dans des défauts de procédures ou dans la faiblesse humaine de ceux qui participaient aux procès ; elle résidait dans la nature même de la tâche des tribunaux.

En temps normal, la société est capable de classer les délits criminels et de leur attribuer des peines appropriées (ou des gammes de peines possibles). Il existe différents « degrés » de cambriolage, selon qu'il se commet le jour ou la nuit, à main armée ou non, dans des locaux occupés ou non ; les peines s'échelonnent en fonction des catégories concernées. Les délits de la collaboration résistaient à ce genre de classification. On pouvait en gros les diviser entre ceux qui seraient jugés par les chambres civiques et ceux que l'on enverrait devant les cours de justice, mais c'était là une classification trop vague dont les lignes de partage étaient confuses ; en outre, la gamme des peines possibles dans cette dernière juridiction allait de la peine de mort à une condamnation à la dégradation nationale avec sursis.

L'un des problèmes les plus tenaces (qui d'ailleurs ne fut jamais vraiment résolu) était celui de la sévérité relative qui devait être exercée à l'égard des inspecteurs et des exécutants de la police. Le slogan qui recommandait de frapper plus fort à mesure que l'on grimpait l'échelle administrative s'appliquait tant qu'il ne s'agissait que de simple responsabilité administrative. Il n'était pas d'un grand secours lorsque les tribunaux devaient répartir la responsabilité et le châtiment entre un sous-fifre obéissant, dont les mains étaient rougies par le sang des résistants, et son supérieur hiérarchique, qui avait donné les ordres mais avait simultanément rendu des services à la Résistance. (Ceux qui détenaient des postes à haute responsabilité non seulement avaient eu plus d'occasions de « jouer un double rôle », mais l'avaient effectivement fait ; c'était peut-être dû à plus de prévoyance et au fait de savoir aussi où résidait leur propre intérêt. Les fonctionnaires subalternes manquaient toujours de l'imagination, de l'habitude de prendre des initiatives et de l'occasion nécessaires.)

Une mère outrée exigeait qu'on infligeât la plus lourde peine à l'homme qui avait pourchassé son enfant pour l'envoyer à la déportation et à la mort. Lors de son procès, le policier concerné protestait (de bon droit) en disant qu'il ne faisait qu'obéir aux ordres de son chef. Lorsque ce dernier paraissait en jugement, il appelait témoin sur témoin pour attester (de tout aussi bon droit) des multiples services qu'il avait rendus à la Résistance et dire combien il avait freiné la terreur allemande et vichyssoise.

Les procès respectifs de René Cussonac, fonctionnaire de la police, et de son supérieur, le préfet de région Alexandre Angeli, offrent l'une des illustrations les plus frappantes de ce type de dilemme. Cussonac, qui avait mené une campagne barbare contre les résistants, les réfractaires et les Juifs, plaida en disant qu'il n'avait fait qu'exécuter des ordres. Il y eut une file de témoins qui attestèrent de son obéissance aveugle ; Angeli lui-même, appelé comme témoin par la défense, dit que Cussonac n'aurait pas même su comment s'y prendre pour discuter un ordre. Cussonac fut condamné à mort et exécuté. Au procès d'Angeli, sous les ordres duquel Cussonac travaillait, de nombreux témoins attestèrent de ses contacts avec la Résistance et du fait qu'il avait saboté des mesures répressives. Après une première condamnation à la peine de mort annulée, il fut condamné à quatre ans de prison [23].

Le « double jeu » constituait parmi les fonctionnaires la défense la plus populaire, et ils avaient un certain droit à s'en servir. Pour ce qui est de ceux qui avaient certaines responsabilités dans la conduite des Affaires étrangères, le « double jeu » consistait à maintenir des contacts avec les Alliés. Pour beaucoup d'autres, il s'agissait de contacts avec la Résistance.

Lorsque la Résistance, pendant l'occupation, prit contact avec les fonctionnaires administratifs, elle se rendit compte qu'elle « offrait un futur alibi » aux hommes en question, mais elle l'accepta comme un prix à payer pour réussir à s'infiltrer dans la machine d'État de Vichy. Après la Libération, il y eut beaucoup « d'ermites de la Résistance » pour prétendre à l'« infiltration », alors même qu'ils n'avaient aucun lien avec des organisations et que rien n'appuyait cette prétendue activité. Claude Bourdet, qui jusqu'à son arrestation par les Allemands était à la tête du noyautage des Administrations publiques, observait que l'idée de noyautage à elle seule tenait rarement debout.

Depuis 1943, il y avait eu de nombreuses occasions de contact avec la Résistance ; et s'il semblait trop dangereux d'entrer en contact avec la Résistance interne, il y avait le réseau de la France Combattante, organisé de façon plus rigoureuse, moins révolutionnaire et moins « politique ». Si de Gaulle même semblait un allié trop intime de la « judéo-maçonnerie », aux yeux du patriote prudent, il y avait encore tous les réseaux des Services de renseignements britanniques. Si même les ordres de Churchill semblaient un peu teintés d'esprit subversif, les Américains avaient développé en 1943 et 1944, dans les deux zones, des services qui pouvaient rassurer même les plus réactionnaires, fondés sur la cour que Leahy faisait à Vichy et Eisenhower à Giraud et Darlan. Lorsque quelqu'un arguait d'une activité patriotique isolée pour contrebalancer le fait d'avoir servi l'ennemi ou Vichy, il était évident qu'il n'avait œuvré ni avec la Résistance ni avec les Alliés, soit parce qu'il considérait comme seule légitime la cause de Vichy et de l'ennemi, soit parce qu'il la considérait comme la seule rentable [24].

Parfois cette défense était absurde, comme dans le

cas de Jean Luchaire qui affirma qu'après fin 1942 il était désenchanté en ce qui concernait la collaboration et était devenu « résistant » en écoutant la B.B.C. Néanmoins, il continua à prêcher la collaboration car, ainsi qu'il l'expliqua à la cour, s'il avait laissé deviner à ses lecteurs son « double jeu », les Allemands l'auraient su aussi. La Cour ne se laissa pas impressionner par sa « résistance » et le condamna à mort [25]. Le cas de Luchaire fut une exception ; en général il y avait au moins une part de vérité dans la prétention de double jeu.

Une défense encore plus répandue que celle du « double jeu » (et presque toujours au moins partiellement vraie) consistait à affirmer que les actes examinés avaient été commis avec le bien de la France pour objectif. On s'était mis à collaborer pour tirer parti au mieux d'une mauvaise situation. De Pétain et Laval jusqu'aux petits fonctionnaires, aux industriels et aux journalistes, leur défense consistait à dire qu'ils avaient empêché par leur action des exactions plus graves de la part des Allemands. Il pouvait s'agir de substituer à l'Endlössung (la solution finale) des mesures antisémites françaises, de continuer à faire fonctionner des usines pour empêcher que leurs ouvriers soient déportés, d'effectuer des expéditions sans versement de sang contre la Résistance au lieu d'en laisser le soin à la mansuétude des Allemands, ou simplement d'établir de bonnes relations avec les Allemands afin qu'ils soient réceptifs aux suggestions.

La nature des délits dont on les accusait, la proportion dans laquelle une activité parallèle de résistance correspondait à la collaboration, les motifs des défendants - tout cela variait énorménent. Nous nous sommes résignés au fait qu'un châtiment parfaitement proportionné au crime constitue un idéal à jamais hors de notre atteinte ; nous nous accommodons de la meilleure approximation possible. Or dans le cas de l'épurtion, ce genre d'approximation même était quasiment impossible.

Les tribunaux ont coutume de juger non pas les hommes, mais les délits. La personnalité de l'accusé peut intervenir comme circonstance aggravante ou atténuante, mais elle n'est pas - d'ordinaire - au cœur de la procédure, ou du moins n'y est pas de façon avouée. Quelle fut la nature du crime ? Est-ce l'accusé qui l'a commis ? Quelles en ont été les conséquences ? Telles sont les questions essentielles. L'accusé lui-même, l'homme tout entier, sa conduite sous tous ses aspects, n'étaient jugés que sur un plan secondaire. C'est en général ce qu'il s'est passé même dans des procès qui sont devenus des causes politiques célèbres : Dreyfus, Sacco et Vanzetti, le procès de l'incendie du Reichstag, les procès de Moscou. Bien entendu, ces procès soulevaient des problèmes plus graves que celui de culpabilité ou d'innocence dans les faits, mais c'est bien cette question qui demeurait la clé des controverses qui se développaient autour du procès.

Dans une bonne partie des causes envoyées devant les cours de justice, il était très possible de rester centré sur le délit. On pouvait mener les procès de meurtriers et tortionnaires, tels les membres de la « Gestapo française » Bony et Lafont, de la même façon que ceux des criminels ordinaires, ce qu'ils étaient, d'ailleurs, en réalité. On pouvait également centrer les procès des délateurs sur le délit et ses conséquences, qui étaient si souvent tragiques : la déportation, la torture, la mort. Les causes des délateurs dévoilaient souvent les motifs personnels les plus sordides. Il n'était pas rare d'entendre le cas d'une épouse, qui, pendant que son mari était prisonnier de guerre en Allemagne, installait son amant dans son appartement. Lorsque le mari s'échappait et revenait chez lui, les deux amants envoyaient un message anonyme à la police militaire allemande ; le mari était pris et renvoyé en Allemagne. (La cour de justice de Versailles condamnait l'homme à dix ans de détention, la femme à cinq [26].)

Mais dans un très grand nombre de cas, et presque

dans tous les plus célèbres, il ne s'agissait pas de juger un acte, ou même une série d'actes. Les actes spécifiques tels que les énumérait l'acte d'accusation étaient en général tacitement stipulés par la défense ; la question était de savoir si ces actes, pris en dehors du contexte du comportement total de l'accusé, reflétaient exactement soit ses intentions soit la principale direction de ses activités. On demandait en effet aux jurys de juger *l'homme*, et non les actions spécifiques qu'on lui imputait ni la fonction qu'il avait remplie. Étant donné qu'il y avait autant de différentes sortes d'hommes au banc des accusés (et à celui des jurés) qu'il y a de galets sur une plage, il était hors de question d'établir une jurisprudence claire et cohérente. Deux sections de la cour de justice de Paris, qui entendaient les mêmes accusations, attestées par les mêmes témoins, portées contre deux membres de la même brigade de police, pouvaient très bien en acquitter un et condamner l'autre à vingt ans de travaux forcés [27]. Angeli, qui fut condamné à mort à Lyon, put être jugé une seconde fois à Paris sur les mêmes preuves et fut condamné cette fois à quatre ans d'emprisonnement. Au début de 1945, le désenchantement en ce qui concernait le travail des cours de justice était non seulement général, mais quasiment total.

Cependant, les procès qui devaient avoir le plus d'importance et de retentissement n'avaient pas encore eu lieu : ceux des dirigeants de Vichy, qui allaient comparaître devant la Haute Cour. En toute logique, Pétain aurait dû être le premier à être jugé par la Haute Cour. Il n'y avait pas de raison de ne pas le juger simplement par contumace, puisque au printemps 1945, un peu plus tard, c'est exactement ce qu'on prévit de faire. Toutefois, pour des raisons qui sont restées obscures, le gouvernement décida que les premiers à répondre de la politique de Vichy seraient deux chefs militaires assez âgés : l'amiral Estéva, qui en tant que résident général de Tunisie avait coopéré avec l'Axe au moment des débarquements alliés en Afrique du Nord ; et le général Dentz, qui était allé beaucoup plus loin sur la voie de la collaboration militaire en Syrie, en 1941. On justifia la décision de les juger en premier en alléguant que leurs cas jetaient les fondements du procès du maréchal, en démontrant les conséquences militaires désastreuses de la politique de collaboration suivie par le maréchal Pétain [28].

Estéva, qui était plus enclin à l'obéissance aveugle que favorable à l'Axe, et qui avait à son actif le fait d'avoir relâché des prisonniers politiques au moment où les Allemands étaient entrés à Tunis, fut condamné à la prison à vie en mars. Dentz, qui avait réellement combattu contre les Français libres et requis une attaque aérienne allemande contre les Britanniques, fut condamné à mort le mois suivant. (Sa condamnation fut commuée en détention à vie par le général de Gaulle.)

Quelle que soit la joie de la Résistance de voir la politique de Vichy symboliquement condamnée en la personne d'Estéva et celle de Dentz, ces derniers étaient nettement des responsables de second rang et l'on continua à s'agiter pour qu'ait lieu promptement le procès de Pétain par contumace. Aussitôt après le procès de Dentz en avril, le gouvernement annonça que celui de Pétain aurait lieu le 17 mai. L'instruction commença, mais à quelques jours seulement de cette annonce, on fut informé à Paris que le maréchal venait de passer la frontière entre l'Allemagne et la Suisse et allait arriver en France. De Gaulle, qui pourtant s'était engagé publiquement à juger Pétain, fit savoir en privé qu'il ne souhaitait pas voir punir le maréchal.

> « Autant il était à mes yeux nécessaire, du point de vue national et international, que la justice française rendît un verdict solennel, autant je souhaitais que quelque péripétie tînt éloigné du sol de la France cet accusé de quatre-vingt-neuf ans, ce chef naguère revêtu d'une insigne dignité, ce vieillard en qui, lors de

la catastrophe, nombre de Français avaient mis leur confiance et pour qui, en dépit de tout, beaucoup éprouvaient encore du respect ou de la pitié. »[29]

Mais Pétain souhaitait rentrer, et le 25 avril il traversa la frontière franco-suisse où il fut arrêté par le général Koenig et de là transporté pour être emprisonné au fort de Montrouge.

Le retour de Pétain impliquait une instruction plus longue, et l'on dut abandonner l'objectif du 17 mai. La Résistance, qui souhaitait voir la condamnation symbolique de Vichy prononcée de manière aussi publique que possible, faisait pression pour que le procès ait lieu dans une grande salle, de préférence le palais Bourbon ou le palais du Luxembourg. Le gouvernement, qui ne tenait pas du tout aux manifestations populaires, choisit le Palais de Justice dont il était possible d'interdire efficacement l'entrée.

La Résistance tenait depuis longtemps à ce que le maréchal soit puni, mais la population dans son ensemble, au moment de la Libération, s'était montrée disposée à le traiter avec indulgence. Le temps que son procès soit ouvert, le 23 juillet, l'opinion publique avait changé du tout au tout et une majorité écrasante des Français exigeait sa condamnation (voir le tableau 5).

Cette condamnation, bien sûr, était certaine, à l'issue d'un procès qui dura trois semaines. Il n'aurait pu en être autrement, car, ainsi que le remarquait *Combat* (et que chacun s'en rendait compte), « si Pétain était innocent, alors tous ceux qui combattaient contre l'occupant étaient coupables »[30]. Ce qui transpira du Palais de Justice entre le 23 juillet et le 15 août ne ressemblait pas à un procès, mais à un cérémonial élaboré visant à condamner une politique. Pris comme un acte de justice, c'était, comme l'observa Georges Bernanos, comparable au sabordage de la flotte française à Toulon en 1942, que l'on avait présenté comme une manifestation d'héroïsme militaire[31].

Pris comme un événement théâtral, le procès ne va-

TABLEAU 5. *Évolution de l'opinion publique concernant le sort de Pétain*[a]

	Septembre 1944		Janvier 1945		Avril 1945		Mai 1945		Juillet 1945[b]		Août 1945[c]	
Peine de mort	3 %		21 %		31 %		44 %		-		40,5 %	
		35 %		61 %		76 %		84 %		84 %		81 %
Autres peines	32 %		40 %		45 %		40 %		-		40,5 %	
Pas de peine	64 %		39 %		24 %		16 %		16 %		19 %	

a) *La première question posée était « Faut-il infliger une peine au Maréchal Pétain ? » A ceux qui répondaient affirmativement, on demandait « Laquelle ? » Les pourcentages donnés recensent ceux qui avaient une opinion sur ce sujet ; les « sans opinion » représentaient neuf ou dix pour cent. Les données sur lesquelles s'appuie ce tableau sont tirées du* Bulletin d'information de l'Institut Français d'Opinion Publique, *N° 2 (16 octobre 1944) ; N° 10 (16 février 1945) ; N° 16 (16 mai 1945) ; N° 18 (16 juin 1945) ; N° 21 (1-16 septembre 1945). Voir les résultats très semblables obtenus par le Service de Sondages et de Statistiques* (Sondages, *N° 14 [15 mai 1945]).*

b) *A la veille du procès de Pétain. Dans ce sondage, on ne demandait pas aux personnes interrogées quelle peine elles jugeaient appropriée.*

c) *Pendant le procès.*

lait guère mieux. L'assistance était remuante, et le fait que la salle d'audience, relativement petite, était incroyablement comble n'en était pas la moindre raison ; les journalistes étaient littéralement assis sur les genoux les uns des autres. La vedette, Pétain, était muette, théoriquement parce qu'elle se refusait à admettre la compétence de la cour ; en réalité, au moins autant à cause de la sénilité [32]. Finalement, le scénario fut entièrement récrit à la moitié du second acte.

La plus grande partie de l'acte d'accusation initial traitait de la période antérieure à l'instauration du régime de Vichy le 11 juillet 1940. Les relations alléguées entre Pétain et « la Cagoule » avant la guerre, ses prétendues intrigues avec Laval et Weygand visant à la prise du pouvoir, la négociation de l'Armistice et le « complot » du 10 juillet : tels étaient les thèmes dominants de la déposition d'ouverture faite par le procureur Mornet. Le fait que l'acte d'accusation était centré sur les événements survenus à propos de l'Armistice reflétait peut-être l'influence de De Gaulle. Bien qu'il protestât de sa volonté de prendre garde à ne pas influencer la procédure, il se montra irrité du fait que, finalement, le procès de Pétain ne fut pas centré sur l'Armistice ; tous les actes qui avaient suivi avaient, selon lui, inévitablement découlé de ce printemps empoisonné [33].

Pratiquement toutes les sommités de la IIIe République sur lesquelles on pouvait mettre la main défilèrent à la barre des témoins : Blum, Daladier, Herriot, Jeanneney, Lebrun, Marin, Reynaud, Weygand, et bien d'autres. Leur apparition ne manquait pas d'intérêt, ni de qualités dramatiques. On vit Léon Blum sangloter en évoquant son emprisonnement dû aux ordres de Pétain, on assista au discours démagogique de Daladier et à la confrontation vindicative entre Reynaud et Weygand au sujet des responsables de l'Armistice. Mais tout cela n'avait pas grand-chose à voir avec les accusations portées contre Pétain : la plupart de ces témoins illustres (à l'exception de Blum) avaient pour préoccupation essentielle la défense de leur propre rôle.

A la moitié du procès, on assista à un coup de théâtre ; le procureur annonça calmement qu'il n'avait aucune preuve réelle de responsabilité criminelle en ce qui concernait les événements survenus avant le 11 juillet 1940 ; que tous les témoignages entendus devaient être considérés comme une « préface » ; et que (au neuvième jour du procès) le moment était venu de commencer le jugement de Pétain [34]. Une fois que le procès eut « commencé », il se transforma en un examen minutieux des avantages et des inconvénients de l'une ou l'autre des politiques de Vichy, procédure fastidieuse que seule vint animer l'attitude haute en couleur de Pierre Laval, rentré (contre son gré) en France au milieu du procès et appelé à témoigner. Le jury, après sept heures de délibérations, déclara Pétain coupable d'intelligence avec l'ennemi. Il fut condamné à mort, mais avec la recommandation, de la part du jury, qu'eu égard à l'âge de Pétain la condamnation ne soit pas exécutée (recommandation suivie par de Gaulle) [35].

Du point de vue de la Résistance, du gouvernement, ainsi que de l'ensemble de l'opinion publique, le procès de Pétain présentait les mêmes faiblesses que celles qui caractérisaient un si grand nombre des autres procès, en particulier ceux dont la Haute Cour était chargée. L'accusation avait donné l'avantage à la défense en mettant la culpabilité sur un plan matériel et non moral. Chaque fois que Mornet citait une concession faite aux Allemands, les avocats de Pétain pouvaient citer en retour une concession arrachée à ceux-ci. A chaque acte public favorable à l'Axe, les avocats en pouvaient opposer un autre, personnel, favorable aux Alliés. Les témoignages s'enlisaient dans un équilibrage des profits et pertes, terrain qui convenait très exactement à la défense [36].

Si le procès de Pétain ne fut pas satisfaisant, celui de Laval, qui eut lieu au début d'octobre, fut un désastre.

L'instruction fut close (en l'espace de quatre séances) avec une hâte scandaleuse, probablement pour que le procès pût s'achever avant les élections d'octobre. Les avocats de Laval refusèrent, en signe de protestation, de participer à la première journée de la session ; il y eut plusieurs échanges emportés entre Laval et le président de la Cour, puis le calme finit par revenir. Il dura le temps du deuxième jour, durant lequel les avocats de Laval étaient cette fois présents, mais le troisième jour le comportement de Laval (il passait de la condescendance à la familiarité, toujours ironique et spirituel) provoqua de la part du jury les cris de « gredin » et de « douze balles dans la peau » [37]. Le président Mongibeaux se révéla complètement incapable de faire régner l'ordre dans la salle tumultueuse, tout comme de mettre un frein à sa propre exaspération. A la fin du troisième jour de session, Laval refusa d'être présent plus longtemps et le reste du procès s'effectua en son absence ainsi qu'en celle de ses avocats. On prononça le 9 octobre l'inévitable condamnation à mort.

Le général de Gaulle, qui reçut la visite des avocats de Laval et sollicita l'avis de son ministre de la Justice, se refusa à commuer la condamnation comme à ordonner un deuxième procès. Le comportement de Laval constitua l'apogée barbare de ce procès lamentable. Il tenta de se suicider juste avant l'heure prévue pour son exécution et on dut le traîner, secoué de haut-le-cœur et réclamant de l'eau, jusqu'à un peloton d'exécution impréparé. Le procès de Laval, selon un observateur, était impardonnable parce qu'il avait poussé les Français à douter de la justice française, en sorte qu'aucune institution, désormais, ne serait épargnée par ce scepticisme désenchanté qui finit par rendre un peuple ingouvernable et mène les hommes à l'anarchie. Maintenant le mal était fait. La justice française était discréditée. Laval avait remporté le dernier round et achevé la démoralisation du pays [38].

Démoralisée ou non, la France avait pris l'engagement de poursuivre les procès à la Cour suprême jusqu'à ce que tous les ministres de Vichy soient passés. En dehors des cas déjà mentionnés, la Cour se prononça sur dix autres en 1945. Joseph Darnand fut condamné à mort et exécuté. Abel Bonnard et Marcel Déat furent condamnés à mort par contumace. Dans sept cas, y compris celui de Robert Schumann, la Cour décida de renoncer aux poursuites ; quatre des accusés potentiels moururent avant que la Cour ne prenne de décision. Il en restait encore, sur le rôle des causes, quatre-vingt-dix.

Plusieurs changements intervinrent au sein de la Cour durant ses vacances d'hiver. Étant donné qu'il y avait désormais une Assemblée élue, le double système de sélection des jurés fut abandonné et l'Assemblée choisit d'établir une seule liste comptant quatre-vingt-seize de ses membres, d'entre lesquels seraient tirés au sort vingt-quatre jurés. Sur le plan politique, la liste des jurés constituait un microcosme de l'Assemblée ; chaque groupe nomma le nombre de candidats auquel il avait droit, et l'Assemblée ratifia simplement leurs choix. Pour que la défense ne pût modifier la composition politique du jury, on supprima le droit de récuser les jurés. Enfin, il fut décidé que les juges, comme les jurés, seraient issus de l'Assemblée [39]. Le député socialiste Louis Noguères devint président de la Cour suprême, avec l'assistance de deux vice-présidents, l'un communiste, l'autre chrétien-démocrate. Mornet, en tant que procureur, fut remplacé par M. Frette-Damicourt qui, outre ses autres mérites, avait un passé beaucoup moins ambigu sous l'occupation : Vichy l'avis démis de ses fonctions en 1940.

Pendant une grande partie de l'année 1945, on assista à l'affaiblissement de l'élan « résistantialiste » du pays, mais la façade de l'unité résistante se maintenait : on avait mis un moratoire de principe sur les politiques partisanes ; les partis continuaient à soutenir, en paroles, la Charte du C.N.R. Avant les élections d'octobre

1945, tous les partis, incertains de leur propre force et de la popularité du général de Gaulle, redoutaient une rupture ouverte avec le général. Ensuite d'octobre 1945 à novembre 1946, l'activité politique fut plus concentrée que pendant aucune des années antérieures et de celles qui suivirent. Il y eut trois référendums constitutionnels et trois élections générales. Ce fut une année de campagnes presque continuelles, une année durant laquelle le souhait d'un « retour à la normale » que partageait toute la population trouva un écho déformé dans la répétition des manipulations politiques et des alliances mouvantes de la IIIe République. La démission du général de Gaulle de la présidence en janvier 1946, et son remplacement par un homme politique de la IIIe République (le député socialiste Félix Gouin) symbolisaient assez bien la transition.

Le principal terrain de manœuvre était les commissions constitutionnelles des deux Assemblées constituantes, mais l'épuration et la Cour suprême en particulier, constituaient des terrains annexes. La droite, qui depuis le début était hostile à l'épuration, se fit plus audacieuse dans ses critiques. Les radicaux avaient trouvé bon pendant un temps de se montrer d'implacables épurateurs, pensant ainsi compenser leur maigre passé résistant ; mais comme ils ne pouvaient espérer rivaliser avec les socialistes et les communistes s'ils lançaient un appel aux « durs », ils jetèrent leur dévolu sur « les mous ». A mesure qu'ils durcirent leur position concernant l'épuration de la presse, ils devinrent de plus en plus ouvertement hostiles aux procès. L'attitude du M.R.P. était mitigée. D'une part, depuis la Libération, le ministère de la Justice avait été aux mains des chrétiens-démocrates : François de Menthon d'abord, puis P.-H. Teitgen ; il était donc difficile à leur parti de critiquer l'action du gouvernement dans ce domaine. En même temps, le M.R.P. avait hérité une bonne partie de la clientèle vichyssoise de la droite et subissait en outre une forte influence « réconciliatrice » de la part de l'Église. Dans l'ensemble, le M.R.P. passa d'une tiède approbation de l'épuration à une attitude de plus en plus critique, qui mettait l'accent sur la nécessité de « panser les plaies de la nation ».

Les socialistes et les communistes étaient « les durs » sur tout ce qui avait rapport à l'épuration. L'attitude favorable des socialistes, même si elle allait de pair avec une volonté de justice dans la procédure, se montra zélée et cohérente. Des déclarations socialises demandaient que l'épuration s'accomplisse en l'absence de « toute pensée stérile de vengeance » ; dans l'idée des socialistes, l'épuration était intimement liée aux « réformes de structure ». Leur groupe était le plus sincèrement dévoué aux idéaux de la Charte du C.N.R. et de l'unité de la Résistance. En même temps, les nécessités de la stratégie politique leur imposaient la fermeté. Tout au long de 1945 et 1946 (et, de fait, tout au long de la IVe République) les socialistes rivalisèrent avec les communistes pour obtenir les voix d'un même électorat ; pendant la période où le « résistantialisme » avait encore un certain attrait, ils craignaient d'être débordés par une plus grande implacabilité communiste sur la question de l'épuration.

Pour les communistes, se poser en « durs des durs » était non seulement naturellement agréable pour eux et idéologiquement souhaitable, mais intéressant sur le plan tactique, étant donné que cela faisait partie de leur image de marque de « plus résistants » que tout le monde. Le ton des discours communistes sur l'épuration était presque toujours frénétique : des jugements qu'ils considéraient comme trop indulgents n'avaient jamais été « mal conseillés », « malheureux » ou « erronés » ; ils étaient « scandaleux », « choquants » ou « incroyables ». « La haine, disait *L'Humanité* à ses lecteurs, est un devoir envers la nation. » [40] L'allocution d'un procureur de la République au jury fit l'objet d'une attaque parce qu'elle manquait de « cette flamme vengeresse indispensable » [41]. Maurice Merleau-Ponty résuma la logique stalinienne qui voulait que tous les collaborateurs soient également coupables ; pour lui, bon ou méchant, honnête ou vénal, courageux ou poltron, un collaborateur était toujours un traître aux yeux d'un résistant et donc devenait objectivement ou historiquement, du jour où la Résistance était victorieuse, un traître [42]. Les collaborateurs, mais aussi les résistants qui avaient, sous la torture, livré des renseignements aux Allemands étaient « objectivement » des traîtres qu'il fallait punir en tant que tels [43]. Cependant, si la S.F.I.O. suivit plus ou moins sa politique de fermeté modérée de façon cohérente, le parti communiste, lui, mettait en lumière ou bien dans l'ombre son « implacabilité outragée » selon les hauts et les bas de la guerre et les nécessités politiques.

A l'automne 1944, lorsque les armées alliées parurent capables de mettre fin à la guerre en quelques mois, les communistes étaient à l'avant-garde de ceux qui réclamaient une épuration plus vigoureuse. Lorsque l'« offensive de Von Rundstedt » remit en question la perspective d'une victoire immédiate, les communistes orientèrent prestement le point fort de leur propagande selon une politique cohérente, qui consistait à subordonner les objectifs politiques à l'effort de guerre. Au début de 1945, quand la majorité de la presse résistante élevait des protestations contre la lenteur et l'incohérence des procès, *L'Humanité* mit ce thème en sourdine ; à de très rares exceptions près, tous les numéros jusqu'au jour V-E* consacrèrent leur gros titre aux exploits de l'Armée Rouge [44].

Avec la fin de la guerre en Europe, l'épuration redevint dans la propagande communiste un thème dominant. On attaquait d'autres partis pour vichysme présumé ou pour leur soutien insuffisant à l'épuration. Les communistes tentèrent (en vain) en utilisant ce strata-

---

* Victory in Europe, 8 mai 1945.

gème d'intimider les socialistes et de les pousser à faire liste commune avec eux aux élections d'octobre 1945 ; ayant échoué, ils essayèrent de discréditer leurs concurrents socialistes en attaquant l'activité pendant et avant la guerre de la S.F.I.O. Après les élections, la politique communiste s'orienta vers la réconciliation avec les socialistes, vers la coopération, dans le but de jeter les bases d'une « constitution marxiste », et vers la construction d'une coalition de front populaire. L'épuration (et les attaques dirigées contre la prétendue indulgence des socialistes envers Vichy) revint parmi les thèmes secondaires dans la presse communiste.

Les attitudes des partis politiques à l'égard de l'épuration ne se reflétaient pas seulement dans leurs déclarations publiques et dans leur comportement vis-à-vis de la loi ; elles transparaissaient aussi dans la conduite des représentants des partis à la Haute Cour. Hormis les communistes, les jurés ne se montraient pas des agents disciplinés et dirigés. Il y avait des jurés « durs » dans des partis « mous » ; les jurés socialistes étaient souvent divisés ou votaient « en bloc » avec ceux qui étaient plus à droite qu'eux [45]. Quoi qu'il en soit, il apparut que les représentants des radicaux, du M.R.P. et des partis de droite étaient en général enclins à l'indulgence, tandis que les communistes et les socialistes tendaient à plus de sévérité. La procédure de sélection, concernant les jurys de la Haute Cour, ne prévoyait la proportionnalité que sur la liste de quatre-vingt-seize ; les vingt-quatre jurés présents au procès étaient choisis sur la liste par tirage au sort. Au hasard du tirage, un accusé pouvait ainsi se trouver en face d'un jury à majorité indulgente (radicaux-M.R.P.-droite) ou sévère (communistes-socialistes) [46]. Les fluctuations de la composition politique des jurys de la Haute Cour n'étaient qu'un facteur de plus renforçant l'impression d'« incohérence » dont on taxait ses jugements.

Au printemps 1946, les jugements rendus par la Haute Cour allaient de la peine de mort à la dégradation nationale avec sursis. Les jugements étaient, en fait, proportionnels en gros à la gravité du délit du ministre impliqué. Ceux qui héritaient de lourdes peines avaient en général été des collaborateurs zélés, et personnellement responsables de déportations ou de répressions sanglantes : Hubert Lagardelle, qui en tant que ministre du Travail avait coopéré avec le S.T.O., fut condamné aux travaux forcés à perpétuité. Ceux qui s'en tiraient sans trop de dommages étaient ceux qui avaient utilisé leur influence pour combattre la collaboration au sein du régime : Jean Ybarnégaray, qui était ministre des Affaires familiales au début du régime de Vichy et fut plus tard déporté à Dachau par les Allemands, fut condamné (automatiquement) à la dégradation nationale ; mais immédiatement la Cour ajouta le sursis. (Aucun de ceux qui avaient fait partie du cabinet de Pétain sous la IIIe République après le 17 juin et qui l'avaient quitté avant le 11 juin 1940 ne fut poursuivi ; ils reçurent tous des non-lieux.)

Pendant la session de printemps de la Cour, la politique communiste s'orienta de nouveau vers une ligne dure. Au référendum du 5 mai les électeurs avaient rejeté le projet de constitution appuyé par les deux partis de gauche ; les communistes attribuèrent la défaite aux socialistes qui n'avaient pas voulu mener une campagne commune. Pendant la campagne concernant les élections d'une nouvelle Assemblée constituante les communistes se trouvèrent la cible d'une attaque socialiste. André Le Troquer accusa les communistes de n'être devenus « patriotes » dans les années trente qu'après la signature du traité franco-soviétique, et d'avoir abandonné la France en août 1939 ; la désertion de Maurice Thorez en 1939 était invoquée comme un symbole de la conduite des communistes [47].

Les communistes étaient trop malins pour se laisser entraîner dans une controverse sur ce terrain : ils élevèrent un paravent de patriotisme outragé et de zèle renouvelé pour l'épuration. En réponse immédiate au discours de Le Troquer, les communistes lancèrent une violente campagne contre Frédéric Dupont, un des meneurs du Parti Républicain de la Liberté ; Dupont, prétendaient-ils, avait été un collaborateur éhonté. Quelques jours plus tard, Édouard Daladier devint aussi la cible quotidienne des communistes ; ses crimes étaient les accords de Munich et l'action répressive menée contre les communistes en 1939. Puis Paul Reynaud s'ajouta à la liste, accusé d'être responsable de la défaite de 1940 et d'avoir invité Pétain et Weygand à faire partie de son cabinet. Ce fut une campagne où régnèrent sans limite l'insulte et l'injure. Le Parti exigea que l'élection des trois hommes à l'Assemblée constituante soit invalidée et s'assura, dans cet objectif, le concours de syndicats et de groupements résistants contrôlés par eux. Les communistes portèrent l'affaire devant l'Assemblée en exigeant que l'élection en question soit déclarée non valide, bien qu'aucune irrégularité de forme ne soit invoquée. Ils étaient complètement isolés et essuyèrent une cuisante défaite.

Les communistes semblèrent alors cultiver leur isolement, promouvoir l'idée selon laquelle eux seuls étaient des patriotes et des résistants alors que leurs rivaux étaient des munichois et faisaient l'apologie de Pétain. Cette impression fut rehaussée par l'offensive qui suivit ; celle-ci en effet fit s'achever la session de la Cour de 1946 dans la dissension, l'acrimonie et (si c'était encore possible) dans un désenchantement du public vis-à-vis des procès encore plus profond qu'auparavant.

Le 26 juillet, la Haute Cour jugea Pierre-Étienne Flandin. Les accusations qui pesaient contre lui n'allaient guère au-delà de son bref mandat en tant que ministre des Affaires étrangères de Vichy de décembre 1940 à février 1941. L'accusation n'appela aucun témoin et reconnut que Flandin s'était efforcé de freiner la collaboration pendant son mandat. Le jury le condamna à cinq ans de dégradation nationale, mais lui accorda immédiatement le sursis pour « faits de résistance »[48]. La presse communiste éleva de nouveau un chœur de protestations indignées. Lorsque, quatre jours plus tard, la Cour se réunit pour examiner la cause suivante, le vice-président et les jurés communistes étaient absents : ils étaient « en grève ». La délégation communiste à l'Assemblée constituante présenta une motion visant à réorganiser entièrement et à « politiser » la Haute Cour : la commission d'instruction (composée de cinq juges et huit députés) et l'accusation (entièrement composée de représentants du ministère de la Justice) devraient être entièrement composées de députés ; les réunions de la commission d'instruction ainsi que les délibérations du jury devraient être publiques ; les minutes sténographiques de leurs délibérations et de tous les votes devraient être publiées au *Journal Officiel.*

De même que lors du débat sur la validation, les communistes étaient seuls. Jacques Duclos attaqua ceux qui disaient qu'il fallait juger « sans haine et sans crainte ». Au contraire, dit-il, un juge, dans ces circonstances, devait ressentir de la haine « au fond de son cœur ». La haine de ceux qui avaient trahi la France était « une haine sacrée ». On l'interrompit aux cris de « à bas la haine » ; au vote final, la proposition des communistes fut refoulée[49]. Raymond Aron exprima l'opinion selon laquelle, dans le cas de l'acquittement de M. Flandin, comme dans celui de la validation de M. Daladier, le parti communiste voulait voir une « réhabilitation » de Munich, réhabilitation qu'il s'empressait alors de dénoncer. Il mettait à ces dénonciations beaucoup de ferveur, car pour lui, Munich était l'alibi indispensable. Le gouvernement français *devait* avoir trahi la France en 1938, en 1939, avant juin 1940, en sorte que personne d'autre ne pût avoir trahi durant ces années-là. Le parti communiste faisait la chasse à des fantômes parce que lui-même était pourchassé par le fantôme de son passé qui ne voulait pas le laisser en paix[50].

La Cour, privée de ses membres communistes, entendit une dernière cause puis suspendit son travail jusqu'en 1947. Quand elle se réunit de nouveau, trois ans s'étaient écoulés depuis la Libération. La tâche de la Haute Cour (et des cours de justice) ne faisait plus partie d'un programme ambitieux de « renouvellement » ; ce n'était qu'une des corvées inachevées du nettoyage d'après-guerre, une corvée dont chacun était amplement écœuré.

Notes du chapitre 9

1. *De la paille et du grain* (Paris, 1948), p. 98.
2. *Pétain et le pétainisme : Essai de psychologie* (Paris, 1953), p. 117.
3. *Mémoires de guerre* (Paris, 1954-59), III, 405, 421. A.J. Liebling exposa ainsi la différence de vue qui séparait de Gaulle de la Résistance : « Tous les Français se sentent, dans une certaine mesure, responsables de la débâcle de 1940 - ne serait-ce que parce qu'ils se sont laissé embobiner dans une fausse sécurité avant qu'elle ne survienne. Mais les traîtres incarnent la culpabilité de chacun, ce qui rend l'honnête homme encore plus âpre envers eux. En punissant les traîtres, les Français punissaient une partie d'eux-mêmes. Seul celui qui se sent exempt de toute culpabilité répugne à lancer la pierre ; il lui manque l'imagination nécessaire. Le général de Gaulle, le plus intègre des Français, fut un de ceux qui se montrèrent les moins vindicatifs envers leurs frères pécheurs » (*The Republic of Silence* (New York, 1947], p. 368).
4. *Combat,* 30 août 1945.
5. Henri Denis, *Le Comité Parisien de la Libération,* (Paris, 1963), pp. 137, 239 ; *Figaro,* 1er septembre 1944 ; *New York Times,* 7 septembre 1944 ; *Combat,* 23 octobre 1944 ; *Carrefour,* 6 janvier 1945. Le nombre des arrestations en France fut le plus faible, par rapport à la population de tous les pays occupés de l'Europe occidentale. Au Danemark, on arrêta près de 22 000 personnes dans les deux jours qui suivirent la Libération. (C.C. Givskov, « Danish 'Purge Laws' », *Journal of Criminal Law,* XXXIX [1948], 448). En Norvège, il y eut 24 000 arrestations. (Johs Andenoes, « La Répression de la Collaboration avec l'Ennemi en Norvège », *Revue de Droit Pénal et de Criminologie* [Bruxelles 9, XXVII, 7 [avril 1947], 604). En Belgique entre 50 000 et 70 000 suspects furent arrêtés en septembre 1944. Le nombre baissa à un peu moins de 40 000 avant le 1er mai 1945, mais après le jour V-E, suite à l'indignation soulevée par les premiers récits certifiés sur les camps de concentration par des survivants qui rentraient, on arrêta encore 20 000 personnes. (Henry L. Mason, *The*

Purge of Dutch Quislings : Emergency Justice in the Netherlands [La Hague, 1952], p. 173 n. 12). En Hollande, non seulement il y eut plus d'arrestations qu'en France, proportionnellement, mais il y en eut, aussi incroyable que ce soit, plus en termes absolus. On arrêta entre 120 000 et 150 000 personnes, 96 000 étant le chiffre le plus élevé de personnes détenues à tout moment (octobre 1945). En septembre 1946, il y avait encore 62 000 détenus, sans compter ceux qui étaient déjà condamnés à des peines de prison. (Mason, p. 40 ; W. J. Ganshof van der Meersch, *Réflexions sur la répression des crimes contre la sûreté extérieure de l'État belge* [Bruxelles, 1946], pp. 76-77.

6. J.O., Débats de l'A.C.P., 27 décembre 1944, pp. 604-607 ; Denis, pp. 138-139, 239-240 ; *Carrefour,* 6 janvier 1945. On commit bien des erreurs tragiques néanmoins. Lorsque la femme de Georges Albertini, le bras droit de Marcel Déat, fut détenue (sans raison valable), on confia leur enfant aux autorités sanitaires et sociales. Le temps qu'elle soit relâchée, l'enfant était mort. (*Franc-tireur,* 21-22 janvier 1945). Il y avait un problème plus répandu, celui des internements excessivement longs sans qu'ait lieu un véritable procès. Il y eut un cas d'un homme qui fut gardé en détention préventive pendant deux ans avant qu'il pût convaincre les autorités qu'il avait été pris pour un autre ayant le même nom que lui. (*Cahiers des Droits de l'Homme,* N.S., N°s 44-48 [mai 1948], 36162).

7. Le gouvernement français n'a ni publié ni mis à ma disposition de statistiques systématiques concernant l'activité progressive des cours de justice. Mes calculs s'appuient sur des renseignements tirés des sources suivantes : J.O., débats de l'A.C.P., 5 décembre 1944, p. 423 ; 20 février 1945, pp. 120-121 ; J.O., débats de l'A.N.C. (I), 6 août 1946, p. 3012 ; A.N.C. (I), *Bulletin des Commissions,* N° 8 (12 février 1946), p. 160 ; J.O., débats de l'A.N., 12 décembre 1951, p. 9100 ; 11 juillet 1952, p. 3939 ; 23 mars 1954, p. 1213 ; *Cahiers Français d'Information,* N° 1 (16 février 1945) ; N° 6 (23 mars 1945) ; N° 16 (1er juin 1945) ; N° 58 (21 avril 1946) ; *Bulletin Hebdomadaire d'Informations Judiciaires,* N° 1 (14 avril 1945) ; *Notes Documentaires et Études,* S.F., LXXX, N° 245 (26 février 1946) ; *Bulletin de l'Association Nationale des Avocats,* XXVI, 83 (mars 1946), 19-20 ; Pierre-Henri Teitgen, *Les Cours de justice* (Paris, 1946), pp. 32-33 ; *Le Monde,* 19 juin, 1er septembre et 19 décembre 1945 ; 8 février 1946 ; 30 mai 1947 ; 22 décembre 1949 ; *L'Aube,* 30 mai 1947.

8. *France Between the Republics* (Londres, 1946), pp. 177-178.

8a. Des milliers de collaborateurs, y compris un certain nombre de ministres du cabinet (Abel Bonnard par exemple) trouvèrent refuge en Espagne. D'autres s'enfuirent en Suisse (par exemple Henri du-Moulin de Labarthète, le chef de cabinet de Pétain, et Horace de Carbuccia, directeur de *Gringoire*). Certains vécurent (et moururent) dans l'oubli dans le Tyrol italien (Marcel Déat, Alphonse de Châteaubriant). D'autres encore (tel Charles Lesca, directeur de *Je Suis Partout*) se rendirent en Amérique du Sud. Des établissements religieux, à l'intérieur de la France, recueillaient parfois des collaborateurs qui voulaient échapper à la justice. Le cas le plus dramatique d'« immigration interne » fut celui du député radical Jacques Ducreux. Lorsque Ducreux se tua dans un accident d'automobile en 1952, on trouva sur son corps deux cartes d'identité : l'une portait le nom sous lequel il avait été élu, l'autre celui sous lequel on le recherchait pour collaboration (Jacques Tacnet). L'Assemblée imposa par la suite des règles plus strictes concernant les pièces d'identité. (Voir Maurice-Yvan Sicard [« Saint-Paulien »], *Histoire de la collaboration* [Mayenne, 1964], p. 522 ; Michèle Cotta, *La Collaboration* [Paris, 1964], p. 287 ; *Études de Presse,* N.S., N° 4 [15 avril 1952], 237 ; *Le Parisien Libéré,* 19 novembre 1946 ; *Combat,* 21 et 22 mars 1947 ; *Le Monde,* 22 et 25 mars 1947 ; *Année Politique,* 1952, p. 29).

9. C'est l'explication que m'ont donnée des anciens procureurs avec qui j'ai eu des discussions sur le fait que le gouvernement n'ait pas réussi à prendre des mesures promptes et sévères concernant les collaborateurs économiques.

10. Ces chiffres sont tirés d'un mémorandum daté du 15 octobre 1957, que le procureur général André Boissarie envoya au général de Gaulle, sur la demande de celui-ci pour lui fournir des renseignements destinés à ses *Mémoires.* Le procureur général Boissarie a bien voulu m'en prêter une copie. Voir la liste (incomplète) des procès des cours de justice dans *Défense de l'Occident,* N° 39-40 (janvier-février 1957), 64-70.

11. D'anciens fonctionnaires du ministère de la Justice m'ont raconté qu'il y avait eu des interventions de la part de ministères en ce qui concerne les collaborateurs économiques ; ces récits semblent crédibles. Ces mêmes personnes ont néanmoins ajouté que ces cas étaient extrêmement rares.

12. Comme pour tant des questions qui concernent l'épuration, l'impossibilité d'obtenir des matériaux statistiques détaillés empêche de parvenir à une conclusion ferme pour ce qui est des changements de la jurisprudence avec le temps. Mes tentatives pour vérifier l'hypothèse d'une indulgence progressive sur la base de données fragmentaires n'ont pas abouti à un schéma clair. Il peut être intéressant de remarquer la répartition des exécutions à la suite de condamnations à mort rendues par la cour de justice de Paris : 1944 - 11 ; 1945 - 21 ; 1946 - 19 ; 1947 - 13 ; 1948 - 15 ; 1949 et 1950 - 16. (Mémorandum de Boissarie, op. cit.). Cf. le résumé des jugements de la Cour supême au chapitre 10 et à l'Appendice F. Henry L. Masson affirme qu'en Hollande les jugements pour collaboration étaient « invariablement » plus sévères immédiatement après la Libération qu'après 1947, mais n'a donné aucune statistique. (Op. cit., p. 187, n. 36).

13. Les remarques suivantes sont fondées sur des calculs que j'ai effectués à partir de statistiques sur les travaux des cours et des chambres, par district, jusqu'à la fin 1948, qui furent publiées dans les *Cahiers Français d'Information,* 15 mars 1949. Mes résultats statistiques sont exposés en détail à l'Appendice E, avec une carte des districts. J'ai omis dans la discussion présente (mais pas dans les tableaux présentés à l'Appendice) les chiffres concernant les districts de Bastia (Corse) et de Colmar (Alsace-Lorraine). Dans le premier,

le nombre infime de cas rend toute opération statistique absurde et trompeuse. Dans le deuxième, les circonstances particulières de l'incorporation au Reich ont produit une situation unique, en matière de statistique ou autre : malgré le plus fort pourcentage de jugements infirmés de tous les districts, il y eut davantage de causes entendues et plus d'accusés jugés coupables en proportion de la population, que partout ailleurs. En même temps, en raison des mêmes circonstances spéciales, les condamnations à mort furent plus rares en Alsace-Lorraine que partout ailleurs.

14. On prononça beaucoup plus de condamnations à mort par contumace qu'en présence de l'accusé. Comme ces sentences n'avaient aucun effet pratique (si l'accusé se présentait, il était jugé de nouveau), on les prononçait souvent pour libérer les tensions ou pour donner une impression d'implacabilité ; elles ne sont donc pas un indice fiable de sévérité.

15. Voir André Boissarie, « Vérité sur la Répression », *Le Monde*, 5 juin 1948. J'ai essayé de vérifier cette affirmation en comparant les causes entendues par les cours d'assises de plusieurs districts, mais le nombre de causes graves est trop infime pour pouvoir vérifier statistiquement l'assertion de Boisserie.

16. Ce dernier point peut être ou non la raison de la disparité en pourcentage des causes qui allaient jusqu'au procès. Sur toutes les informations qui furent ouvertes, il y en eut deux fois plus qui furent jugées à Agen-Bordeaux-Toulouse (74-78 %) qu'à Limoges-Paris-Rouen (37-42 %). La moyenne est de 66 %.

17. *France* (Londres, 24 novembre 1944).

18. Les principaux articles des deux bords parurent dans *Combat*, 20 et 25 octobre 1944 ; 5 et 11 janvier 1945 ; *Le Figaro*, 8 septembre, 13, 19 et 22-23 décembre 1944 ; 2, 7-8 et 12 janvier 1945.

19. Sur le moment tout au moins, Camus céda à Mauriac pour des raisons partiellement rhétoriques. Le 11 janvier il évoqua la charité de Mauriac qui constituait, écrivait-il, une moralité admirable mais une citoyenneté déplorable. Trois ans plus tard, néanmoins, lors d'une conférence dans un monastère dominicain, il annonça que « pour le fond et sur le point précis de notre controverse, François Mauriac avait raison contre moi. » (*Actuelles* [Paris, 1950], pp. 212-213).

20. 3 janvier 1945.

21. Toutes les sections de la Résistance non communiste (même les plus enragées) s'élevaient contre des jugements particuliers qu'elles trouvaient trop durs. Les communistes, qui établissaient souvent des comparaisons désobligeantes entre les jugements sévères rendus pour des « lampistes » et des jugements trop indulgents pour les « grands responsables », ne protestèrent jamais, à ma connaissance, contre une condamnation particulière qu'ils jugeaient trop dure.

22. 6 avril, 1945.

23. Cf. Paul Garcin, *La Haine : Reportage clandestin, 1940-1944* (Paris, 1964), pp. 153-196 ; « Cour de Justice [de Lyon]. Audiences du 29 novembre 1944. Ministère public. C/Angeli. Débats complets »

(Paris, 1945) [manuscrit non publié de la B.D.I.C.], passim.

24. *Combat,* 10 février 1949.

25. Maurice Garçon (éd.), *Les Procès de collaboration : Fernand de Brinon, Joseph Darnand, Jean Luchaire* (Paris, 1948). Les gages fabuleux reçus par Luchaire constituaient un facteur qui pesait lourdement contre lui. « Là où il pouvait trouver les fonds secrets, là il trouvait les intérêts de son pays », observa le procureur. En général, les propagandistes qui avaient fait de sérieux bénéfices en soutenant la collaboration, en particulier lorsque (comme dans le cas de Luchaire) l'argent était d'origine allemande, étaient traités par les tribunaux avec davantage de sévérité.

26. Yves-Frédéric Jaffre, *Les Tribunaux d'exception : 1940-1962* (Paris, 1962), p. 204.

27. J.O., débats de l'A.N.C., (I), 26 février 1946, p. 470.

28. *Bulletin Hebdomadaire d'Informations Judiciaires,* N° 6 (19 mai 1945).

29. *Mémoires,* III ; Cf. le compte rendu de Georges Duhamel sur une conversation qu'il eut avec de Gaulle peu après la Libération, 28 juillet 1951).

30. 25 avril 1945.

31. *Combat,* 12 août 1945.

32. Le silence de Pétain n'était pas absolu : outre de brèves déclarations au début et à la fin du procès, il intervint parfois pour nier une accusation particulière. Les vichyssois comme les résistants admettaient rarement sa sénilité. Les premiers évitaient de la mentionner par respect et parce que cela les aurait rendus ridicules, eux qui l'avaient suivi ; les derniers parce que cela aurait risqué d'en faire un objet de pitié plutôt que de la colère la plus justifiée.

33. *Mémoires,* III, 110, 248-249.

34. *Le Procès du Maréchal Pétain,* (Paris, 1945), I, 427.

35. De Gaulle affirme que quelle qu'ait été la recommandation du jury il était déterminé à commuer la condamnation à mort et qu'en outre il avait prévu de libérer Pétain de prison après deux ans. (*Mémoires,* III, 250). Mais bien avant, il avait naturellement quitté le pouvoir et par la même occasion perdu la possibilité de réaliser son souhait. La majorité de la presse était bien disposée en ce qui concernait la non-exécution de la condamnation à mort. Chose peu surprenante, *L'Humanité,* par contre, était indignée (tout au long d'août et de septembre).

36. Pour poursuivre les hommes de Vichy parce qu'ils avaient préféré un moindre mal à une position morale, il aurait fallu avoir un procureur qui n'ait pas joué lui-même un double jeu. Mornet avait prêté le serment des magistrats à Pétain, s'était porté volontaire pour siéger à la cour de Riom et avait participé pendant des années à la « commission de dénaturalisation » de Vichy (pour en freiner les activités). Dans les procès où il était procureur, la défense faisait souvent allusion à ces faits.

37. *Le Procès Laval* (Paris, 1946), p. 207.

38. Cité par Pickles, *France,* p. 195.

39. Loi N° 45-0146 du 27 décembre 1945.
40. 11 janvier 1945.
41. Ibid., 4 janvier 1946.
42. « Le Yogi et le prolétaire », *Temps Modernes,* II, 13 (octobre 1946), 28.
43. *La Vie du Parti,* juin 1943, janvier 1944 ; Pierre Hervé dans *Action,* 5 janvier 1945.
44. Il faut noter deux exemples de la politique du P.C.F. pendant cette période. Maurice Thorez était extrêmement hostile aux grèves spontanées dans les mines de charbon, qui avaient pour objet de faire licencier les contremaîtres collaborateurs ; ces arrêts étaient nuisibles à « la bataille de la production ». (Auguste Lecœur, *Le Partisan* [Paris, 1960], pp. 214-219). En ce qui concernait l'Armée, la politique du P.C.F. au début de 1945 était d'avertir des risques de mesures radicales « injustes » d'épuration qui pouvaient nuire à l'efficacité de la lutte. (Cf. Maurice Thorez, *Œuvres,* XX [Paris, 1960], 171 ; J.O., documents de l'A.C.P., N° 379, 415). Après le jour V-E, les attaques des communistes sur les vichyssois de l'Armée abandonnèrent toute considération d'équité.
45. Les votes des jurés étaient secrets ; cette observation se fonde sur ce qui a dû se passer afin d'expliquer les jugements dans des cas où il y avait une majorité socialo-communiste, et des jugements sévères lorsque la majorité aurait dû être « indulgente ».
46. De fait, il n'y eut jamais de jury ayant une pure majorité communiste (c'est-à-dire treize jurés plus un vice-président communiste).
47. *Le Monde,* 24 mai 1946.
48. En réalité, la suspension de sa peine ne rendit pas à Flandin son éligibilité électorale. En octobre 1946, l'A.N.C. adopta, aux voix, une motion socialiste qui demandait que l'inéligibilité de ceux dont les condamnations à la dégradation nationale avaient été suspendues soit rétablie. (Toutes les autres disqualifications devaient rester suspendues). La loi n° 46-2174 du 4 octobre 1946 était connue sous le nom populaire et approprié de « Loi Flandin ».
49. J.O., Débats de l'A.N.C. (II), 8 août 1946, pp. 3076-85, 3106-07.
50. *Combat,* 2 août 1946.

10

L'insatisfaction générale

> « L'idée de justice s'appuie sur un système fixe de référence ; la présence des deux variables de temps et de valeur transforme tout le concept de « justice historique » en un concept subjectif et arbitraire ; en fait, il le réduit à deux termes contradictoires. On ne peut pas juger l'histoire en appliquant un code d'éthique rigide, quel qu'il soit ; on ne peut que la représenter à la manière d'une tragédie grecque, où les antagonistes, d'après leur propre modèle de référence et l'univers de leur discours propre, ont tous deux raison. »
>
> ARTHUR KOESTLER [1]

Les procès durèrent des années ; la Haute Cour continua à siéger durant tout l'été 1949. Il n'y eut plus qu'une condamnation à mort qui aboutit à une exécution, celle qui fut prononcée contre Fernand de Brinon, un collaborateur ultra, début 1947. Plus tard dans la même année, on modifia la procédure de sélection des jurés de la Haute Cour pour rendre les jurys eux-mêmes, et non plus seulement les listes de jurés, proportionnels aux forces de vote de l'Assemblée. Seuls les communistes votèrent contre la fin du « hasard des jurys » ; les socialistes s'abstinrent [2].

Au total, 108 causes furent confiées à la compétence de la Haute Cour pendant ses quatre années d'histoire. Huit hommes moururent avant que la Cour pût agir ; dans quarante-deux cas, elle décida d'arrêter les poursuites. Sur les cinquante-huit cas qui restaient, seize furent jugés par contumace, quarante-deux en présence de l'accusé. Sur ceux-ci, huit aboutirent à des peines de mort (dont trois furent exécutées), dix-sept à des « peines privatives de liberté » de divers types) ; il y eut quatorze condamnations à la dégradation nationale, dont sept avec sursis ; trois furent acquittés [3] (voir le tableau 6 et l'Appendice F).

Les cours de justice et les chambres civiques terminèrent le gros de leur tâche avant la Haute Cour, bien que la dernière cour de justice ne cessât pas de fonctionner avant 1951. On ferma la plupart des cours et des chambres départementales en 1946 et l'on transféra leurs causes aux cours principales, au siège des districts judiciaires. Ceux-ci furent abolis également en 1947 ; seuls restaient en fonctionnement les tribunaux régionaux de Paris, Colmar, Toulouse et Lyon. Ils finirent par être tous fermés sauf la cour de Paris, qui, elle, cessa enfin son travail le 31 janvier 1951 et transmit les quelques causes qui restaient à juger au Tribunal Militaire de Paris.

Les cours de justice et les chambres civiques entendirent en tout 124 751 causes. Il y eut au total 2 853 condamnations à mort en présence de l'accusé, dont 767 furent exécutées ; on délivra 3 910 condamnations à mort par contumace. Il y eut 38 266 condamnations qui entraînaient des « peines privatives de liberté » : 2 702 condamnations aux travaux forcés à perpétuité ; 10 637 peines de travaux forcés ; 2 044 condamnations au régime cellulaire ; 22 883 à des peines d'emprisonnement. Il y eut 49 723 personnes qui furent punies de la dégradation nationale : dans 3 578 cas, ce fut la

TABLEAU 6. *Résumé statistique du travail de la Haute Cour de justice* [a]

Année	Causes jugées en présence de l'accusé										Causes jugées par contumace [b]					Total de tous les jugements	Décisions d'arrêter les poursuites	Total de toutes les décisions	Mort avant le procès
	Mort		Emprisonnement				Dégradation Nationale		Acquittements	Total	Condamnations à mort	Emprisont		Dégradation nationale	Total				
	Exécutés	Commués [c]	A perpétuité	Durée de la peine: 10 ans et plus	5-10 ans	Moins de 5 ans [d]	Peine imposée	Sursis				A perpétuité	Peine de prison						
1945	2	2	1	-	-	-	-	-	-	5	2	-	-	-	2	7	7	14	4
1946	-	1	1	2	2	1	2	2	-	11	3	1	-	-	4	15	4	19	1
1947	1	2	-	3	1	-	3	1	-	11	3	-	3	-	6	17	18	35	-
1948	-	-	-	2	-	4	2	2	2	12	2	-	1	1	4	16	6	22	2
1949	-	-	-	-	-	-	-	2	1	3	-	-	-	-	-	3	7	10	1
Total	3	5	2	7	3	5	7	7	3	42	10	1	4	1	16	58	42	100	8

a) *Pour une liste complète des jugements rendus par la Haute Cour, voir l'Appendice F.*
b) *Les condamnations par contumace n'étaient jamais commuées ni suspendues.*
c) *La règle était que les condamnations à mort soient commuées en emprisonnement à vie.*
e) *Généralement, on réduisait les condamnations de moins de cinq ans au temps que l'accusé avait déjà passé en prison en attendant le procès.*

peine principale prononcée par la cour de justice ; les chambres civiques condamnèrent 46 145 personnes à la dégradation nationale et en outre prononcèrent cette peine pour la suspendre immédiatement dans 3 184 cas [4].

Trop durs ? Trop indulgents ? Comparer avec l'expérience des autres pays européens ne fait qu'éluder la question, mais n'est peut-être pas sans intérêt. Il y eut, en termes absolus, plus d'exécutions en France que partout ailleurs, mais moins par rapport à la population qu'en Belgique [5]. (Au Danemark, en Hollande et en Norvège, la peine de mort était abolie depuis des années et fut réintroduite, temporairement, pour les procès de collaborateurs.) Les 38 000 peines d'emprisonnement prononcées en France signifiaient que 94 Français sur 100 000 étaient emprisonnés pour collaboration. Les 14 000 peines d'emprisonnement prononcées au Danemark signifiaient que 374 Danois sur 100 000 étaient emprisonnés pour le même délit ; les 40 000 en Hollande touchaient ainsi 419 Hollandais sur 100 000 ; les 50 000 en Belgique, 596 Belges sur 100 000 ; les 20 000 en Norvège, 633 Norvégiens sur 100 000 [6].

En France, comme partout ailleurs, les chiffres qui concernent les jugements rendus ne reflètent pas exactement la sévérité du châtiment réellement infligé aux collaborateurs ; on eut largement recours aux grâces et aux commutations présidentielles pour adoucir des jugements trop durs et ramener un peu d'ordre dans le chaos de la jurisprudence d'après-guerre. Ce processus de nivellement, évidemment, n'allait que dans un sens, puisque l'on pouvait certes atténuer les peines trop sévères mais pas renforcer les verdicts trop indulgents. La volonté de ramener les jugements, dans des cas plus ou moins identiques, au plus petit dénominateur commun, eut un résultat un peu analogue à celui du menuisier amateur qui tente d'égaliser les pieds d'une table avec une scie : le niveau général devient de plus en plus bas.

Comme nous l'avons dit plus haut, les commutations

présidentielles n'épargnèrent la peine de mort qu'à 3 des 8 personnes condamnées par la Haute Cour et qu'à 767 des 2 853 personnes condamnées à mort par les cours de justice [7].

Les présidents de Gaulle, Gouin, Bidault, et Auriol utilisèrent également leur pouvoir pour diminuer des peines d'emprisonnement ou même faire relâcher des prisonniers, et pour suspendre des dégradations nationales. Sur presque 40 000 personnes emprisonnées pour collaboration, 13 000 seulement restaient en prison au mois de décembre 1948, 8 000 en octobre 1949 et moins de 4 000 au début de 1951, à la veille de la première loi d'amnistie importante. La très grande majorité de ceux qui furent libérés n'avaient accompli qu'une fraction de la condamnation initiale. Au milieu de 1948, plus d'un tiers des condamnations à la dégradation nationale avaient été suspendues par décision du Président [8].

Les premières lois d'amnistie (promulguées au milieu de 1947) ne concernaient la collaboration qu'accessoirement et leur portée était extrêmement limitée. On leva la dégradation nationale pour certaines catégories de mineurs et d'Alsaciens (qui avaient subi des pressions spéciales) [9]. En 1951, on promulgua une loi d'amnistie aux effets considérablement plus larges. Elle impliquait la fin de la dégradation nationale pratiquement pour tous ceux qui l'avaient subie comme condamnation principale, soit d'une cour de justice, soit d'une chambre civique ; elle réduisait la liste des peines qu'impliquait la dégradation nationale. De nombreuses clauses concernaient la libération anticipée des prisonniers. Ceux qui avaient été condamnés par la Haute Cour étaient exclus du domaine de la loi, ainsi que les délateurs, les tortionnaires et ceux qui avaient travaillé avec la police allemande [10]. Avant que le projet suivant (et définitif) d'amnistie ait fait l'objet d'un débat à l'Assemblée nationale en octobre 1952, le nombre de ceux qui étaient encore emprisonnés pour collaboration était descendu à 1 500 [11]. Par la loi d'amnistie du 6 août 1953, la dégradation nationale en tant que peine principale fut abolie. On mit fin à l'inéligibilité électorale. On restitua les droits à la retraite à ceux qui les avaient perdus lors de l'épuration administrative. On fit des clauses très souples pour la libération de ceux qui éaient encore en prison. En 1956, il ne restait que soixante-deux personnes en prison ; en 1958, dix-neuf ; en 1964, vingt ans après la Libération, il n'y en avait plus aucune [12].

Des Français qui ne sont d'accord sur rien d'autre se sont mis ensemble pour dénoncer l'épuration, bien qu'ils l'aient fait, assurément, pour des raisons très différentes. Aux yeux de beaucoup de résistants, ce fut une série de mesures timorées et pleines de compromis qui firent perdre à la France sa meilleure chance de renouvellement. Pour d'autres (surtout les vichyssois), ce fut une débauche de vengeance et d'esprit partisan qui déforma la IVe République dès sa naissance. Les vingt années écoulées ont peu modifié les jugements de ceux qui se sont crus trahis par l'indulgence excessive de l'épuration, ou de ceux qui se sont sentis les victimes de son excessive sévérité.

Il était inévitable que l'épuration ne réussisse pas à satisfaire l'un de ces groupes - ou même qu'elle ne puisse satisfaire personne. Nous avons vu à quels dilemmes moraux, quels obstacles matériels, quelles difficultés politiques étaient confrontés les dirigeants du Gouvernement provisoire dans leur entreprise. Ils y firent face, je crois, aussi consciencieusement et aussi bien que tout autre groupe d'hommes l'aurait fait dans les mêmes circonstances. Ils commirent des erreurs, des fautes de jugements, mais les iniquités, les incohérences et les retards qui ont caractérisé l'épuration étaient bien moins dus à la faiblesse humaine qu'aux exigences impossibles et contradictoires de la tâche qu'ils affrontaient. Même si l'épuration s'était déroulée avec moins de heurts et plus de sérénité, personne n'aurait été (n'aurait pu être) satisfait.

Dans l'esprit des résistants, l'épuration était liée intimement et inextricablement à la vision millénariste qu'ils s'étaient faite d'une « France nouvelle » ; ce devait être la première étape dans la construction d'une « République pure et dure », fondée sur la charte du C.N.R. Lorsque le Gouvernement provisoire se révéla incapable (ou selon l'opinion de certains, non désireux de répondre aux attentes extravagantes nourries durant l'occupation, l'espérance se mua en désespoir, l'attente en désillusion. Les impropriétés de l'épuration devinrent le symbole de tous les espoirs déçus de la période de la Libération. Ce fut « la justice révolutionnaire sans la Révolution », amère parodie de leurs rêves, qu'ils auraient méprisée même sans toutes ses imperfections.

Les attaques les plus violentes contre l'épuration viennent, bien sûr, du camp des victimes. Leurs critiques ne portent pas sur les défauts de procédure ou les injustices individuelles ; ils exploitent ces dernières, mais uniquement en tant qu'artifice rhétorique. Pour les épurés et leurs porte-parole, l'opération tout entière fut dans sa conception même une injustice monstrueuse. Sur leurs prémisses (selon lesquels Vichy était un régime légitime, et la collaboration une politique légitime), il est impossible de répondre à leur accusation. Quel que peut être le « verdict de l'histoire » si souvent invoqué, ces suppositions n'étaient pas desinées à plaire à la Résistance victorieuse de 1944.

Il y a un troisième groupe, intermédiaire entre les résistants et les vichyssois, qui parle de l'épuration avec plus de chagrin que de colère : ce sont les apôtres de la « réconciliation ». Tout en reconnaissant qu'on ne pouvait éviter d'effectuer une épuration sous une forme ou une autre après la Libération, ils reprochent au régime d'après-guerre de n'avoir pas centré ses efforts sur la réconciliation des « deux France » de 1940-1944. Ils se montrent profondément inquiets de ce qu'ils perçoivent comme un malaise persistant créé par le fait que la nation n'ait pas réussi à panser ses blessures de guerre.

Les blessures, indéniablement, sont toujours là : les antagonismes de la guerre qui divisèrent les Français se sont révélés beaucoup plus durables que les alliances de guerre. Mais en l'espace de quelques années, à mesure qu'apparaissaient de nouveaux problèmes et que se formaient de nouveaux alignements, ces querelles se firent de plus en plus marginales par rapport à la vie politique de la nation. Vichy, la Résistance, l'épuration, sont entrés dans l'histoire. Les querelles historiques ont été importantes en France sur le plan politique, mais uniquement lorsqu'elles servaient à véhiculer les luttes contemporaines.

Les démêlés au sujet de Vichy et de la Résistance sont devenus rapidement la préoccupation non pas d'adversaires de la classe politique, mais d'hommes qui, dans les deux camps, pouvaient s'y adonner parce que, étant exclus de la vie politique active, ils n'avaient rien de mieux à faire de leur temps.

Notes du chapitre 10

1. *Promise and Fulfillment* (New York, 1949), p. 23.

2. La réforme était indéniablement souhaitable et en retard, mais le procès de De Brinon, qui eut lieu selon l'ancienne pratique, montra que la composition politique des jurys n'était pas décisive en ce qui concernait l'indulgence ou la sévérité des jugements de la Haute Cour. C'est l'un des jurys les plus à droite de l'histoire de la Haute Cour qui vota sa condamnation à mort : 17 du bloc M.R.P.-Radical-droite, 10 communistes et socialistes.

3. La loi N° 54-288 du 3 mars 1954 annula la partie de l'ordonnance d'instauration de la Haute Cour qui prévoyait l'exécution des condamnations prononcées par contumace. En conséquence, un certain nombre d'émigrés revinrent pour être jugés devant une Haute Cour reconstituée temporairement. Dans tous les cas, les nouveaux procès aboutirent à des acquittements, des condamnations avec sursis, ou des condamnations déjà expirées (par exemple, une condamnation à 10 ans d'exil à dater de 1945). Voir *Bilans Hebdomadaires,* N° 421 (24 juin 1954) ; Yves-Frédéric Jaffre, *Les Tribunaux d'exception : 1940-1962* (Paris, 1962), pp. 145-146.

4. Émile Garçon, *Code pénal annoté* (Paris, 1952-59, I, 266. Cf. J.O., Débats de l'A.N., 12 décembre 1951, p. 9100 ; 12 juillet 1952, p. 3939 ; 21 octobre 1952, p. 4248 ; 23 mars 1954, p. 1213 ; Ministère de la Justice, *Compte général de l'administration de la justice civile et commerciale et de la justice criminelle :* 1944 à 1947 (Melun, 1951), pp. 262-64 ; et Appendice E plus loin.

5. Il y eut 25 exécutions en Norvège. (Paul Sérant, *Les Vaincus de la libération* [Paris, 1964], p. 327). Au début avril 1948, 23 condamnations à mort avaient été exécutées au Danemark. (C. C. Givskov, « Danish Purge Laws », *Journal of Criminal Law,* XXXIX [1948], 459-60). En Hollande, en décembre 1950, on avait exécuté 36 collaborateurs. (Henry L. Mason, *The Purge of Dutch Quislings : Emergency Justice in the Netherlands* [The Hague, 1952], p. 64). En Belgique, en décembre 1949, 230 condamnations à mort avaient été

exécutées. (Mason, p. 177 n. 20). Si l'on considère que la population de la Belgique est égale à un cinquième de celle de la France, l'incidence relative des exécutions a été, par conséquent, plus forte.

6. André Boissarie, *La Répression* (Paris, 1949), p. 8 ; *Le Monde,* 14 avril 1949 ; J.O., débats de l'A.N. 28 octobre 1952, p. 4499 ; Sérant, *Vaincus,* p. 168.

7. Les jugements par contumace non compris, puisqu'ils ne furent pas exécutés. Le général de Gaulle rapporte que, en dépit du fait qu'à ses yeux toutes les condamnations à mort prononcées par les cours de justice au cours de son mandat sauf 100 étaient justifiées, il en commua 1 303, y compris toutes celles qui concernaient des femmes, presque toutes celles qui concernaient des mineurs et la plupart de celles qui avaient été délivrées contre des hommes ayant agi sous les ordres d'un supérieur et au risque de leur propre vie. (*Mémoires de guerre* [Paris, 1954-59], III, 107-108). En Norvège, on exécuta 25 peines de mort sur 46 ; en Hollande, 36 sur 130 ; en Belgique, 230 sur 4 170. (Sérant, *Vaincus,* p. 327 ; Givskov, 459-60 ; Mason, pp. 63-64 ; 177 n. 20, 181 n. 97, 187-188 n. 36).

8. *Le Monde,* 10 décembre 1948 et 14 avril 1949 ; Boissarie, *Répression,* p. 8 ; J.O., Débats de l'A.N., 31 août 1951, p. 6684.

9. Loi N° 47-1504 du 16 août 1947, et Loi N° 47-1622 du 28 août 1947.

10. Loi N° 51-18 du 5 janvier 1951.

11. Mémorandum d'André Boissarie au général de Gaulle, 15 octobre 1957.

12. J.O., Débats de l'A.N., 6 octobre 1956, p. 4048 ; 15 mai 1958, p. 2330 ; *L'Express,* 14 au 20 décembre 1964, 27-28.

ANNEXES

Appendice A

La légitimité et la légalité de Vichy

Nous avons mentionné au chapitre 2 les attaques de De Gaulle concernant la légitimité et la légalité de Vichy. L'affirmation selon laquelle Vichy était à la fois illégitime et illégal devint le fondement juridique du futur Gouvernement provisoire et également de l'épuration. Bien entendu, ce fut la victoire militaire des Alliés et la victoire politique des gaullistes qui détermina le cours des événements, et non la force ou la faiblesse de leurs arguments de droit. Toutefois, ces arguments et les interprétations qui leur furent données plus tard par des juristes éminents, présentent un intérêt intrinsèque, et c'est pour cette raison qu'ils sont résumés dans cet Appendice.

Pour le général de Gaulle, comme nous l'avons vu, le gouvernement de Pétain était illégitime à partir du moment même où il entra en fonction, puisque son objectif (solliciter un armistice) était illégitime. Comme nous l'avons observé, l'argument de De Gaulle s'appuie sur « le principe supra-constitutionnel » énoncé à l'article 121 de la Constitution de 1793, selon lequel le peuple français ne pouvait conclure la paix avec un ennemi qui occupait son territoire [1].

Quels que soient les mérites d'un tel argument en droit naturel, il n'a pas de support constitutionnel (c'est-à-dire en droit positif). Ainsi que le fait observer Georges Vedel, la légitimité ou l'illégitimité d'un gouvernement est indépendante du caractère bienveillant ou malveillant de sa politique [2]. (De fait, en droit positif on peut douter qu'il soit seulement possible de considérer comme illégal un gouvernement généralement admis comme légal, alors qu'un gouvernement de facto, selon les critères et les circonstances, peut être, ou ne pas être légitime [3].)

Deuxièmement, selon l'opinion du général, le gouvernement de Bordeaux était placé sous l'autorité directe des Allemands et des Italiens ; il n'y avait plus sur le sol de France de gouvernement indépendant capable de soutenir les intérêts de la France et des Français outre-mer [4].

Au sujet de cette affirmation, le professeur Vedel fait une remarque intéressante : si vous assurez qu'il ne peut exister de gouvernement légitime dans un pays partiellement occupé et sous armistice, vous attaquez alors le gouvernement de Défense nationale et l'Assemblée nationale qui ont fondé la IIIe République [5]. En outre, l'argument selon lequel le gouvernement de Pétain, jusqu'en novembre 1942, était totalement dépendant des puissances occupantes, n'est pas incontesté. Ce gouvernement avait, d'après Otto Kirchheimer, « une marge de liberté de manœuvre... probablement guère plus réduite que celle dont disposaient bien des gouvernements contemporains » [6].

En fait, pour de Gaulle, le gouvernement de Pétain était illégitime parce que, en acceptant l'armistice, il n'acceptait pas simplement la capitulation mais la réduction en esclavage. L'honneur exigeait de le rejeter, en vertu de l'engagement solennel pris par la France de ne pas conclure de paix séparée ; le bon sens exigeait de le rejeter, parce qu'à long terme la coalition des Alliés était la plus forte ; les intérêts supérieurs de la Patrie exigeaient de le rejeter, parce que si les forces de la liberté devaient triompher sur celles de la servitude, quelle serait la destinée d'une France qui s'est soumise à l'ennemi ? [7]. En signant l'armistice, le gouvernement de Pétain trahissait l'intérêt de la nation, et, par là, devenait illégitime. De Gaulle lui-même, en restant fidèle à l'intérêt de la nation, acquérait automatiquement la légitimité [8].

La légitimité est un concept extrêmement difficile à saisir, étant donné les bases largement intangibles sur lesquelles il repose. La plupart des auteurs qui ont traité cette question dans ses rapports avec Vichy acceptent la notion selon laquelle la légitimité, du moins dans un pays pourvu de traditions démocratiques, est liée en quelque sorte à la question de la confiance et du soutien populaires. Si l'on garde cette considération à l'esprit, il arrive souvent que l'on soutienne que le gouvernement de Pétain était légitime à ses débuts, mais est devenu illégitime à une date ultérieure. Le procureur, au procès d'Angelo Chiappe, a fixé cette date au mois d'octobre 1940, lorsque Pétain rencontra Hitler à Montoire [9]. L'avocat de la défense de Pierre Pucheu suggéra que le régime était devenu illégitime lors du retour au pouvoir de Laval en avril 1942 (quand son client avait quitté le Cabinet) [10]. Joseph Vialatoux reconnaît que la grosse majorité de la population n'avait sans doute rejeté la légitimité de Pétain qu'après novembre 1942, mais il insiste sur le fait que, rétroactivement, elle l'a rejeté à compter de juin 1940 [11]. Georges Vedel, dans son tour général de la question, assure que deux choses seulement sont sûres, soit que, au moment de l'Armistice, le maréchal Pétain concordait avec la majorité des Français, tandis qu'il n'en était plus ainsi à la Libération [12].

Mais pour de Gaulle, et plus tard pour le Gouvernement provisoire qu'il dominait, la date décisive était le 16 juin 1940 : le cabinet de la IIIe République de Pétain était tout aussi illégitime que le régime de Vichy qui suivit ; l'armistice qu'il avait négocié était nul ; ceux qui l'avaient servi, ainsi que ceux qui avaient servi Vichy, seraient plus tard appelés à rendre compte de leur comportement.

Cette doctrine de la nullité de l'armistice était importante, entre autres raisons, par rapport à l'article 10, qui interdisait aux Français de porter les armes contre l'Allemagne. De Gaulle a toujours particulièrement insisté sur ce point ; lors de ses négociations avec le général Giraud en 1943, il fit de cette doctrine (« le fondement de l'effort de guerre national ») la condition première de l'unité [13].

La législation de l'épuration prévoyait de poursuivre ou de démettre de leurs fonctions tous ceux qui avaient fait partie des gouvernements de Pétain après le 16 juin 1940 ; toutefois, comme ceci concernait des hommes qui avaient quitté leur poste immédiatement après le vote du 10 juillet 1940, cette clause ne fut honorée que dans l'intervalle [14]. Toutes les mises en accusation dressées (automatiquement) contre les ministres de Pétain qui appartenaient à cette catégorie furent cassées. De la même façon, lorsque Charles Frémicourt, qui avait été ministre de la Justice au cabinet de la IIIe République de Pétain, fut démis automatiquement de ses hautes fonctions dans la magistrature, le Conseil d'État annula cette décision en vertu du fait que le gouvernement constitué le 16 juin 1940 était régulier à tous égards [15].

Pour des raisons diverses, mentionnées au chapitre 2, les gaullistes décidèrent d'accuser le régime de Vichy d'« illégalité » en sus de son « illégitimité ». C'est le professeur René Cassin qui formula la version définitive de l'accusation en décembre 1940 dans un article intitulé « Un coup d'État : La soi-disant Constitution de Vichy » [16].

Le premier point de l'argumentation de Cassin concernait les circonstances irrégulières dans lesquelles l'Assemblée nationale s'était réunie : elle ne s'était pas réunie, comme le stipulait la Constitution, à Versailles ; on présumait que les sénateurs et les députés avaient été contraints par une pression organisée ; de toute façon, l'occupation partielle par les Allemands rendait impossibles des élections libres. Maintenant on peut débattre de la force de ces arguments. En appliquant à la lettre la loi qui exigeait de faire siéger l'Assemblée à Versailles, on en aurait violé l'esprit. Comme le remarque Cassin lui-même, l'intention de ceux qui avaient formulé cette clause était de soustraire l'Assemblée aux pressions extérieures. Si Pétain avait accepté, comme les Allemands l'y invitaient, de transporter son gouvernement en zone occupée (comme il se proposa plus tard de le faire) et si l'Assemblée avait siégé, encerclée par les baïonnettes allemandes, elle n'aurait été guère plus indépendante. On s'interroge toujours pour savoir dans quelle mesure les membres de l'Assemblée étaient soumis à une coercition ; Otto Kirchheimer a remarqué que la part respective de la libre volonté et de la coercition lors des changements de 1940 n'était certes guère moindre que lors de la transition de 1958, lorsque l'on passa de la IVe à la Ve République. La menace que représentaient les parachutistes de Massu servit autant la Ve République de De Gaulle que le fit la proximité des tanks allemands pour l'ascension au pouvoir de Pétain [17]. A ce sujet, le professeur fait une remarque pertinente : selon l'article 1112 du Code civil, pour qu'il y ait coercition, il faut que celle-ci soit de nature à « faire impression sur une personne raisonnable », en tenant compte de la « condition » de la personne concernée. Ceci, d'après lui, implique qu'« un représentant de la nation doit être réputé moins facilement contraint qu'un simple citoyen » et il conclut en disant que l'accusation selon laquelle le vote n'était pas valide parce qu'il y avait eu coercition n'est pas recevable [18]. (En 1946, les rédacteurs de la Constitution de la IVe République légiférèrent sur un problème déjà dépassé : l'article 94 prévoyait que si tout ou partie de la France métropolitaine était occupé par des troupes étrangères, on ne pouvait ni entamer ni poursuivre de procédure de révision.)

Le deuxième point de Cassin était que seule l'Assemblée nationale détenait le droit de réviser la Constitution ; elle n'avait absolument aucun droit de déléguer son pouvoir constituant à une autre partie (ou de l'abdiquer) et les actes posés par une telle partie étaient donc nuls. Il est intéressant de voir qu'un certain nombre de juristes qui écrivaient librement dans la France de Vichy, ainsi que P.-H. Teitgen, futur ministre de la Justice du Gouvernement provisoire, dans ses conférences à la faculté de droit de l'Université de Montpellier, soutenaient la position de Cassin sur ce point [19]. Maurice Duverger et Georges Vedel réfutent le point de vue de Cassin. Selon ce dernier, la procédure suivie par l'Assemblée nationale était tout à fait comparable à l'utilisation qui était faite des décrets-lois entre les deux guerres ; si l'Assemblée avait le droit de déléguer ses pouvoirs législatifs, elle avait aussi bien le droit de déléguer ses pouvoirs constituants [20]. L'argumentation de Vedel est plus subtile. Il est d'accord avec Cassin pour dire que l'Assemblée ne pouvait pas déléguer son pouvoir constituant, puisque c'est un pouvoir dérivé de la Constitution, et non original, comme c'est le cas pour une assemblée constituante révolutionnaire. Cependant, l'Assemblée avait indéniablement le pouvoir de « réviser le mode de révision » et, suivant la doctrine selon laquelle la promulgation des lois doit recevoir le bénéfice du doute, on devrait considérer que c'est ce que fit l'Assemblée lors du vote du 10 juillet. Par conséquent l'Assemblée avait agi selon ses compétences [21].

Le dernier point de Cassin était que les « Actes constitutionnels » de Pétain, en abolissant la République, violaient la loi constitutionnelle de 1884 qui niait ce droit même à l'Assemblée nationale : le régime de Vichy était donc illégal et anticonstitutionnel. Maurice Prélot accepte cet argument, et ajoute qu'en supprimant la République, Pétain avait détruit le fondement de son pouvoir constituant dérivé et agi comme s'il avait un pouvoir constituant original (c'est-à-dire la légitimité révolutionnaire)[22]. Vedel accepte ce raisonnement, mais se distingue dans son appréciation de la situation de fait. A son avis, la République n'était pas abolie dans les faits, puisqu'on n'avait pas instauré un dirigeant héréditaire ; en effet, en droit, remplacer « Chef d'État » par « Président » et « État » par « République » n'avait aucun sens[23].

Les auteurs qui nient la validité de tout ou partie des accusations de Cassin n'appuient pas forcément pour autant la légalité de Vichy. Beaucoup d'entre eux fondent leur attaque sur le comportement de Pétain après le 10 juillet. Les actes constitutionnels qui instauraient le régime de Vichy ne pouvaient être légaux que s'ils étaient établis sous l'autorité de la résolution du 10 juillet, qui exigeait leur ratification par la nation. Puisque le régime avait immédiatement manifesté son intention de négliger la nécessité d'une ratification, il était, assuraient-ils, illégal presque depuis le début (mais pas tout à fait). Vichy était illégal parce qu'il n'avait pas appliqué ses propres règles du jeu[24].

Quelles qu'aient été les réserves émises ensuite par les juristes, le mouvement gaulliste adopta officiellement les conclusions de Cassin ; la Résistance métropolitaine, qui se préoccupait pourtant moins que Londres du statut juridique de Vichy, en vint aussi, plus tard, à accepter totalement sa thèse[25]. Il semblait exister une conviction si universelle (en apparence) de l'illégalité de Vichy parmi les résistants de toutes nuances politiques que l'on pouvait en faire un fait établi : lors des amples débats à l'Assemblée consultative provisoire d'Alger en 1943-1944 (débats qui traitaient souvent des questions en rapport avec la Constitution), on supposait ce point clos, on n'en débattait jamais. Des années plus tard, cependant, quelques gaullistes éminents de la période de guerre signalèrent qu'ils avaient adhéré à la thèse de Cassin avec un enthousiasme très mitigé. François Quilici, éditeur à Londres et à Marseille du journal gaulliste *La Marseillaise,* observa à l'Assemblée nationale qu'il s'agissait d'une « thèse d'opportunité », adoptée afin de donner aux Français Libres une base juridique, conformément au « traditionalisme anglo-saxon ». Lui-même, indiqua-t-il, n'avait jamais considéré que Vichy fût illégal, mais le considérait comme illégitime[26]. Raymond Aron, un autre proche du général pendant la guerre, alla plus loin en disant que « Vichy était légal et probablement légitime »[27].

Mais ces réserves ne s'exprimèrent que plusieurs années après. A l'époque, la thèse de Cassin faisait incontestablement partie de l'orthodoxie résistante. En conclusion, il nous faut mentionner deux corollaires de la thèse de Cassin, tous deux contenus explicitement dans l'article de Cassin de décembre 1940. Tout d'abord, puisque Vichy était illégal depuis sa création, la République n'avait jamais cessé d'exister et la Constitution de 1875 restait en vigueur. Cette conclusion fut officiellement formulée dans l'ordonnance du 9 août 1944, l'un des textes de loi essentiels du Gouvernement provisoire [28]. Le général de Gaulle a toujours insisté sur ce point. Lorsqu'on lui demanda, le jour de la Libération de Paris, de proclamer publiquement le rétablissement de la République, il répondit :

> « La République n'a jamais cessé d'être. La France Libre, la France Combattante, le Comité français de la Libération nationale l'ont, tour à tour, incorporée. Vichy fut toujours et demeure nul et non avenu. Moi-même suis le président du Gouvernement de la République. Pourquoi irais-je la proclamer ? » [29]

La thèse de la continuité de la République impliquait, à son tour, que la « loi Treveneuc », qui autorisait les conseils généraux à se réunir et à former une nouvelle Assemblée si l'ancienne était illégalement dissoute et incapable de se réunir, devenait applicable. Pourtant en 1943-1944, lorsqu'il aurait été concevable d'utiliser cette procédure, les gaullistes ainsi que la résistance métropolitaine l'avaient déjà abandonnée, et elle ne fut jamais envisagée sérieusement ensuite. (P.-E. Flandin et certains conseillers généraux d'Afrique du Nord appuyaient cette idée, mais ils n'avaient aucune influence.)

Il y avait plusieurs difficultés pratiques : fonder un gouvernement uniquement sur les conseils d'Afrique du Nord aurait été non seulement absurde, mais suicidaire sur le plan politique, étant donné qu'en général ils étaient contrôlés par des forces hostiles à de Gaulle et à la Résistance ; avant les débarquements alliés en juin 1944, on ne pouvait prévoir qu'en l'espace de quelques mois presque tout le territoire de la métropole allait être libéré et l'on dut prendre des mesures pour administrer quelques départements au voisinage d'une tête de pont pendant une période indéfinie ; tous les conseils, en tout cas, avaient subi une épuration très sévère sous le régime de Vichy. Ceci mis à part, un argument plus imposant allait à l'encontre de la procédure Treveneuc : de Gaulle, pas plus qu'aucune fraction importante de la Résistance, n'avait pas la moindre envie de revenir à la IIIe République. Si leurs projets concernant la sorte de IVe République qu'ils souhaitaient différaient, ils étaient tous d'accord pour empêcher le retour à la IIIe République [30].

Appendice B

Programme d'action de la Résistance (adopté par le C.N.R. le 15 mars 1944) [1]

II. Mesures à appliquer dès la Libération du territoire

Unis quant au but à atteindre, unis quant aux moyens à mettre en œuvre pour atteindre ce but qui est la Libération rapide du territoire, les représentants des mouvements, groupements, partis ou tendances politiques, groupés au sein du C.N.R., proclament qu'ils sont décidés à rester unis après la Libération :

1° Afin d'établir le gouvernement provisoire de la République formé par le général de Gaulle pour défendre l'indépendance politique et économique de la nation, rétablir la France dans sa puissance, dans sa grandeur et dans sa mission universelle ;

2° Afin de veiller au châtiment des traîtres et à l'éviction dans le domaine de l'administration et de la vie professionnelle de tous ceux qui auront pactisé avec l'ennemi ou qui seront associés activement à la politique des gouvernements de collaboration ;

3° Afin d'exiger la confiscation des biens des traîtres et des trafiquants de marché noir, l'établissement d'un impôt progressif sur les bénéfices de guerre et plus généralement sur les gains réalisés au détriment du peuple et de la nation pendant la période d'occupation, ainsi que la confiscation de tous les biens ennemis y compris les participations acquises depuis l'armistice par le gouvernement de l'Axe et par leurs ressortissants dans les entreprises françaises et coloniales de tout ordre, avec constitution de ces participations en patrimoine national inaliénable ;

4° Afin d'assurer :
l'établissement de la démocratie la plus large en rendant la parole au peuple français par le rétablissement du suffrage universel ;
la pleine liberté de pensée, de conscience et d'expression ;
la liberté de la presse, son honneur et son indépendance à l'égard de l'État, des puissances d'argent et des influences étrangères ;
la liberté d'association, de réunion et de manifestation ;
l'inviolabilité du domicile et le secret de la correspondance ;
le respect de la personne humaine ;
l'égalité absolue de tous les citoyens devant la loi ;

5° Afin de promouvoir les réformes indispensables :

a) Sur le plan économique :
l'instauration d'une véritable démocratie économique et sociale, impliquant l'éviction des grandes féodalités économiques et financières de la direction de l'économie ;
une organisation rationnelle de l'économie assurant la subordination des intérêts particuliers à l'intérêt général et affranchie de la dictature professionnelle instaurée à l'image des États fascistes ;
l'intensification de la production nationale selon les lignes d'un plan arrêté par l'État après consultation des représentants de tous les éléments de cette production ;
le retour à la nation des grands moyens de production monopolisés, fruit du travail commun, des sources d'énergie, des richesses du sous-sol, des compagnies d'assurances et des grandes banques ;
le développement et le soutien des coopératives de production, d'achats et de ventes, agricoles et artisanales ;
le droit d'accès, dans le cadre de l'entreprise, aux fonctions de direction et d'administration, pour les ouvriers possédant les qualifications nécessaires, et la participation des travailleurs à la direction de l'économie.

b) Sur le plan social :
le droit au travail et le droit au repos, notamment par le rétablissement et l'amélioration du régime contractuel du travail ;
un rajustement important des salaires et la garantie d'un niveau de salaire et de traitement qui assure à chaque travailleur et à sa famille la sécurité, la dignité et la possibilité d'une vie pleinement humaine ;
la garantie du pouvoir d'achat national par une politique tendant à la stabilité de la monnaie ;

la reconstitution, dans ses libertés traditionnelles, d'un syndicalisme indépendant, doté de larges pouvoirs dans l'organisation de la vie économique et sociale ;
un plan complet de sécurité sociale, visant à assurer à tous les citoyens des moyens d'existence, dans tous les cas où ils sont incapables de se les procurer par le travail, avec gestion appartenant aux représentants des intéressés et de l'État ;
la sécurité de l'emploi, la réglementation des conditions d'embauchage et de licenciement, le rétablissement des délégués d'atelier ;
l'élévation et la sécurité du niveau de vie des travailleurs de la terre par une politique de prix agricoles rémunérateurs, améliorant et généralisant l'expérience de l'Office du Blé, par une législation sociale accordant aux salariés agricoles les mêmes droits qu'aux salariés de l'industrie, par un système d'assurance contre les calamités agricoles, par l'établissement d'un juste statut du fermage et du métayage, par des facilités d'accession à la propriété pour les jeunes familles paysannes et par la réalisation d'un plan d'équipement rural ;
une retraite permettant aux vieux travailleurs de finir dignement leurs jours ;
le dédommagement des sinistres et des allocations et pensions pour les victimes de la terreur fasciste.

c) Une extension des droits politiques, sociaux et économiques des populations indigènes et coloniales.

d) La possibilité effective pour tous les enfants français de bénéficier de l'instruction et d'accéder à la culure la plus développée quelle que soit la situation de fortune de leurs parents, afin que les fonctions les plus hautes soient réellement accessibles à tous ceux qui auront les capaciés requises pour les exercer et que soit ainsi promue une élite véritable, non de naissance mais de mérite, et constamment renouvelée par les apports populaires.

Ainsi sera fondée une République nouvelle qui balaiera le régime de basse réaction instauré par Vichy et qui rendra aux institutions démocratiques et populaires l'efficacité que leur avaient fait perdre les entreprises de corruption et de trahison qui ont précédé la capitulation. Ainsi sera rendue possible une démocratie qui unisse au contrôle effectif exercé par les élus du peuple la continuité de l'action gouvernementale.

L'union des représentants de la Résistance pour l'action dans le présent et dans l'avenir, dans l'intérêt supérieur de la patrie, doit être pour tous les Français un gage de confiance et un stimulant. Elle doit les inciter à éliminer tout esprit de particularisme, tout ferment de division qui pourraient freiner leur action et ne servir que l'ennemi.

En avant donc, dans l'union de tous les Français rassemblés autour du C.F.L.N. et de son président, le général de Gaulle !

En avant pour le combat, en avant pour la victoire, afin que vive la France !

Appendice C

Statistiques des exécutions sommaires

> « Il existe en ce monde des savants qui gaspillent leurs talents à chercher un juste milieu entre des affirmations contraires. Ils me font penser à un gosse à qui l'on demande quel est le carré du nombre deux et qui, parce qu'un de ses voisins lui souffle « quatre » et l'autre « huit », pense viser juste en répondant « six ».
>
> MARC BLOCH [1]

Dans les chiffres proposés comme total des exécutions sommaires de collaborateurs en France avant et après la Libération, on distingue trois ordres de grandeur. Il y a les évaluations « maximalistes » qui dépassent les 100 000, les évaluations officielles gouvernementales qui tournent autour de 10 000 et les estimations toutes récentes de Robert Aron qui pense qu'il y en eut entre 30 000 et 40 000.

Les chiffres de 100 000 et plus émanent de milieux revanchistes et antirésistants, ainsi que des apologistes de Vichy. D'une façon caractéristique, ceux-ci les accompagnent d'allégations selon lesquelles la France était sous l'emprise de la terreur rouge en 1944-1945 et les exécutions étaient le signe d'une tentative de prise du pouvoir de la part des communistes [2]. On donne trois sources différentes à l'appui du chiffre de plus de 100 000 pour le total des exécutions.

Le chiffre de 105 000, qui apparaît fréquemment, émane d'une remarque que fit, soi-disant, Adrien Tixier en novembre 1944, alors qu'il était ministre de l'Intérieur. D'après André Dewavrin (« Colonel Passy »), Tixier lui dit que des informations émanant du préfet indiquaient un total de 105 000 exécutions sommaires [3]. Tixier est mort en 1946 et il n'existe aucun autre document à l'appui de ses dires en dehors du témoignage de Dewavrin.

Les chiffres, souvent proposés également, de 112 000 et 120 000 semblent résulter de deux sortes d'extrapolation. L'une est le fait incontestable qu'en province, les exécutions sommaires se poursuivirent pendant quelques mois après la prétendue évaluation de Tixier à 105 000, en novembre 1944. Les autres statistiques choisies comme point de départ pour aboutir à des totaux de plus de 100 000 sont des évaluations gouvernementales concernant les pertes de guerre parmi la population civile, qui donnaient en 1946 le chiffre de 97 000 pour « dues à des causes diverses », avec 36 000 dossiers pas encore examinés. « Que pouvaient bien être ces "causes diverses" sinon des exécutions sommaires ? » demande Jean Montigny, qui ajoute qu'assurément, la plupart des 36 000 cas non encore examinés appartiennent à la même catégorie [4].

Le troisième principal fondement des évaluations « maximalistes » est un prétendu calcul effectué par le chef de la Division Historique de l'armée américaine, selon lequel 50 000 personnes environ avaient été tuées dans la zone méditerranéenne en 1944-1945 seulement [5]. En prolongeant en arrière dans le temps et vers le nord dans l'espace, on n'a pas de mal à atteindre des totaux de plus de 100 000. Les apologistes de Vichy de l'extrême droite ne sont pas les seuls à croire à la véracité et à la fiabilité de cette évaluation officielle américaine « impartiale et sûre » ; Jean Paulhan, par exemple, ancien résistant et membre de l'Académie française, s'en sert comme source principale [6]. Il se trouve que cette source n'est pas du tout un document de l'armée américaine, mais un article à sensation écrit dans une revue farfelue et marginale américaine par un journaliste de la société Hearst, qui avait servi brièvement pendant la guerre dans la division historique de la section des affaires civiles de l'Armée. Le chiffre de 50 000 en tout cas n'est pas d'origine américaine, mais est celui que des officiers français (qu'il ne nomme pas) ont suggéré à l'auteur au cours d'une conversation [7].

Les chiffres extravagants de l'extrême droite sont importants, non pas parce que les érudits les prennent au sérieux, jamais ils ne le feront à moins que l'on puisse produire des preuves à l'appui, mais parce que, à force de les répéter inlassablement, on fait naître le soupçon de « pas de fumée sans feu » ; ils constituent un piège pour des érudits sérieux et objectifs qui les opposent aux chiffres beaucoup plus faibles des estimations gouvernementales et en concluent que « la vérité doit se situer quelque part entre les deux ». Maintenant, est-ce que ceux qui avancent les chiffres de 100 000 ont prévu cette déduction, est-ce qu'ils proposent leur marchandise au prix de 100 000 dans l'espoir d'en tirer 50 000 comme des marchands de tapis, je ne saurais le dire.

A l'extrémité opposée du spectre on trouve les chiffres que propose le gouvernement français [8]. Il y en a deux séries, toutes deux fondées sur des enquêtes menées parmi les préfets respectivement en 1948 et 1952. Dans un cas comme dans l'autre, le gouvernement a insisté sur les difficultés multiples associées au recueil de ces données et donc sur la nature approximative et provisoire des renseignements fournis. Les premiers chiffres concernant les exécutions sont les suivants [9] :

A. Exécutions antérieures à la Libération		5 234
B. Exécutions pendant et après la Libération		
1. Sans jugement		3 114
2. Après un jugement « de facto »		1 325
	4 439	4 439
		9 673

La seconde série se répartit de façon quelque peu différente [10] :

A. Exécutions de personnes soupçonnées de collaboration avec ou sans jugement « de facto »		
1. Avant la Libération	5 143	
2. Après la Libération	3 724	
	8 867	8 867
B. Victimes de meurtres ou d'exécutions pour lesquelles on n'a pu établir le mobile		
1. Avant la Libération	1 532	
2. Après la Libération (jusqu'au 1er janvier 1945)	423	
	1 955	1 955
		10 822

Même si l'on suppose, comme je le fais, que ces chiffres sont proposés en toute bonne foi, que devons-nous en faire ? [11]. Tout ce que je peux suggérer est que, en ce qui concerne les chiffres d'après la Libération, ils traduisent peut-être une « accumulation de sous-estimations ». Si tel est le cas, les chiffres concernant l'exécution de collaborateurs après la Libération (B-1 et B-2 dans la première série, A-2 et B-2 dans une certaine mesure dans la deuxième) doivent être considérés comme des estimations minima plutôt que moyennes [12].

Robert Aron se tient à mi-chemin entre la position du gouvernement et celle des maximalistes. Il s'appuie sur divers sources et calculs pour estimer le nombre des exécutions sommaires à entre 30 et 40 000, en comptant à la fois celles d'avant et d'après la Libération. L'évaluation d'Aron a reçu l'approbation d'historiens sérieux et semble devoir, jusqu'à preuve du contraire, être transmise aux futurs historiens comme un élément de l'orthodoxie érudite. C'est pourquoi elle mérite d'être examinée en détail.

Aron est sceptique quant aux chiffres les plus élevés, non seulement parce qu'ils ne sont pas étayés par une documentation suffisante, mais en raison de leur improbabilité inhérente. Mais les chiffres du gouvernement lui paraissent tout aussi improbables. Il raconte avoir demandé à Michel Debré son opinion sur l'évaluation du gouvernement à 4 500 des exécutions postérieures à la Libération. La réponse de Debré confirma sa propre opinion. Le futur Premier ministre déclara qu'il était « absurde » de penser que deux ou trois départements du Sud-Ouest à eux seuls pussent totaliser un nombre pareil d'exécutions [13].

Désireux de faire la lumière sur ce point, Aron se décida pour la procédure qui suit, tout en reconnaissant que les résultats obtenus seraient, dans la meilleure hypothèse, partiels et approximatifs. Il choisit pour point de départ les quelques statistiques départementales attenantes (à titre d'exemples) aux évaluations globales du rapport ministériel de 1951. Il les compara ensuite aux résultats d'enquêtes qu'il avait menées en province parmi des personnes « dignes de confiance » appartenant à divers camps. Ses conclusions furent les suivantes :

1. Rien ne justifiait l'« évaluation Tixier-Dewavrin » à 105 000.

2. Dans les départements où il y avait eu peu d'exécutions sommaires, ses chiffres étaient proches des estimations officielles.

3. En revanche, dans les départements où il y avait eu le plus de violence populaire, ses chiffres représentaient deux, trois à quatre fois ceux du ministère. Par exemple :

	Ministère	Aron
Dordogne	528	1 000 (minimum)
Bouches-du-Rhône	310	800
Rhône	294	800
Haute-Vienne	260	1 000 (environ)

Il en conclut que, même s'il ne s'agit que d'échantillons qui donnent tout au plus un ordre de grandeur, on peut en déduire que l'évaluation officielle à 10 000 avant et après la Libération doit être multipliée par trois ou par quatre. Les vrais totaux seraient donc de 30 000 à 40 000 [14].

Les éléments ci-dessus peuvent appeler deux remarques :

1. D'après les exemples d'Aron lui-même, la différence est de l'ordre de 2,5 contre 1, et non de 3 ou 4 contre 1. L'évaluation révisée, sur la base des départements qu'il cite, devrait atteindre 25 000, et non 30 ou 40 000.

2. Aron a trouvé approximativement exacts certains éléments du total proposé par le ministère ; d'autres éléments étaient en moyenne 3 à 4 fois (d'après ses estimations) ou 2,5 fois (d'après ses chiffres) trop faibles. Ensuite il a multiplié le grand total du ministère (composé aussi bien de totaux exacts que d'autres prétendus dévalués) par le facteur qui ne s'applique qu'à ces derniers. Si l'on adopte l'hypothèse que la moitié du total global du ministère est tiré de sous-totaux approximativement exacts, et l'autre moitié de sous-estimations (Aron n'indique aucune proportion), il devrait aboutir à une évaluation de 20 000 à 25 000 (en fonction du rapport 3 ou 4 contre 1) ou de 17 500 (en fonction du rapport 2,5 contre 1).

D'après ses propres observations, l'évaluation d'Aron a 30 000 ou 40 000 paraît, en fonction des seuls éléments internes, représenter le double du total probable. Toutefois, juste avant que son livre ne soit publié, Aron finit par recevoir la réponse à une demande d'informations sur les exécutions sommaires formulée auprès de la gendarmerie. Le document consistait (ici Aron cite, vraisemblablement d'après la lettre de la gendarmerie qui accompagnait les statistiques) en un « rapport statistique établi à l'aide de... rapports... objectifs... reçus par des unités de la gendarmerie ». Malheureusement, le rapport n'est pas complet ; les centres urbains de Paris, Orléans, Limoges et Toulouse n'y figurent absolument pas ; les éléments qui concernent Metz, Dijon, Lyon et Marseille sont « fragmentaires ». (Aron remarque que ces régions avaient été la scène des manifestations les plus violentes de la Libération.)

Aron écrit qu'en dehors des régions manquantes, le nombre des exécutions sommaires « effectuées au moment de la Libération » et vérifiées par des unités de la gendarmerie est évalué à 14 468. Si l'on prend en ligne de compte les régions manquantes, on peut considérer qu'un chiffre légèrement au-dessus de 20 000 constitue pour la France entière une estimation raisonnable. Et si les exécutions sommaires effectuées avant la Libération (qui d'après les statistiques du ministère sont plus nombreuses que celles qui eurent lieu au moment de la Libération) sont incluses, nous atteignons au moins le chiffre suggéré par Aron : entre 30 et 40 000. Aron y voit une confirmation dans le fait que les chiffres de la gendarmerie sont approximativement quatre fois plus grands que ceux du ministre de l'Intérieur « pour les exécutions contemporaines à la Libération », et correspondent ainsi aux résultats de l'échantillonnage réalisé par Aron et qu'il a utilisé pour parvenir à ses conclusions [15].

Il semble qu'on ait là, « pour la première fois », comme le dit Aron en le présentant, un document émanant d'un service officiel recelant les éléments d'une solution réelle au problème soulevé par les exécutions sommaires.

Curieux de connaître ce document, je demandai à M. Aron si je pouvais le voir. Son assistant, présent lors de notre rencontre, s'offrit à m'en faire une copie et à me l'envoyer et je l'ai aujourd'hui en ma possession. Or l'exposé d'Aron sur le document de la gendarmerie, dans son livre, comprend nettement une inexactitude et une déformation.

Tout d'abord, le document ne consiste pas en une série de statistiques concernant les exécutions *à* la Libération, mais est en fait intitulé « Exécutions sommaires en Métropole de 1942 à 1945 ». Le chiffre total du rapport, qu'Aron multiplie par deux, après avoir procédé à des ajustements, pour donner un chiffre concernant aussi bien les exécutions avant et après la Libération, comprend déjà celles qui ont été commises avant la Libération.

Deuxièmement, le total donné par la gendarmerie n'est pas de 14 468 mais de 15 110. Pourquoi 642 « exécutions sommaires » sont-elles omises dans la version de Aron ? Parce que en face du total de 3 483 pour la « Quatrième Région » (dont 850 pour la Haute-Vienne) on trouve le commentaire suivant : « Victimes d'Oradour-sur-Glane (642) incluses ». Tout semble indiquer que le rapport, bien loin de traiter des exécutions de collaborateurs avant ou après la Libération, concerne en fait toutes les exécutions effectuées en dehors de la justice par les Allemands, la milice, la Résistance et autres en France de 1942 à 1945 [16]. M. Aron ne va pas jusqu'à inclure les 642 victimes du massacre d'Oradour par les Allemands dans le total des « exécutions sommaires commises à la Libération », mais il inclut pourtant toutes les autres sortes d'exécutions, quels qu'en soient la date ou l'auteur.

En définitive, que dire en ce qui concerne le nombre des exécutions sommaires ? Avec certitude : rien. Tout ce que nous pouvons faire c'est constater que, jusqu'à présent, aucune des attaques visant à une révision des chiffres du ministre de l'Intérieur (qu'elles soient manifestement extravagantes ou pseudo-érudites) n'est recevable. Les données officielles (5 200 à 6 700 avant la Libération, 4 100 à 4 400 après) ne représentent peut-être que des minima et non des chiffres moyens, mais pour l'instant elles restent valides.

Deux problèmes méthodologiques vont rendre impossible toute recherche future dans ce domaine. Pour compléter les chiffres présents de manière sûre, le seul moyen serait d'identifier les corps. Mais comment savoir si les ossements d'un mort de longue date que l'on vient juste de découvrir sont ceux d'un milicien fusillé par la Résistance, ou d'un résistant fusillé par la milice ? Le second problème est une question de définition, autant que je sache jamais encore considéré. Tant avant qu'après la Libération, il y avait des batailles rangées entre les petites (et parfois grandes) bandes de miliciens et de résistants. Est-ce que, parmi les premiers, ceux qui se firent tuer doivent être classés dans les « sommairement exécutés » ? Ce n'était pas légal pour les C.D.L. et d'autres groupes locaux de résistance de juger et d'exécuter des collaborateurs ; en revanche, dans certaines circonstances, ils avaient le droit de les arrêter (en réalité, et non pas quand il s'agissait d'une invention pour couvrir la police), y avait-il là une « exécution sommaire » ?

Appendice D

Étude comparative des systèmes de législation et de tribunaux de l'épuration [1]

Dans tous les pays occidentaux d'Europe, la législation existante en matière de trahison se révéla inadaptée à ce phénomène imprévisible d'occupation prolongée et de collaboration généralisée [2]. Ils durent tous combler cette lacune par une forme ou une autre de législation rétroactive.

En Norvège, en Hollande et au Danemark, cette introduction de lois rétroactives se fit de la façon la plus frappante que l'on puisse imaginer ; après l'avoir supprimée de leur Code pénal pendant pas moins de soixante-douze ans, ils réintroduisirent la peine de mort, après la Libération, pour punir les crimes commis sous l'occupation. (La Belgique, comme la France, ne l'avait jamais supprimée [3].) En Norvège, (où la dernière condamnation à mort avait été exécutée en 1876), c'est l'Ordonnance royale du 3 octobre 1941 qui décréta la peine capitale. La décision fut annoncée en territoire occupé par l'intermédiaire de tracts et d'émissions radiophoniques [4]. Le gouvernement en exil de Hollande décida de réintroduire la peine de mort (abolie en 1870) par une ordonnance datée du 22 décembre 1943, mais ce ne fut pas annoncé avant septembre 1944, lors de la libération du premier territoire hollandais [5]. Au Danemark, où il n'y avait pas de gouvernement en exil qui puisse légiférer pendant la guerre, on introduisit par une loi du 1er juin 1945 la peine capitale, pour les actes de trahison commis à partir du début de l'occupation allemande [6].

Mis à part la question de la peine de mort, le fait est que les formes de trahison prévues par la législation d'avant-guerre, même lors de l'occupation antérieure en Belgique, n'étaient pas les seules auxquelles les tribunaux allaient être confrontés. Si l'on se servait de la législation d'avant-guerre concernant la trahison pour punir les formes nouvelles et largement répandues de collaboration mineure, les peines très strictes que cette législation proposait aboutiraient à un double inconvénient ; traiter de la même manière des hommes coupables de simple faiblesse ou de vénalité et des traîtres confirmés serait d'une sévérité injuste ; en même temps, la sévérité même des condamnations ferait hésiter à les appliquer et de nombreux coupables resteraient impunis [7].

Dans les quatre pays, on adopta la solution d'une forme quelconque d'« Indignité nationale ». En Hollande, non seulement l'appartenance à des groupes nazis ou fascistes, mais aussi la sympathie pour le nazisme ou un « état d'esprit nazi », ainsi que des relations amicales avec des Allemands, constituaient des délits punissables [8]. En Belgique, les catégories de comportement « incivique » déclaré punissable étaient analogues à celles énumérées par l'ordonnance française du 26 août 1944 [9]. La Norvège, elle, ne dressa pas de liste des délits spécifiques qui entraînaient l'indignité nationale, mais promulgua une nouvelle échelle inférieure de peines (qui entraînaient en général l'équivalent de la dégradation nationale) pour les délits mineurs commis contre le code d'avant-guerre [10]. Les Danois, sans établir de législation séparée, parvinrent au même résultat pratique en condamnant les auteurs de délits mineurs à des peines aussi faibles que trente jours d'emprisonnement par exemple, mais toutes les peines étaient accompagnées d'une liste extrêmement rigoureuse de disqualifications civiques [11].

Les peines associées à l'indignité nationale variaient beaucoup. En Belgique, elles étaient en gros les mêmes qu'en France, mais elles comprenaient également l'interdiction d'accomplir les devoirs d'une fonction cléricale. Néanmoins, en Belgique, on n'était pas forcé d'appliquer la liste des peines en bloc ; on pouvait les infliger à discrétion [12].

En Hollande, les peines étaient beaucoup plus strictes, et incluaient jusqu'à dix ans d'emprisonnement [13]. Les clauses habituelles instaurant la disqualification civique et des amendes existaient, mais 60 000 citoyens hollandais se virent infliger une autre disqualification globale : tous ceux qui avaient été membres de certaines organisations policières et militaires parrainées par les Allemands étaient considérés comme étant entrés au service d'une puissance étrangère et furent par conséquent privés de la nationalité hollandaise [14]. Parmi les nombreuses conséquences de cette mesure, on comptait la confiscation des biens du condamné, puisqu'ils devenaient ceux d'un « étranger ennemi » [15].

En Norvège, outre les courtes peines d'emprisonnement, les petits délinquants étaient exposés à des disqualifications si larges qu'elles comportaient l'interdiction d'exercer quasiment toute activité économique indépendante, y compris de diriger une ferme, un atelier ou un magasin. Dans la pratique, cependant, ces peines furent rarement appliquées et on se contenta de la privation des droits politiques. Les amendes étaient lourdes et la plupart des collaborateurs opulents se virent confisquer la plus grosse part de leurs biens [16].

Chacun des quatre pays considérés adapta sa machine juridique à cette tâche nouvelle et énorme d'une façon différente. La Belgique utilisa les tribunaux militaires, mais on en modifia la composition de façon qu'ils consistent en deux juges civils et trois officiers [17]. Les Hollandais établirent un système qui ressemblait à celui des Belges comme un frère jumeau : trente-cinq cours spéciales, qui ressemblaient de près à des cours pénales ordinaires, furent instaurées, mais deux sur les cinq juges devaient être des officiers servant dans les forces armées. Elles traitaient les causes de collaboration les plus graves [18]. Pour ceux dont les délits étaient moins graves, on institua plus de 100 tribunaux qui consistaient en un juge et deux profanes issus de la Résistance [19].

Pour les causes principales, les Norvégiens modifièrent leurs cours d'assises d'une façon qui rappelait la manière de faire des Français. D'ordinaire, ces cours étaient constituées de dix jurés profanes qui déterminaient la culpabilité ou l'innocence et de trois juges qui délibéraient sur la condamnation. Les cours une fois modifiées comptaient quatre jurés et trois juges qui délibéraient ensemble pour tout. Étant donné que la culpabilité était rarement contestée, cette révision permettait la participation populaire à ce qui devint la question cruciale : la condamnation. Les causes plus bénignes étaient entendues par les tribunaux ordinaires des villes ou des cantons [20]. Au Danemark, on introduisit très peu de petites modifications de procédure [21].

Il faut mentionner brièvement une procédure novatrice qui fut employée en Belgique, en Hollande et en Norvège. On introduisit dans ces trois pays des « arrangements négociés » pour réduire l'énorme retard des jugements. (En Hollande, lorsqu'on introduisit le système, 250 000 personnes attendaient de passer en jugement, parmi lesquelles 100 000 étaient détenues. On estimait que les cours spéciales et les tribunaux ne pouvaient en juger plus de 30 000 par an [22].) En Belgique et en Norvège, l'arrangement se fit devant un tribunal ; en Hollande, il fut réglé en privé par les adjoints du ministre de la Justice [23]. Dans ces trois pays, le procureur de l'État « proposait » une peine à l'accusé pouvant inclure une courte peine d'emprisonnement, une amende, une période de mise à l'épreuve, la perte de certains droits ou une combinaison quelconque de ces éléments. Si l'accusé acceptait, il n'était pas nécessaire de continuer le procès ; s'il refusait l'arrangement, il devait affronter le jugement [24]. Cette procédure fut très largement employée dans tous ces pays, et contribua de manière essentielle à une conclusion plus rapide, sinon heureuse, de leurs programmes de châtiment des collaborateurs. [25].

Dans chaque pays, la combinaison de solutions à laquelle on parvenait était la résultante des diverses forces et pressions qui s'étaient exercées ; les traditions de la justice, les revendications populaires, les clivages politiques, et d'autres encore. Il n'y eut pas un pays où l'on fut satisfait des solutions adoptées [26].

Appendice E

Verdicts des cours de justice selon les districts judiciaires

Cet appendice comprend 1 : une carte qui présente les districts judiciaires dans lesquels se répartissaient les cours de justice ; 2 : un tableau qui donne les statistiques correspondant aux travaux des cours de justice, par district, jusqu'à la fin de 1948 ; et 3 : un tableau qui présente mes propres estimations déduites de ces statistiques, quant à la sévérité relative des cours de justice dans les divers districts.

1. Agen	*10.* Chambéry	*19.* Nîmes
2. Aix	*11.* Colmar	*20.* Orléans
3. Amiens	*12.* Dijon	*21.* Paris
4. Angers	*13.* Douai	*22.* Pau
5. Bastia	*14.* Grenoble	*23.* Poitiers
6. Besançon	*15.* Limoges	*24.* Rennes
7. Bordeaux	*16.* Lyon	*25.* Riom
8. Bourges	*17.* Montpellier	*26.* Rouen
9. Caen	*18.* Nancy	*27.* Toulouse

TABLEAU 7. *Résumé statistique des travaux des cours de justice et des chambres civiques au 31 décembre 1948* [a]

	District judiciaire	Cours de justice										Chambres civiques			
		Causes non poursuivies[b]	Causes entendues[c]	Acquittements	Peine de mort		Travaux forcés		Régime cellulaire[f]	Prison	Dégradation nationale[g]	Causes entendues[c]	Acquittements	Dégradation nationale	Dégradation nationale suspendue[h]
					Par contumace[d]	Contradictoire[e]	A perpétuité	Temporaire							
Colmar	Besançon	452	1,174	185	118	47	71	244	77	552	85	1,328	159	1,209	48
	Colmar	7,286	3,870	288	-	81	58	518	321	2,611	362	8,403	2,342	6,953	261
	Nancy	557	1,346	232	70	54	71	261	75	778	-	1,582	462	1,062	79
Lyon	Aix	3,745	4,080	649	490	209	200	1,184	105	1,960	-	2,783	750	1,864	276
	Bastia	49	76	35	10	3	5	19	3	30	-	328	144	83	23
	Bourges	701	796	96	82	30	44	185	-	234	-	1,026	244	759	32
	Chambéry	315	685	106	122	26	49	160	55	227	-	425	114	207	17
	Dijon	730	859	112	108	190	51	247	30	488	-	1,193	245	1,041	61
	Grenoble	702	1,463	238	370	106	112	209	9	462	-	722	166	420	82
	Lyon	1,505	2,400	391	513	180	211	451	37	786	-	3,884	894	3,073	86
	Nîmes	808	1,730	147	466	54	108	274	49	545	90	1,144	157	902	124
	Riom	564	1,093	206	165	137	221	318	17	365	-	1,753	429	1,485	67
Paris	Amiens	845	1,482	181	128	39	31	225	52	660	-	1,599	549	1,252	21
	Angers	320	847	127	59	35	25	172	57	542	-	1,451	427	1,024	15
	Caen	569	1,362	450	39	43	74	365	82	756	-	2,418	450	2,051	90
	Douai	4,826	5,362	1,094	371	82	104	872	135	2,704	-	2,082	710	1,331	41
	Orléans	455	1,118	256	82	95	43	240	69	522	-	2,807	553	2,230	119
	Paris	11,500	8,340	2,088	123	241	416	1,965	484	5,531	-	14,123	6,320	8,245	6,320
	Poitiers	2,726	2,236	479	-	272	207	372	125	837	-	1,924	608	1,330	59
	Rennes	791	1,586	255	111	90	93	423	102	562	-	3,768	550	3,165	22
	Rouen	1,828	1,176	162	78	31	71	208	45	595	91	3,040	1,170	1,886	57

Toulouse	Agen	364	1,276	252	172	59	65	174	19	535	-	654	153	460	41
	Bordeaux	534	1,542	204	134	84	107	392	62	476	-	2,729	740	1,992	211
	Limoges	1,052	613	57	138	81	25	151	15	146	-	300	93	201	6
	Montpellier	1,119	1,525	102	51	221	180	388	51	498	31	2,740	578	1,905	257
	Pau	199	518	-	62	23	45	122	31	224	6	825	208	469	108
	Toulouse	475	1,540	211	335	127	90	295	66	490	-	2,934	666	1,887	406
	Totaux	45,017	50,095	8,603	4,397	2,640[i]	2,777	10,434	2,173	23,816[j]	692[k]	67,965	19,881	48,486	8,929

a) *Les statistiques proviennent des* Cahiers Français d'Information, *15 mars 1949.*
b) *Comprend les « affaires classées » des cours de justice et des chambres civiques.*
c) *La somme des « causes entendues » est moindre que celle des verdicts individuels puisque certaines causes concernaient plusieurs accusés alors que les chiffres des verdicts sont individuels.*
d) *Les causes entendues par contumace devaient être jugées à nouveau lorsque l'accusé était arrêté ou se rendait de lui-même. L'impact de ces verdicts était donc essentiellement moral ; l'une des conséquences pratiques en était qu'ils permettaient au gouvernement de saisir les biens de l'accusé. On ne dispose pas de statistiques faisant état de peines légères prononcées par contumace.*
e) *C'est-à-dire en présence de l'accusé.*
f) *Cette peine était habituellement employée lorsque l'accusé était trop vieux ou trop malade pour être condamné aux travaux forcés.*
g) *La dégradation nationale était une peine complémentaire qui s'ajoutait automatiquement à toute autre condamnation d'une cour de justice. Les chiffres de cette colonne font état des cas où une cour de justice a condamné un accusé uniquement à la dégradation nationale.*
h) *Les chambres civiques pouvaient immédiatement suspendre l'application d'une condamnation à la dégradation nationale s'il y avait eu participation active à la Résistance. Les verdicts figurant dans cette colonne sont à ajouter à ceux de la colonne précédente.*
i) *Seulement 791 de ces condamnations ont été accomplies.*
j) *La somme totale exacte de cette colonne est 24 116. On donne le total du document original puisqu'il est possible que l'erreur provienne de la transcription des sommes d'un des districts.*
k) *La somme correcte de cette colonne est 665. (Voir note précédente).*

TABLEAU 8. *Sévérité comparée des cours de justice et des chambres civiques par districts judiciaires*[a].

	District judiciaire	Population de 1946 en milliers[b]	Nombre de procès pour 1000 habitants[c]	Procès de cour de justice pour 1000 habitants[d]	Verdicts de culpabilité pour 1000 habitants[e]	Verdicts de culpabilité de la cour de justice pour 1000 habitants	Condamnations à mort contradictoires pour 1000 habitants[f]	Pourcentage des condamnations à mort dans les verdicts de culpabilité des cours de justice[f]	Pourcentage des acquittements dans les verdicts de culpabilité des cours de justice	Pourcentage des acquittements dans les verdicts de culpabilité des chambres civiques	Pourcentage des poursuites des cours de justice par rapport au nombre total des poursuites[g]
Colmar	Besançon	803·9	3·4 (8)	1·7 (5-6)	3·0 (5)	1·5 (4)	0·06 (12-13)	4·4 (19-20)	13·4 (10)	11·6 (1)	72·2 (5-6)
	Colmar	1767·1	7·7 (1)	2·4 (2)	6·2 (1)	2·2 (1-2)	0·05 (14-16)	2·1 (26-27)	6·8 (3)	25·2 (12)	34·7 (27)
	Nancy	1305·2	2·3 (19-20)	1·2 (15-17)	1·8 (17-20)	1·0 (17-19)	0·04 (17-19)	4·4 (19-20)	15·1 (17)	30·3 (18)	70·7 (8)
Lyon	Aix	1875·0	4·0 (3)	2·6 (1)	3·2 (3)	2·2 (1-2)	0·11 (4-7)	5·7 (14)	13·5 (11)	28·7 (16)	52·1 (21)
	Bastia	267·9	1·2 (26-27)	0·4 (27)	0·1 (27)	0·0 (27)[h]	0·01 (27)	5·0 (17)	33·3 (27)	63·4 (27)	60·8 (17)
	Bourges	786·8	2·1 (21-23)	0·9 (21-23)	1·7 (21-22)	0·7 (23-24)	0·04 (17-19)	6·1 (13)	14·3 (15)	24·3 (10)	53·2 (19)
	Chambéry	506·5	2·1 (21-23)	1·5 (10)	1·7 (21-22)	1·3 (8-9)	0·05 (14-16)	5·1 (15-16)	14·2 (14)	35·5 (24)	68·5 (10)
	Dijon	1024·1	2·5 (16)	1·2 (15-17)	2·1 (13-16)	1·1 (13-16)	0·19 (1-2)	18·9 (2)	9·1 (5)	19·1 (5)	54·1 (18)
	Grenoble	927·1	2·3 (19-20)	1·6 (7-9)	1·8 (17-20)	1·4 (5-7)	0·11 (4-7)	11·8 (7)	15·8 (20)	28·3 (15)	67·6 (12)
	Lyon	1857·3	3·5 (7)	1·4 (11-13)	2·8 (7)	1·2 (10-12)	0·10 (8-11)	10·8 (8)	15·2 (18)	22·5 (8)	61·5 (16)
	Nîmes	975·7	2·9 (12-13)	1·8 (4)	2·5 (10)	1·6 (3)	0·06 (12-13)	4·8 (18)	8·5 (4)	14·8 (2-3)	68·2 (11)
	Riom	1267·3	2·6 (15)	1·1 (18-19)	2·1 (13-16)	1·0 (17-19)	0·11 (4-7)	12·9 (5)	14·4 (16)	22·4 (7)	66·0 (14)
Paris	Amiens	1291·5	2·4 (17-18)	1·0 (20)	1·8 (17-20)	0·9 (20)	0·03 (20-26)	3·9 (22)	13·8 (12)	30·5 (19)	63·7 (15)
	Angers	1164·6	2·1 (21-23)	0·9 (21-23)	1·6 (23)	0·8 (21-22)	0·03 (20-26)	4·2 (21)	12·5 (7)	29·4 (17)	72·6 (4)
	Caen	1108·7	3·9 (4)	1·6 (7-9)	3·1 (4)	1·2 (10-12)	0·04 (17-19)	3·3 (23)	24·8 (26)	18·0 (4)	70·5 (9)
	Douai	3086·0	2·4 (17-18)	1·7 (5-6)	1·8 (17-20)	1·4 (5-7)	0·03 (20-26)	2·1 (26-27)	20·4 (24)	34·8 (23)	52·6 (20)
	Orléans	939·0	4·4 (2)	1·4 (11-13)	3·5 (2)	1·1 (13-16)	0·10 (8-11)	9·8 (9)	19·6 (22)	19·9 (6)	71·1 (7)
	Paris	7743·9	3·3 (9)	1·4 (11-13)	2·2 (11-12)	1·1 (13-16)	0·03 (20-26)	2·8 (25)	19·2 (21)	43·4 (26)	42·0 (24)
	Poitiers	1436·7	2·9 (12-13)	1·6 (7-9)	2·2 (11-12)	1·3 (8-9)	0·19 (1-2)	15·0 (4)	20·9 (25)	31·4 (21)	45·1 (23)
	Rennes	3001·9	1·8 (24)	0·5 (26)	1·5 (24)	0·5 (26)	0·03 (20-26)	7·1 (11)	15·6 (19)	14·8 (2-3)	66·7 (13)
	Rouen	1162·0	3·7 (5-6)	1·1 (18-19)	2·6 (8-9)	1·0 (17-19)	0·03 (20-26)	3·0 (24)	12·6 (8)	38·3 (25)	39·1 (25)

Toulouse	Agen	610·8	3·1 (10-11)	2·1 (3)	2·1 (13-16)	1·4 (5-7)	0·10 (8-11)	6·9 (12)	19·7 (23)	25·0 (11)	77·8 (1)
	Bordeaux	1557·1	2·7 (14)	0·9 (21-23)	2·1 (13-16)	0·8 (21-22)	0·05 (14-16)	7·5 (10)	14·0 (13)	27·1 (14)	74·3 (3)
	Limoges	779·6	1·2 (26-27)	0·8 (24)	1·0 (26)	0·7 (23-24)	0·10 (8-11)	19·4 (1)	9·3 (6)	31·6 (22)	36·8 (26)
	Montpellier	1266·5	3·1 (10-11)	1·2 (15-17)	2·6 (8-9)	1·1 (13-16)	0·17 (3)	16·1 (3)	6·7 (2)	23·3 (9)	57·7 (22)
	Pau	866·2	1·4 (25)	0·6 (25)	1·1 (25)	0·6 (25)	0·03 (20-26)	5·1 (15-16)	0·0 (1)[i]	30·7 (20)	72·2 5-6)
	Toulouse	1124·1	3·7 (5-6)	1·3 (14)	2·9 (6)	1·2 (10-12)	0·11 (4-7)	11·9 (6)	13·1 (9)	26·1 (13)	76·4 (2)
	FRANCE	40502·0	3·1	1·4	2·4	1·2	0·07	6·1	15·5	29·1	52·7

a) *Les statistiques judiciaires sont basées sur le tableau 7. Les nombres entre parenthèses indiquent le rang des vingt-sept districts selon leur sévérité mesurée à l'aide de ces indices. Puisque la fréquence des acquittements indique plutôt l'indulgence que la sévérité, dans les deux colonnes concernant les acquittements les nombres entre parenthèses sont (dans le but d'établir des critères cohérents et comparables) inversement proportionnels aux pourcentages donnés.*

b) *Les chiffres concernant la population sont tirés du rapport du Haut Comité Consultatif de la Population et de la Famille,* La Population française *(Paris, 1955), I, 144-46.*

c) *« Procès » désigne ici le nombre de dossiers ouverts, quelle que soit la suite qui leur ait été donnée.*

d) *« Les procès des cours de justice » désignent ici le nombre d'individus qui ont été jugés par les cours de justice.*

e) *C'est-à-dire les verdicts de culpabilité rendus aussi bien par les cours de justice que par les chambres civiques.*

f) *Du fait que les condamnations à mort par contumace étaient souvent prononcées pour créer un « effet moral », tout en sachant parfaitement qu'elles ne seraient pas appliquées, seuls les cas qui faisaient exception à cette règle ont été utilisés pour indiquer la fréquence des peines capitales.*

g) *C'est-à-dire en pourcentage par rapport à tous les dossiers ouverts, les autres cas ayant été « classés » ou transmis aux chambres civiques.*

h) *Moins de 0,05.*

i) *Les statistiques publiées dans les* Cahiers Français d'information *ne font pas état d'acquittements dans le district judiciaire de Pau. Je n'ai pas pu déterminer s'il s'agit ou non d'une omission.*

Appendice F

Verdicts de la Haute Cour de Justice

Date	*Nom*	*Décision*
15 mars 1945	ESTÉVA Jean-Pierre	Détention à perpétuité
20 avril 1945	DENTZ Henri	Peine de mort (commuée)
2 mai 1945	CHATEL Yves	Mort avant le jugement
13 juin 1945	BARTHÉLÉMY Joseph	Mort avant le jugement
19 juin 1945	DÉAT Marcel	Peine de mort (par contumace)
4 juillet 1945	BONNARD Abel	Peine de mort (par contumace)
15 août 1945	PÉTAIN Philippe	Peine de mort (commuée)
5 septembre 1945	BICHELONNE Jean	Mort avant le jugement
5 septembre 1945	FÉVRIER André	Arrêt des poursuites
5 septembre 1945	PINOT Maurice	Arrêt des poursuites
5 septembre 1945	RIVIÈRE Albert	Arrêt des poursuites
19 septembre 1945	DEBENEY Victor	Arrêt des poursuites
19 septembre 1945	PLATON Jean	Mort avant le jugement
3 octobre 1945	DARNAND Joseph	Condamné à mort et exécuté
9 octobre 1945	LAVAL Pierre	Condamné à mort et exécuté
28 novembre 1945	CAYREL Antoine	Arrêt des poursuites
5 décembre 1945	SCHUMANN Robert	Arrêt des poursuites
12 décembre 1945	LEROY-LADURIE Jacques	Arrêt des poursuites
12 mars 1946	CHEVALIER Jacques	20 ans de travaux forcés
12 mars 1946	GIBRAT Robert	10 ans de dégradation nationale
13 mars 1946	GABOLDE Maurice	Peine de mort (par contumace)
15 mars 1946	DAYRAS Georges	Peine de mort (commuée)
18 mars 1946	YBARNEGARAY Jean	Dégradation nationale (sursis)
28 mars 1946	COLSON Louis	Arrêt des poursuites

12 avril 1946	FROSSARD Louis	Mort avant le jugement
6 mai 1946	WEYGAND Maxime	Arrêt des poursuites
13 juin 1946	ARCHARD Louis	Arrêt des poursuites
13 juin 1946	POMARET Charles	Arrêt des poursuites
10 juillet 1946	BERTHELOT Jean	2 ans de détention
11 juillet 1946	CHARBIN Paul	10 ans de dégradation nationale
17 juillet 1946	LAGARDELLE Hubert	Travaux forcés à perpétuité
18 juillet 1946	BONNEFOY René	Peine de mort (par contumace)
18 juillet 1946	ROCHAT Charles	Peine de mort (par contumace)
19 juillet 1946	CAYLA Léon	5 ans de détention
26 juillet 1946	FLANDIN Pierre-Étienne	5 ans de dégradation nationale (sursis)
14 août 1946	ABRIAL Jean	10 ans de travaux forcés
14 août 1946	AUPHAN Paul	Travaux forcés à perpétuité (par contumace)
14 août 1946	MARQUIS André	5 ans de détention
23 janvier 1947	MIREAUX Émile	Arrêt des poursuites
23 janvier 1947	RIVAUD Albert	Arrêt des poursuites
30 janvier 1947	MOREAU Robert	Arrêt des poursuites
18 février 1947	FRÉMICOURT Charles	Arrêt des poursuites
3 mars 1947	BAUDOUIN Paul	5 ans de travaux forcés
6 mars 1947	DE BRINON Fernand	Condamné à mort et exécuté
7 mars 1947	ALIBERT Raphaël	Peine de mort (par contumace)
7 mars 1947	HILAIRE Georges	5 ans de détention (par contumace)
14 mars 1947	JARDEL Jean	Dégradation nationale
14 mars 1947	ROBERT Georges	10 ans de travaux forcés
19 mars 1947	CAZIOT Pierre	Dégradation nationale
21 mars 1947	ANNET Armand	Dégradation nationale
21 mars 1947	BRÉVIE Jules	10 ans de détention
22 mars 1947	LÉMERY Joseph	5 ans de dégradation nationale (sursis)
25 mars 1947	CHAUTEMPS Camille	5 ans de détention (par contumace)
25 mars 1947	GUÉRARD Jacques	Peine de mort (par contumace)
28 mars 1947	DE LABORDE Jean	Peine de mort (commuée)
2 mai 1947	MICHELIER Félix	Arrêt des poursuites
2 mai 1947	RIPERT Georges	Arrêt des poursuites
8 mai 1947	MUSNIER DE PLEIGNES F.	Arrêt des poursuites
22 mai 1947	DI PACE Vincent	Arrêt des poursuites
6 juin 1947	BENOIST-MÉCHIN Jacques	Peine de mort (commuée)

19 juin 1947	DU PATY DU CLAM Charles	Arrêt des poursuites
19 juin 1947	PORTMANN Georges	Arrêt des poursuites
4 juillet 1947	DE L'ÉPINE Amaury	Arrêt des poursuites
4 juillet 1947	FATOU Pierre	Arrêt des poursuites
11 juillet 1947	CARCOPINO Jérôme	Arrêt des poursuites
11 juillet 1947	PROUVOST Jean	Arrêt des poursuites
25 juillet 1947	LAMIRAND Georges	Arrêt des poursuites
18 novembre 1947	LA PORTE DU THEIL J. de	Arrêt des poursuites
18 novembre 1947	GAIT Maurice	Arrêt des poursuites
28 novembre 1947	NOGUÈS Charles	20 ans de travaux forcés (par contumace)
10 décembre 1947	DARQUIER DE PELLEPOIX L.	Peine de mort (par contumace)
10 décembre 1947	VALLAT Xavier	10 ans de détention
18 décembre 1947	GRASSET Raymond	Arrêt des poursuites
28 janvier 1948	MARQUET Adrien	10 ans de dégradation nationale
29 janvier 1948	BOYEZ Emile	Arrêt des poursuites
29 janvier 1948	ROUJOU Frédéric	Arrêt des poursuites
29 janvier 1948	WEINMANN Robert	Arrêt des poursuites
25 mai 1948	PASCOT Joseph	5 ans de dégradation nationale (sursis)
27 mai 1948	MATHÉ Pierre	5 ans de dégradation nationale
1er juin 1948	BLÉHAUT Henri	10 ans de détention (par contumace)
3 juin 1948	DELMOTTE Georges	2 ans de détention
4 juin 1948	PIÉTRI François	5 ans de dégradation nationale (par contumace)
24 juin 1948	CREYSSEL Paul	4 ans de détention
29 juin 1948	LEMOINE Antoine	5 ans de dégradation nationale (sursis)
1er juillet 1948	LAURE Émile	Acquitté
2 juillet 1948	CATHALA Pierre	Mort avant le jugement
2 juillet 1948	MASSON André	Peine de mort (par contumace)
8 juillet 1948	BOUTHILLIER Yves	3 ans de détention
16 juillet 1948	CHASSEIGNE François	10 ans de travaux forcés
22 juillet 1948	BRUNETON Gaston	4 ans et demi de détention
25 novembre 1948	BERGERET Jean	Arrêt des poursuites
25 novembre 1948	PUJO Pierre-Louis	Arrêt des poursuites
2 décembre 1948	BONNAFOUS Max	Arrêt des poursuites
14 décembre 1948	MARION Paul	10 ans de détention
16 décembre 1948	BOISSON Pierre	Mort avant le jugement
18 décembre 1948	BRIDOUX Eugène	Peine de mort (par contumace)
22 décembre 1948	PEYROUTON Marcel	Acquitté

27 janvier 1949	BARNAUD Jacques	Arrêt des poursuites
27 janvier 1949	BELIN René	Arrêt des poursuites
27 janvier 1949	JANNEKEYN Jean	Arrêt des poursuites
17 février 1949	DECOUX Jean	Arrêt des poursuites
17 février 1949	GASTIN Paul	Arrêt des poursuites
17 février 1949	LEHIDEUX François	Arrêt des poursuites
17 février 1949	MONIOT Paul	Arrêt des poursuites
21 juin 1949	MOYSSET Henri	Mort avant le jugement
23 juin 1949	BOUSQUET René	5 ans de dégradation nationale (sursis)
28 juin 1949	OLIVIER-MARTIN Félix	Acquitté
1er juillet 1949	PARMENTIER André	5 ans de dégradation nationale (sursis)

Notes des annexes

Appendice A

1. M. Waline, *Manuel élémentaire de droit administratif* (Paris, 1946), p. 32.
2. *Manuel élémentaire de droit constitutionnel* (Paris, 1949), p. 279.
3. Voir Maurice Duverger, « Contribution à l'Étude de la Légitimité des Gouvernements de fait », *Revue du Droit Public et de la Science Politique en France et à l'Étranger,* LX, 1, (janvier-mars 1945), 76.
4. Discours du 23 juin 1940, au Royal Institute of International Affairs (Margaret Carlyle, éd.), *Documents on International Affairs, 1939-1946,* Vol. II : *Hitler's l'Europe* (Londres, 1954), p. 166.
5. Loc. cit.
6. *Political Justice : The Use of Legal Procedure for Political Ends* (Princeton [N.J.], 1961), p. 317.
7. Discours du 22 juin 1940, dans *Discours de guerre* (Fribourg, 1944-45), I, 18.
8. Cette théorie est longuement développée par Maurice Flory, dans *Le Statut international des gouvernements réfugiés et le cas de la France Libre : 1939-1946* (Paris, 1952), p. 91 ; Joseph Vialatoux, *Le Problème de la légitimité du pouvoir : Vichy ou de Gaulle ?* (Paris, 1945), *passim.*
9. *Combat,* 23 décembre 1944.
10. Paul Buttin, *Le Procès Pucheu* (Paris, 1948), p. 107.
11. Op. cit., p. 14.
12. Op. cit., p. 280.
13. « Mémorandum du Comité national français au général Giraud » (23 février 1943), cité par Henri Michel, dans *Les Courants de pensée de la Résistance* (Paris, 1962), p. 18.
14. Voir plus haut, et l'appendice F.
15. Décision datée du 4 juin 1947, *Jurisclasseur périodiques,* 1947, II, 3673, concl. Célier.
16. *La France Libre* (Londres), I, 2 (16 décembre 1940), 162-76. (La deuxième partie de l'article, qui parut dans le numéro de janvier 1941 (252-59), était consacrée à la thèse selon laquelle l'instauration de Vichy était le point culminant d'un rêve nourri depuis des an-

nées par les défaitistes, les fascistes, les maurrassiens, etc., celui de renverser la République).

17. Loc. cit. L'analogie avec l'avènement de Vichy ne fut pas perdue pour un certain nombre de pétainistes en juin 1958, et il y eut une forte dose de lourde ironie à propos du renversement. Voir Paul Faure, *Histoire d'un faux et de ses conséquences* (Paris, s.d.), pp. 5-11 et passim ; Alexander Werth, *The De Gaulle Revolution* (Londres, 1960), pp. 165-166, 168 ; Philip M. Williams et Martin Harrison, *De Gaulle's Republic* (Londres, 1960), p. 79 n. 1.

18. Op. cit., p. 277. Cf. la conclusion analogue à laquelle aboutit Maurice Prélot dans son *Précis de droit constitutionnel* (Paris, 1950), p. 257.

19. J. Laferrière, *Le Nouveau gouvernement de la France* (Paris, 1942) ; G. Berlia, « La Loi Constitutionnelle du 10 juillet 1940 », *Revue du Droit Public et de la Science Politique,* 1944, 57 ; Prélot, loc. cit.

20. *Manuel de droit constitutionnel et science politique* (Paris, 1948), pp. 294-97.

21. Loc. cit.

22. Op. cit., pp. 260-63.

23. Op. cit., p. 278.

24. Vedel, pp. 278-81 ; Prélot, pp. 259-60 ; Duverger, « Contribution », passim.

25. Michel, *Courants,* pp. 40-43, 168-69.

26. J.O., débats de l'A.N., 4 novembre 1950, p. 7452.

27. *The Opium of the Intellectuals* (Londres, 1957), p. 130.

28. J.O., 10 août, pp. 688-89.

29. *Mémoires de guerre,* (Paris, 1954-59), II, 308.

30. Voir Flory, p. 423 ; Michel, *Courants,* pp. 90-93, 322-23, 351-87.

Appendice B

1. Le programme fut adopté à l'unanimité lors d'une session plénière du C.N.R. le 15 mars 1944. La première partie (la plus longue) était un « plan d'action immédiate » concernant l'activité clandestine ; la deuxième partie, traduite ici, est celle que l'on veut généralement désigner par le terme de « Charte du C.N.R. ». Ma traduction s'appuie sur le texte tel qu'il apparaît dans *Les Idées politiques et sociales de la Résistance* (Paris, 1954) d'Henri Michel et Boris Mirkine-Guetzévitch, pp. 215-18. On peut trouver la deuxième partie dans *Le Conseil National de la Résistance : Les Institutions de la clandestinité,* de René Hostache (Paris, 1958), pp. 457-61.

Appendice C

1. *The Historian's Craft* (Manchester, 1954), p. 112.

2. Voir par ex. *Histoire de la collaboration* de Maurice-Yvan Sicard [« Saint-Paulien »], (Mayenne, 1964), pp. 533-41 ; « La France est-elle un État de Droit ? » de Louis Rougier, *Écrits de Paris,* février 1950, 77-96. *Écrits de Paris* constituait plus ou moins l'organe-siège de ce point de vue.

3. Le récit que Dewavrin a fait de la conversation est inclus dans un discours qu'il donna lors d'une réunion politique en mars 1950. Voir *Écrits de Paris,* avril 1950, p. 35 ; *Paroles Françaises,* 12-18 juin 1950.
4. *Paroles Françaises,* loc. cit. Cf. la *Requête aux Nations Unies sur les violations des droits de l'homme* (Paris, 1951) publiée par l'Union pour la Restauration et la Défense du Service Public, pp. 24-32 ; Jean Pleyber, « L'Épuration Insurrectionnelle », *Défense de l'Occident,* N° 39-40 (janvier-février 1957), pp. 44-46.
5. Pleyber, loc. cit. Parfois, on définit cette évaluation comme s'appliquant uniquement à la période qui va d'août à novembre 1944. (Sicard, p. 533.)
6. *Lettre aux directeurs de la Résistance* (Paris, 1952), p. 37.
7. Donald B. Robinson, « Blood Bath in France », *The American Mercury,* avril 1946, pp. 391-98. Autant que je sache, ceux qui ont critiqué les évaluations gonflées du nombre des exécutions sommaires n'ont jamais discuté sur l'origine des « calculs de l'Armée américaine ». Robert Aron expose cette évaluation et la rejette avec raison en disant qu'il s'agit de chiffres fantaisistes, mais croit à tort (ou bien écrit comme s'il croyait) que ce sont là les chiffres des officiers américains. Dans le texte anglais de Robinson, l'expression « of the Sécurité Militaire » permet de savoir que les officiers sont français. Aron traduit tout le passage en français, et le fait que l'identification des officiers était en français dans l'original anglais est ainsi noyé. (*Histoire de la Libération de la France : juin 1944-mai 1945* [Paris, 1959], p. 649.)
8. Il faut noter que ces chiffres sont à prendre ou à laisser puisque l'accès aux archives concernant ce problème n'a pas été autorisé, pas même à des chercheurs habituellement privilégiés.
9. J.O., Débats de l'Assemblée Nationale, 9 novembre 1951, p. 7835.
10. J.O., Débats de l'Assemblée Nationale, 7 janvier 1954, p. 35. Ce sont les chiffres utilisés par le général de Gaulle dans ses *Mémoires de guerre* (Paris, 1954-1959), III, 38.
11. Ce genre de supposition ne vient pas, bien entendu, des « maximalistes » pour lesquels ils représentent la tentative du complice qui veut minimiser l'ampleur du crime commis par son acolyte. Le patronage officiel du gouvernement français, au lieu de constituer une présomption de fiabilité, est pour eux la preuve légitime que ces chiffres ont été faussés.
12. En bref, la raison pour laquelle on peut soupçonner que les chiffres ont été transmis une fois réduits est la suivante. Si l'on peut supposer qu'à chaque cadavre statistique il en correspond un vrai, l'inverse n'est absolument pas forcément vrai. Il est très probable qu'il y a eu des exécutions dont personne n'a rien su dans les régions et aux périodes où le désordre et la peur étaient généraux, à un moment où parfois ceux qui avaient accompli les exécutions étaient installés dans les mairies et les quartiers généraux de la gendarmerie. Dans ces circonstances, il n'est pas improbable qu'un certain nombre de familles aient préféré se taire que d'attirer l'attention sur elles, en particulier si, pour faire part du crime, elles étaient contraintes de pénétrer dans ce qui était pour elles l'antre du lion.

Jean Montigny prétend que, puisque les populations locales savaient que le Gouvernement provisoire avait « légitimé » tous les actes de Résistance, elles savaient aussi qu'il était inutile d'aller porter plainte contre les déprédations de la Résistance. (*Paroles Françaises, loc. cit.*) Jean Pleyber allègue que les victimes des pillages et des incendies dus à la Résistance en 1944-45 préféraient, lorsque c'était possible, mettre cela sur le dos des Allemands et de la milice et pouvoir ainsi prétendre à une compensation (p. 42). Il est possible que le même raisonnement vaille pour la dénonciation des exécutions. Il est également possible, du moins en théorie, que la procédure se soit produite en sens inverse sous l'occupation et que les exactions et les exécutions de la milice aient été dénoncées comme étant le fait de la Résistance. Il existe au moins un cas vérifié où un assassinat perpétré par la milice a été officiellement mis sur le compte de la Résistance (celui de Maurice Sarraut, cité plus haut) ; peut-être y en a-t-il eu d'autres.

13. *Libération,* pp. 651-52.
14. Ibid., pp. 654-55.
15. Ibid., p. 723.
16. Les chiffres de la gendarmerie (limités, comme ils le sont, aux exécutions irrégulières) ne paraissent pas comprendre les 20 000 Français et Françaises et plus « légalement » fusillés par les Allemands après arrestation ou emprisonnement. (En outre, 163 000 déportés politiques et raciaux sur 200 000 ne sont pas rentrés d'Allemagne.) Voir J.O., Débats du C.R., 28 octobre 1947, p. 2087.

Appendice D

1. L'Italie, dont l'expérience était particulière, n'entre pas dans cette analyse, qui se limite à la Belgique, les Pays-Bas, le Danemark et la Norvège. Je me suis appuyé essentiellement sur les travaux suivants : Hollande, Henry L. Mason, *The Purge of Dutch Quislings : Emergency Justice in the Netherlands* (La Hague, 1952) ; Danemark, C.C. Givskov, « Danish Purge Laws », *Journal of Criminal Law, XXXIX (1948), 447-460 ; Belgique, W.J. Ganshof van der Meersch, Réflexions sur la répression des crimes contre la sûreté extérieure de l'État belge* (Bruxelles : 1946) et Jean Dupréel, « Aperçu général des Déchéances de Droits frappant les personnes qui, en temps de guerre, ont contribué à mettre le pays en danger », *Revue de Droit Pénal et de Criminologie* (Bruxelles), XXVII, 4 (janvier 1947), 587-606 ; études comparatives de J.M. van Bemmelen, « The Treatment of Political Delinquents in some European Countries », *Journal of Criminal Science* (Londres), I (1948), 110-26 et Pierre Vermeylen, « The Punishment of Collaborators », *Annals of the American Academy of Political and Social Science,* CCXLVII (septembre 1946), 73-77.
2. Van Bemmelen (112) constata que les pays qui avaient pris part à la Première Guerre mondiale (la France et la Belgique) avaient mieux adapté leur Code pénal aux besoins de la guerre et de l'occupation que les autres (la Hollande, la Norvège et le Danemark).

3. Cependant, le décret-loi belge du 1er décembre 1942 (promulgué par le gouvernement en exil) étendait la peine de mort à des délits qui étaient punis auparavant par des sanctions moindres. (Ganshof van der Meersch, p. 23).
4. Mason, p. 130. Le décret, publié par le roi à Londres en vertu des pleins pouvoirs qui lui avaient été remis par le Storting en mai 1940, fut ratifié par celui-ci en juillet 1945. Il instituait la peine de mort pour les délits commis contre les lois existantes en matière de trahison, délits punis jusqu'ici par l'emprisonnement à vie. Ceux qui avaient moins de 18 ans au moment du délit n'étaient pas du ressort de cette loi. Le décret n'était en principe pas rétroactif, puisqu'il ne s'étendait pas aux délits commis avant la date de sa publication. La Cour suprême norvégienne refusa d'accepter la thèse d'un appelant selon laquelle le décret aurait dû être cassé pour anticonstitutionnalité par rétroactivité, puisqu'il avait été promulgué officiellement après la Libération. (Andenoes, 587-91).
5. Du fait de la date à laquelle elle fut introduite, son effet était forcément rétroactif dans le principe : on pouvait s'en servir pour punir des délits commis même au début de la guerre. En octobre 1945, un sondage d'opinion montra que 73 % des gens étaient favorables à ce qu'on l'utilise contre les pires collaborateurs, tandis que 22 % s'y opposaient. Plusieurs criminologues éminents y étaient opposés en vertu du fait que, dans ce domaine surtout où le passage du temps et l'effacement des souvenirs favoriseraient l'allègement des condamnations plus tard, il ne fallait pas appliquer des condamnations « irrévocables ». (Mason, pp. 61-64, 130.)
6. Givskov, 448-51. Lors des débats parlementaires qui précédèrent l'adoption de la loi, certains formulèrent le souhait de ne la rendre applicable que pour les délits commis après le 29 août 1943 (date du remplacement du gouvernement danois par l'administration directe allemande). Quelques-uns aussi (mais seulement quelques-uns) s'élevèrent contre la peine de mort par motif de conscience. C'est le porte-parole du parti social-démocrate qui exprima l'opinion de la majorité en disant qu'il était en temps normal, certes, opposé à la peine capitale, mais que « en nous souvenant du soulagement éprouvé lorsqu'un délateur était éliminé, nous acceptons la peine de mort pour les traîtres ». Un autre orateur observa que l'introduction de la peine de mort légitimait les exécutions sommaires effectuées sous l'occupation. (*News Digest,* N° 1769 [28 mai 1945]. Voir aussi N° 1772 et 1774 [31 mai et 2 juin 1945].)
7. Cf. Dupréel, 349 ; Mason, pp. 128-29 ; Andenoes, 592-94 ; Givskov 450-51 ; *News Digest,* N° 1769 (28 mai 1945).
8. Aucune preuve spécifique d'intention (comme dans les ordonnances françaises) n'était requise. Le décret du Tribunal du 17 septembre 1944 rendait punissables les Hollandais qui avaient commis l'un des délits énumérés dans la mesure où « *l'on doit pouvoir penser qu'il savait* que, ce faisant, il avait agi à l'encontre des intérêts du peuple hollandais, ou qu'il avait nui à la résistance dans sa lutte contre l'ennemi et ses alliés ». (Italiques rajoutées.) (Van Bemmelen, 116-117 ; Mason, pp. 74-75.)
9. Décret-loi du 6 mai 1944 ; 20 juin 1945 ; 19 septembre 1945.

Seule parmi les cinq pays d'Europe occidentale occupés pendant la Deuxième Guerre mondiale, la Belgique possédait déjà, en raison de l'expérience vécue vingt-cinq ans auparavant, un système de lois concernant « la conduite antinationale » pendant l'occupation ennemie. Il se révéla néanmoins inadapté. (Dupréel, 348-352.)

10. Les peines de cette nouvelle échelle ne dépassaient pas, pourtant, trois ans de détention ; la peine minimum prévue par le code ordinaire était de quatre ans de détention. La nouvelle échelle, inclus dans l'ordonnance du 15 décembre 1944, s'appuyait sur les travaux d'un Comité de Résistance qui envoya ses recommandations à Londres. (Andenoes, 594-97.)

11. Givskov, 451.

12. Van Bemmelen, 117-118 ; Dupréel, 351-52.

13. L'arrêt mentionné plus haut, à l'origine, rendait un emprisonnement de dix ans obligatoire pour ceux qui s'étaient rendus coupables d'indignité nationale, mais en mai 1945 on donna un pouvoir discrétionnaire aux tribunaux. Les trois quarts des condamnations prononcées par les tribunaux prévoyaient une période d'internement, mais en général inférieure à cinq ans. Il y avait une distinction intéressante entre l'internement et l'emprisonnement, qui datait d'avant la guerre, soit le fait que l'épouse d'un homme condamné à plus de quatre ans de prison pouvait demander le divorce, tandis que celle d'un interné politique ne le pouvait pas.

14. Vingt mille d'entre eux étaient des épouses qui perdaient automatiquement leur citoyenneté si leur mari la perdait. Une femme qui entrait au service de l'ennemi ne perdait pas la citoyenneté, sauf si son mari l'avait perdue aussi, indépendamment d'elle. Les mineurs ne pouvaient pas non plus perdre, par le fait de leurs propres actions, la nationalité hollandaise étant donné que, comme pour les épouses, elle était un droit dérivé.

15. Mason, pp. 64-79. La Belgique prévoyait de retirer la nationalité belge à ceux qui fuyaient pour échapper à des poursuites sanctionnant des infractions contre la sécurité intérieure de l'État (décret-loi du 6 mai 1944) et ceux qui étaient directeurs d'organisations politiques créées par les Allemands ou des propagandistes pro-allemands actifs (décret-loi du 20 juin 1945). (Dupréel, 349.) Léon Blum raconta que durant leur emprisonnement à Buchenwald, Georges Mandel lui avait dit qu'il était en faveur de la dénaturalisation et de la déportation en Allemagne de tous les collaborateurs français qui ne seraient pas tués à la Libération. (*Populaire,* 5 juillet 1949.)

16. Andenoes, 594-602. Les mesures fiscales étaient calculées sur deux bases, l'une établie d'après le passé, l'autre d'après l'avenir. On considérait les membres du parti nazi norvégien comme collectivement responsables, financièrement, des dommages physiques infligés par ce parti, et on leur imposait la confiscation en fonction du degré de leur activité. En même temps, on prélevait des amendes contre eux proportionnellement à leur richesse de façon que « nul membre du N.S. ne puisse constituer un facteur économique puissant ».

17. Vermeylen, 74-75.

18. Seules ces cours pouvaient prononcer la peine de mort, les sanctions pénales ordinaires, ainsi que la privation de la nationalité.

Conformément à la pratique des cours de justice françaises, la dégradation nationale était régulièrement associée aux quelconques autres peines prononcées.

19. Mason, passim. Les tribunaux hollandais n'ont pas l'habitude d'avoir recours à des jurés profanes, et ce recours provoqua certaines critiques. Le ministre de la Justice, lors de l'inauguration du premier tribunal, défendit cette pratique en vertu du fait que « l'administration d'une justice pénale... présuppose un acte punissable très soigneusement défini... mais qu'il existe dix mille formes et plus de comportement antipatriotique » dont les patriotes hollandais pouvaient juger aussi bien que les hommes de loi. (*News Digest,* N° 1669 [29 janvier 1945].) Une fois que les tribunaux eurent été dissous, un sondage réalisé parmi les magistrats qui les avaient présidés révéla que 90 % d'entre eux pensaient que l'expérience des juges profanes s'était avérée concluante (Mason, p. 79).

20. Ordonnance du 16 février 1945 (Andenoes, 602-03).

21. Loi N° 260 du 1er juin 1945 (Givskov, 448-49).

22. Mason, pp. 79-80.

23. La nature privée des procédures en Hollande, jointe au fait que les décisions n'étaient pas rendues publiques, permettait aux individus concernés de prétendre qu'ils s'en étaient tirés à moindre mal (c'est-à-dire, qu'ils étaient « quasiment acquittés »), ce qui amena l'opinion publique à penser que des collaborateurs étaient en train d'échapper à la justice. C'est pourquoi, lorsqu'on proposa en 1946 une extension de cette procédure, on dut la retirer, devant l'opposition populaire. (Mason, pp. 80-83.)

24. Mason, pp. 79-84. Van Bemmelen, 117-20. En Belgique, dans les cas les plus graves, la décision devait être approuvée par une liste de deux membres de la Résistance et d'un juge. (Mason, pp. 180-81, n. 95.)

25. En Hollande, environ 60 % de l'ensemble des suspects bénéficièrent de l'arrangement ; 20 % furent jugés devant les cours spéciales ou les tribunaux spéciaux ; 20 % furent relâchés sans jugement. (Mason, p. 84.) En Norvège, environ la moitié des causes tranchées en 1945 le furent de cette façon ; on espérait, en étendant le système à la négociation des condamnations courtes d'emprisonnement, en 1946, pouvoir traiter en dehors des tribunaux 40 000 causes sur 60 000 qui restaient en attente. (Van Bemmelen, 119-20.)

26. En Hollande, le professeur van Bemmelen pensait qu'il aurait été préférable d'interpréter plus largement la législation d'avant-guerre (à la française) que d'instaurer une procédure hollandaise nettement rétroactive ; un commentateur belge remarqua que ses compatriotes « prétendaient » adhérer au principe de la non-rétroactivité, tandis que le système était « plus honnête que le nôtre ». (Cités tous deux par Mason, p. 130.)

Bibliographie

On trouvera une liste des sources sur lesquelles s'appuie cette étude (ainsi qu'une documentation beaucoup plus complète en notes) dans ma thèse de doctorat, « The Purge in Liberated France: 1944-46 », présentée à l'Université de Columbia en 1965. En revoyant cette thèse, il m'a semblé plus utile d'exposer ce qui suit : des suggestions destinées au lecteur qui serait tenté d'explorer plus avant des questions spécifiques évoquées ou commentées dans ce texte.

I

A l'exception peut-être de juillet 1914, il n'y a pas un mois d'histoire qu'on ait plus longuement discuté que celui de juin 1940. John C. Cairns, « Along the Road Back to France 1940 », *American Historical Review,* LXIV, 3 (avril 1959), est une excellente introduction à l'historiographie de la défaite. On trouve une bibliographie très étendue dans *Soixante jours qui ébranlèrent l'Occident,* 3 vol., de Jacques Benoist-Méchin (Paris, 1956) ; la *Revue d'Histoire de la Deuxième Guerre Mondiale* (R.H.D.G.M.) publie régulièrement des articles de synthèses et des bibliographies qui consignent tous les éléments de quelque importance qui peuvent surgir sur ce sujet. Parmi les dirigeants politiques et militaires français qui ont publié leurs mémoires ou leur journal de l'époque, on trouve Paul Baudouin, Georges Bonnet, Camille Chautemps, le général de Gaulle, Pierre-Étienne Flandin, le général Gamelin, Pierre Laval, Albert Lebrun, Paul Reynaud et le général Weygand. Les témoignages de deux participants-observateurs, Sir Winston Churchill et le général de division Sir Edward Spears, sont aussi extrêmement intéressants, de même que le témoignage des participants dans *Le Procès du Maréchal Pétain,* 2 vol. (Paris, 1945) et dans *Les Événements survenus en France de 1933 à 1945* [un rapport en deux volumes et neuf volumes de témoignages entendus par une commission parlementaire d'enquête] (Paris, 1947). Parmi les comptes rendus secondaires les plus utiles, on trouve « Maxime Weygand and the Fall of France: A Study in Civil-Military Relations », de Philip C.F. Bankwitz, *Journal of Modern History,* XXXI, 3 (septembre 1959) ; *L'Étrange défaite,* de Marc Bloch, (Paris, 1957) ; *1940 : La Guerre des occasions perdues,* du colonel A. Goutard (Paris, 1956) ; *La Vérité sur l'Armistice,* d'Albert Kammerer (Paris, 1944) ; et deux numéros spéciaux de la R.H.D.G.M. : N° 3 (juin 1951), « Autour de l'Armistice de juin 1940 » et les N°s 10-11 (juin 1953), « La Campagne de France : mai-juin 1940 ».

Tous les témoignages qui existent sur les événements en relation avec le vote du 10 juillet sont polémiques. Du côté de ceux qui avaient voté « oui » : Jean Castagnez, *Précisions oubliées : Vichy, 9 et 10 juillet 1940* (Sancerre, 1945), et Jean Montigny, *De l'Armistice à l'Assemblée nationale, 15 juin-15 juillet 1940 : Toute la vérité sur un mois dramatique de notre histoire* (Clermont-Ferrand, 1940). Pour ceux qui avaient voté « non » : Louis Noguères, *Un défi à la Résistance : M. Jules Jeanneney, ministre d'État* (Rodez, 1945), et Jean Odin, *Les Quatre-vingts* (Paris, 1946). Il y a dans *Les Événements survenus en France* des documents et témoignages importants concernant le vote.

Le meilleur bref écrit sur le régime de Vichy est l'essai d'Alfred Cobban « Vichy France » dans *Hitler's Europe* [*Survey of International Affairs: 1939-1946*], de Arnold et Veronica M. Toynbee (éd.) (Londres, 1954). Il n'y a pour l'instant aucun ouvrage vraiment complet ; l'*Histoire de Vichy* de Robert Aron, (Paris, 1954), souvent cité comme « l'ouvrage de référence », ne doit être utilisé qu'avec la plus grande prudence. Deux thèses de doctorat américaines ont apporté des éclaircissements bien nécessaires sur des aspects importants du régime : *Two Years of French Foreign Policy: Vichy 1940-1942,* d'Adrienne Hytier, (Genève, 1958), et *Parades and Politics at Vichy: The French Officer Corps Under Mar-*

shal Pétain, de Robert O. Paxton, (Princeton, 1966). On trouve des réflexions utiles dans *Pétain et le pétainisme : Essai de psychologie,* du marquis Marc-Pierre d'Argenson (Paris, 1953) ; *Vichy: Political Dilemma,* de Paul Farmer (New York, 1955) ; « The Forces of Collaboration », *Foreign Affairs,* XXI, I (octobtre 1942) de Louis R. Franck ; « Aspects du Régime de Vichy », de Stanley Hoffmann, *Revue Française de Science Politique,* VI (1956) ; « Le Mythe Pétain », de J. Lacroix et J. Vialatoux, *Esprit,* novembre 1951 ; *De la IIIe à la IVe République* d'André Siegfried (Paris, 1956) ; *France : 1940-1955,* d'Alexander Werth (New York, 1956) [les chapitres qui concernent Vichy sont de loin les meilleurs de ce volume inégal] ; et « Vichy Revisited », de Gordon Wright, *Virginia Quarterly Review,* XXXIV (1958).

Il n'existe pas de bonne biographie de Pétain, mais pour ce qui est des années de guerre, voyez *Le Véritable procès du maréchal Pétain,* de Louis Noguères (Paris, 1955) ; sur Laval, il y a l'ouvrage amical d'Alfred Mallet, *Pierre Laval,* 2 vol. (Paris, 1955). La fille de Laval a recueilli des centaines de dépositions en faveur de son père que la Hoover Institution a publié de façon irresponsable sous le titre de *France during the German Occupation: 1940-1944,* 3 vol. (Stanford [Cal.], 1958). P. Arnoult a riposté avec colère dans *La France sous l'Occupation* (Paris, 1959), Pierre Arnoult *et al.* On trouve des données intéressantes sur la doctrine de Vichy dans *Action Française : Royalism and Reaction in Twentieth-Century France* (Stanford [Cal.], 1962) d'Eugen Weber ; *Le Temps des illusions : Souvenirs, juillet 1940-avril 1942,* de H. du Moulin de Labarthète (Genève, 1946) ; *Les Fascismes français : 1923-1963,* de J. Plumyène et R. Lasierra (Paris, 1963). Je ne suis pas convaincu par la tentative de Stanley Hoffmann (*In Search of France* [Cambridge (Mass.), 1963] pour étabir des parallèles entre les idéologies de Vichy et de la Résistance. Il est vrai que les idées technocratiques étaient communes à certains groupes de résistants, tels que l'Organisation Civile et Militaire, ainsi qu'à certains vichyssois. Mais l'O.C.M. était loin de représenter typiquement la Résistance, et la technocratie à Vichy coexistait avec (et était subordonnée à) un nationalisme étroit, un cléricalisme réactionnaire, et le fascisme.

Sur le procès de Riom, voir *Les Grandes journées du procès de Riom,* de Pierre Mazé et Roger Génébrier (Paris, 1945), et

Le Procès de Riom, de Maurice Ribet (Paris, 1945). L'antisémitisme de Vichy est traité par Léon Poliakov dans « Lois de Nuremberg et Lois de Vichy : du Racisme Intégral au Racisme de Compromis », par Max Beloff (éd.), *On the Track of Tyranny* (Londres, 1960), et Joseph Billig, « La Condition des Juifs en France : juillet 1940-août 1944 », R.H.D.G.M., N° 24 (octobre 1956). « The Nature of Fascism in France » de Robert J. Soucey, dans le *Journal of Contemporary History,* I, 1 (1966) constitue l'introduction la plus sensée sur ce sujet. Plumyène et Lasierra parlent aussi des milieux collaborationnistes, ainsi que Michèle Cotta dans *La Collaboration : 1940-1944* (Paris, 1964) ; Paul Sérant, *Le Romantisme fasciste : Étude sur l'œuvre politique de quelques écrivains français* (Paris, 1959) ; «Saint-Paulien » [Maurice-Yvan Sicard], *Histoire de la Collaboration* (Mayenne, 1964). La psychologie du collaborateur individuel est un sujet qui mérite beaucoup plus d'attention qu'il n'en a reçu jusqu'ici. L'essai de Jean-Paul Sartre, « Qu'est-ce qu'un Collaborateur ? » dans ses *Situations, III* (Paris, 1949) contient quelques suggestions psychologiques pénétrantes. Louis Noguères traite le sordide épilogue de Vichy dans *La Dernière étape : Sigmaringen* (Paris, 1956).

Pour de Gaulle, la source la plus importante est ses *Mémoires de guerre,* 3 vol. (Paris, 1954-59), dotés d'appendices documentaires sérieux, ainsi que ses *Discours de guerre,* 3 vol. (Fribourg, 1944-45). Certains discours qui ne s'y trouvent pas sont cités dans *La France n'a pas perdu la guerre : Discours et messages* (New York, 1944). La meilleure biographie à ce jour est celle de Paul-Marie de la Gorce, *De Gaulle entre deux mondes : Une vie et une époque* (Paris, 1964). Sur le milieu gaulliste à Londres (et plus tard à Alger), les mémoires de Jacques Soustelle, *Envers et contre tout,* 2 vol. (Paris, 1947-50), sont extrêmement utiles. Voir aussi *Le Statut international des gouvernements réfugiés et le cas de la France Libre,* de Maurice Flory (Paris, 1952), et la thèse présentée à Harvard en 1956 par Nicholas Wahl, « De Gaulle and the Resistance: The Rise of Reform Politics in France ». Il existe une courte *Histoire de la France Libre* (Paris, 1963) par Henri Michel.

Il n'y a pas eu, jusqu'à ce jour, d'histoire de la Résistance satisfaisante. Le Comité d'Histoire de la Deuxième Guerre mondiale, auquel sont associés la plupart des spécialistes de ce domaine, a décidé qu'un tel projet était prématuré et a centré ses efforts sur des études monographiques d'aspects particuliers de la Résistance. Un grand nombre d'études brèves paraissent dans la R.H.D.G.M. ; le Comité parraine également une série de monographies, « Esprit de la Résistance », dont l'une, de René Hostache, *Le Conseil National de la Résistance : Les Institutions de la clandestinité* (Paris, 1958), dresse un tableau global de l'organisation de la Résistance. M. Michel, qui est président du Comité et éditeur de la Revue, a produit une *Bibliographie critique de la Résistance* (Paris, 1964) très complète, ainsi qu'une *Histoire de la Résistance en France* générale et extrêmement brève -3e éd. (Paris, 1962).

Il existe une littérature assez abondante sur l'histoire du Parti communiste français pendant les années de guerre. *Staline and the French Communist Party: 1941-1947,* d'Alfred J. Rieber (New York, 1962) est une étude de valeur (digne d'être mentionnée déjà par le fait qu'elle utilise des sources tant russes que françaises) mais manque parfois de sens critique dans l'emploi qu'elle fait de ses sources françaises. Le deuxième volume de l'*Histoire du Parti communiste français* de Jacques Fauvet (Paris, 1965) couvre les années de guerre. Angelo Tasca (sous le nom d'auteur d'Angelo Rossi) est l'auteur d'un certain nombre d'ouvrages polémiques dont la soigneuse documentation embarrasse fort les apologues communistes : *La Physiologie du Parti communiste français* (Paris, 1948) ; *Les Communistes français pendant la drôle de guerre* (Paris, 1951) ; *Les Cahiers du bolchevisme pendant la campagne communiste 1939-1940* (Paris, 1951) ; *La Guerre des papillons : Quatre ans de politique communiste, 1940-1944* (Paris, 1954). *L'Histoire du Parti communiste français,* anonyme, 2 vol. (Paris, 1960-62), a été écrite par un groupe de communistes dissidents et contient beaucoup d'éléments de valeur, de même que l'ouvrage d'un autre dissident, Auguste Lecœur : *L'Autocritique attendue* (Saint-Cloud, 1955) et *Le Partisan* (Paris, 1963). Pour la période antérieure, *La Drôle de guerre et la trahison de Vichy,* de Germaine Willard, (Paris, 1960) est le compte rendu communiste orthodoxe ; l'histoire globale du parti la plus récente est *l'Histoire du Parti communiste français : Manuel* (Paris, 1964) éditée par Jacques Duclos et François Billoux. Les *Œuvres* de Maurice Thorez ont été publiées en de nombreux volumes : XIX, XX et XXI correspondent au présent ouvrage.

II

Les attaques gaullistes contre la légalité et la légitimité de Vichy sont exposées de façon systématique par René Cassin dans « Un Coup d'État : La soi-disant Constitution de Vichy », *La France Libre* (Londres), I, 2 (16 décembre 1940). (La deuxième partie de l'article, parue dans le numéro de janvier 1941, est consacrée à la thèse selon laquelle l'instauration de Vichy constituait l'apogée d'un rêve longuement nourri, celui de renverser la République, par les défaitistes, les fascistes, les maurrassiens, etc.). A mon avis, la critique la plus subtile et la plus convaincante des opinions de Cassin est celle de Georges Vedel, *Manuel élémentaire de droit constitutionnel,* (Paris, 1949). Mais voyez aussi « La Loi Constitutionnelle du 10 juillet 1940 », de G. Berlia, *Revue du Droit Public et de la Science Politique en France et à l'Étranger* (1944) ; *Les Constitutions de la France,* de Maurice Duverger (Paris, 1944) ; Duverger, « Contribution à l'Étude de la Légitimité des Gouvernements de Fait », *Revue du Droit Public...,* LX, I (janvier-mars 1945) ; Duverger, *Manuel de droit constitutionnel et science politique* (Paris, 1948) ; Maximilien Koessler, « Vichy's Sham Constitutionality », *American Political Science Review,* XXXIX, 1 (février 1945) ; J. Laferrière, *Le Nouveau gouvernement de la France* (Paris, 1942) et *Manuel de droit constitutionnel,* 2e éd. (Paris, 1947) ; Maurice Prélot, *Précis de droit constitutionnel* (Paris, 1950) ; Joseph Vialatoux, *Le Problème de la légitimité du pouvoir : Vichy ou de Gaulle* (Paris, 1945) ; M. Waline, *Manuel élémentaire de droit administratif* (Paris, 1946).

La pensée de la Résistance s'est incarnée dans la presse clandestine, dont la plus grande partie est conservée dans la collection de la Bibliothèque Nationale ; ses richesses sont détaillées dans le *Catalogue des périodiques clandestins diffusés en France de 1939 à 1945* (Paris, 1954) de la bibliothèque. On a réimprimé quelques journaux : *Les Cahiers* [de l'Organisation Civile et Militaire] dans les *Chroniques de la Résistance,* de Maxime Blocq-Mascart (Paris, 1945) ; *Défense de la France,* dans *Le Journal « Défense de la France »,* de Marie Granet (éd.) (Paris, 1961) ; *Les Lettres Françaises* dans *L'Al-*

bum des Lettres françaises clandestines, de Georges Adam (Paris, 1947) ; et *Bir-Hakeim* (quelque peu expurgé) dans *Quatre ans de Résistance à l'intérieur : Toute la vérité sur le journal clandestin gaulliste Bir-Hakeim,* d'André Jacquelin (Paris, 1945). Claude Bellanger a fait un tableau général de la presse de la Résistance dans *Presse Clandestine : 1940-1944* (Paris, 1961) ; voir aussi l'Introduction du *Catalogue* de la Bibliothèque Nationale, de R. et P. Roux-Fouillet. Henri Michel et Boris Mirkine-Guetzévitch ont fait ensemble une anthologie qui illumine *Les Idées politiques et sociales de la Résistance* (Paris, 1954). Enfin il y a l'ouvrage riche et pénétrant d'Henri Michel, *Les Courants de pensée de la Résistance* (Paris, 1962), qui étudie la pensée de toutes les sections de la Résistance sur des sujets divers.

III

Pour ce qui est du contexte des débarquements alliés en Afrique du Nord, voir la défense de la politique américaine qu'écrivit William L. Langer : *Our Vichy Gamble* (New York, 1947). Pour les aspects militaires, il y a *Northwest Africa : Seizing the Initiative in the West,* de George F. Howe (Washington, 1957), un volume des séries officielles, « United States Army in World War II ». Beaucoup des participants des événements de novembre 1942 ont publié leurs mémoires. Pour le côté français, voir *Un seul but la victoire,* d'Henri Giraud (Paris, 1949), qui révèle son incapacité politique ; les *Mémoires* auto-justificatrices d'Alphonse Juin, vol. I (Paris, 1959) ; « Crusoe » [Jacques Lemaigre-Dubreuil], *Vicissitudes d'une victoire : 1940-1943* (Paris, 1946). Parmi les auteurs de mémoires américains, on compte Harry C. Butcher, *My Three Years with Eisenhower* (New York, 1946), une vision perspicace et interne ; Mark W. Clark, *Calculated Risk,* (New York, 1950) ; Dwight D. Eisenhower, *Crusade in Europe* (New York, 1948). *Diplomat Among Warriors,* (New York, 1964) de Robert Murphy, en révèle peut-être davantage qu'il ne le pense sur les préjugés de l'auteur ; *Adventure in Diplomacy,* de Kennath Pendar (New York, 1946) est un méprisable ouvrage antigaulliste écrit par l'un des brillants sujets de Murphy. Parmi les études secondaires les plus importantes on trouve celle de Albert Kammerer, « Du Débarquement africain au meurtre de Darlan » (Paris, 1949) ; « Le général Juin et le Débarquement en A.F.N. », du général Schmitt, R.H.D.G.M., N° 44 (octobre 1961), est une considération très critique des propres souvenirs sélectifs de son sujet.

L'ouvrage d'Arthur Funk, intitulé trompeusement *Charles de Gaulle : The Crucial Years, 1943-1944* (Norman [Okla.], 1959), est une étude objective, sérieuse et pénétrante de la politique en Afrique du Nord depuis les débarquements alliés jusqu'à la Libération de la France. Yves-Maxime Danan couvre un terrain plus large dans *La Vie politique à Alger de 1940 à 1944* (Paris, 1963), qui comporte de nombreuses données non présentes dans l'œuvre de Funk, mais les préjugés de l'auteur (qui sont aussi les miens) sont parfois gênants. Les *Courants* d'Henri Michel comportent un chapitre sur le « Giraudisme » ; Pour un point de vue intérieur de l'administration de Giraud, voir *Le Piège où nous a pris l'histoire,* de Robert Aron (Paris, 1950). Les mémoires de De Gaulle et Soustelle consacrent de nombreuses pages aux conflits avec Giraud ; intéressant également à cet égard, l'ouvrage du général Georges Catroux, *Dans la bataille de Méditerranée* (Paris, 1949).

Marcel Peyrouton a raconté comment il est passé *Du service public à la prison commune* (Paris, 1950). Les mémoires de Churchill traitent de ce thème, et du côté américain il existe une bonne collection de documents dans *Foreign Relations of the United States, Diplomatic Papers: 1943, vol. II: Europe* (Washington, 1964). Emmanuel d'Astier, du C.F.L.N., commente les conflits avec Churchill sur l'affaire *Sept fois sept jours* (Paris, 1947) et *Les Dieux et les hommes* (Paris, 1952). Il y a une œuvre publiée après sa mort et malhonnête de Pierre Pucheu, *Ma Vie* (Paris, 1958) ; Paul Buttin a fait part de son point de vue d'avocat de la défense sur *Le Procès Pucheu* (Paris, 1948) ; le général Schmitt fait le meilleur récit dans ce qu'il nous dit être *Toute la vérité sur le procès Pucheu par un des juges* (Paris, 1963).

IV

L'étude de René Hostache sur le C.N.R., mentionnée ci-dessus, est indispensable à la connaissance des préparations civiles et militaires de De Gaulle pour la Libération. Le seul ouvrage qui traite de la Libération dans son ensemble est *l'Histoire de la Libération de la France : juin 1944-mai 1945,* de Robert Aron, (Paris, 1959). Il est plein d'observations perspicaces et d'anecdotes pittoresques, ainsi que d'un certain nombre d'erreurs et de déformations graves. Le volume officiel de l'Armée américaine sur le gouvernement militaire comporte bien des éléments intéressants : Harry L. Coles et Albert K. Weinberg, *Civil Affairs: Soldiers become Governors* (Washington, 1964). Pour la Normandie, voir Marcel Baudot, *L'Opinion publique sous l'Occupation : L'Exemple d'un département français (1939-1945)* (Paris, 1960), ainsi que Crane Brinton, « Letters from Liberated France », *French Historical Studies,* II, 1 (printemps 1961). L'*Histoire des Groupes Francs (M.U.R.) des Bouches-du-Rhône de septembre 1943 à la Libération* (Paris, 1962) de Madeleine Baudoin, aide à se faire une idée du déroulement des événements dans le sud de la France. Il n'y est omis aucun compte rendu de terreur, de violence et d'exécutions sommaires. La collection la plus complète de ces récits est parue mensuellement à la fin des années 1940 dans *Écrits de Paris. Rebelles, soldats et citoyens,* d'Yves Farge, (Paris, 1946) raconte les efforts d'un commissaire de la République pour rétablir l'ordre dans la région de Lyon ; on en trouve en complément dans *Un témoin raconte,* de Petrus Faure (Saint-Étienne, 1962). Sur la politique et les activités communistes au moment de la Libération, on trouve des éclaircissements dans *l'Histoire du P.C.F.* (anonyme) et les travaux de Rieber et Lecœur cités plus haut. Parmi les brèves évocations du sujet les mieux informées, il y a « Le Parti communiste depuis 1944 », de Pierre Hervé, dans *Crapouillot,* N° 55 (janvier 1962). Dans *L'Affaire Marty* (Paris, 1955), André Marty se défend lui-même contre l'accusation de blanquisme en 1944.

V

On peut partager la plus grande partie de ce qui a été écrit sur l'épuration en deux catégories. Tout d'abord, on trouve les polémiques du camp de ses victimes. « L'Épuration Administrative » de Jacques Isorni, dans *Défense de l'Occident,* N° 39-40 (janvier-février 1957), résume ce point de vue. Il est plus longuement développé dans la *Requête aux Nations Unies sur les violations des droits de l'homme* proposée par l'Union pour la Restauration et la Défense du Service Public (Paris, 1951) ; l'Association publie aussi un *Bulletin Mensuel.* Il existe également un certain nombre d'études qui discutent le programme du point de vue de la procédure : André Basdevant, « L'Épuration Administrative sous le Contrôle du Conseil d'État » (thèse de droit non publiée, Université de Paris, 1955) ; Robert Foucqueteau, « Épuration Administrative et Répression Disciplinaire » (thèse de droit non publiée, Université de Paris, 1947) ; Elijah Ben-Zion Kaminsky, « An Anti-Subversive Program in the French Public Service: The French Epuration Administration of 1944-53 » (thèse de doctorat en philosophie, Université de Harvard, 1962) ; Georges E. Lavau, « Le Contrôle Juridictionnel de l'Épuration Administrative et Professionnelle » et « De Quelques Principes en Matière d'Épuration Administrative » (*La Semaine Juridique,* 1946, 1re partie, N° 501 et 1947, 1re partie, N° 584 respectivement). Intéressantes également, les remarques sur l'épuration administrative de René Bourdoncle, dans *Fonction publique et liberté d'opinion en droit positif français* (Paris, 1957). Parmi les travaux qui évoquent l'épuration dans les forces armées, on compte ceux de Paul Auphan et Jacques Mordal, *The French Navy in World War II* (Annapolis [Md.], 1959) ; Raoul Girardet (éd.) *La Crise militaire française, 1945-1962 : Aspects sociologiques et idéologiques* (Paris, 1964) ; Paul-Marie de la Gorce, *The French Army: A Military-Political History* (New York, 1963) ; et les *Parades and Politics at Vichy* de Robert Paxton, citées plus haut.

VI

Des travaux déjà cités sont intéressants aussi pour les opinions de la Résistance en ce qui concerne la IIIe République et l'avenir de la politique française (Michel, *Courants,* et Michel et Mirkine-Guetzévich, *Idées politiques) ;* et également pour l'attitude des « quatre-vingts » envers ceux qui avaient voté « non » (Noguères, *Un défi* et Odin, *Quatre-vingts).* Le *Livre d'or des quatre-vingts* (s.l.n.d.) comporte des renseignements utiles sur les carrières d'après-guerre de ceux qui avaient voté « non ». Un certain nombre d'hommes dont l'inéligibilité n'avait pas été suspendue par le Jury d'honneur ont défendu leur cause par des manifestes adressés à leurs anciens électeurs : Fabien Albertin, *A mes véritables juges*

(Marseille, 1946), Georges Boully, *Mémoire à mes juges* (Saint-Valérien [Yonne], 1945) ; Charles Pomaret, *Lettre aux lozériens* (Marseille, 1947). Beaucoup d'inéligibles se joignirent à l'Association des représentants du Peuple de la IIIe République, qui publia un compte rendu de son *Banquet des « Mille » du 14 Mars 1948* (Paris, 1948) et éditait aussi périodiquement une *Lettre aux adhérents.*

En ce qui concerne la scission d'avant-guerre du parti socialiste et de ses liens avec le comportement de celui-ci pendant la guerre, voir l'étude détaillée et érudite de Georges Lefranc, *Le Mouvement socialiste sous la IIIe République : 1875-1940* (Paris, 1963), et Daniel Ligou, *Histoire du socialisme en France : 1871-1961* (Paris, 1962), qui couvre davantage de terrain. Il existe trois écrits sur la S.F.I.O pendant les années de guerre, tous de dirigeants du Parti de l'après-guerre : Jules Moch, *Le Parti socialiste au peuple de France* (Paris, 1945) ; Jean-Pierre Bloch, *Mes jours heureux* (Paris, 1946) ; Robert Verdier, *La Vie clandestine du Parti socialiste* (Paris, 1944). Parmi les apologies de socialistes exclus on compte *Expliquons-nous,* d'André Février (Malakoff, 1946), et *N'oubliez pas trop,* de Sabinius Valière et Marcel Vardelle, (Limoges, 1949). *Le Socialiste* était l'organe officiel du Parti Socialiste Démocratique, fauriste et éphémère (« vieux Parti Socialiste S.F.I.O. »). Le seul écrit des Radicaux pendant la guerre est le pamphlet officiel du Parti, *Patrie et liberté : Le Parti Radical-Socialiste* pendant la Résistance (s.l.n.d.). Pour les communistes, voir les divers ouvrages déjà cités.

Paul Marabuto a écrit un excellent manuel sur les partis aux lendemains de la Libération, *Les Partis politiques et les mouvements sociaux sous la IVe République* (Paris, 1948). Les premières élections nationales après la guerre sont traitées de façon détaillée par Raoul Husson dans *Élections et référendums des 21 octobre 1945, 5 mai et 2 juin 1946* (Paris, 1946) ; voir aussi *Année Politique,* 1944-45. On trouve des tableaux qui comparent la puissance des partis avant et après la guerre dans *l'Encyclopédie politique de la France et du monde,* 2e éd., (Paris, 1950). Sur l'ampleur de la révolution politique, l'étude la plus révélatrice est de loin celle de Mattei Dogan, « Political Ascent in a Class Society: French Deputies, 1870-1958 » dans *Political Décision Makers,* de Dwaine Marvick (éd.) (Glencoe [Ill.], 1961).

VII

Les nationalisations (punitives et autres) sont commentées par Mario Einaudi *et al., Nationalizations in France and Italy* (Ithaca (Ithaca [N.Y], 1955) ; Harold A. Fletcher, « The Nationalization Debate in France : 1942-1946 » (thèse de doctorat en philosophie non publiée, Université de Harvard, 1957) ; L. Julliot de la Morandière et M. Bye, *Les Nationalisations en France et à l'étranger* (Paris, 1948), vol. I. Le programme avorté pour la confiscation des bénéfices illicites est discuté d'un point de vue légal et de procédure par Gilbert Bevin, dans « Le Commerce avec l'Ennemi et l'Ordonnance du 29 mars 1945 », *La Semaine Juridique,* 1946, 1re partie, N° 546 ; Georges Capdeville et Jean Nicolay, *La Confiscation des profits illicites résultant du commerce avec l'ennemi ou de violation de la réglementation économique* (Paris, 1945) ; Jean Castagnez, *Les Profits illicites : Leur confiscation* (Paris, 1946) ; Maxime Chrétien, « La Confiscation des Profits Illicites », *La Semaine Juridique,* 1945, 1re partie, N° 458 et 463 ; Pierre H. Doublet, *Commerce avec l'ennemi pendant l'occupation ; épuration des entreprises : Commentaires suivis des ordonnances du 29 mars 1945 et des textes antérieurs* (Paris, 1945) ; René Floriot, *Les Profits illicites et la confiscation* (Paris, 1945).

Le monde de la presse de la France occupée est disséqué par Jean Quéval, dans *Première page, cinquième colonne* (Paris, 1945) ; « La Presse Autorisée sous l'Occupation Allemande : 1940-1944 ». Notes Documentaires et Études, N° 218 (14 janvier 1946) ; et l'ouvrage de Cotta cité plus haut. L'organisation des débats clandestins au sujet de la presse est traitée dans les études déjà mentionnées de Bellanger et Hostache. Voir aussi le manifeste clandestin de la Fédération Nationale de la Presse Clandestine, *Pour une presse patriote, honnête et libre* (s.l.n.d. [début 1944]). Dans *Le Vent souffle sur l'histoire* (Paris, 1949), Jean Pierre-Bloch donne quelques informations sur l'arrivée de la Libération. *L'Histoire politique de la presse : 1944-1949,* de Jean Mottin, bien documentée et fiable, est de loin le meilleur exposé sur la controverse concernant la presse (Paris, 1949). *Quatre ans d'histoire de la presse française : 1944-1947,* de Noël Jacquemart (Paris, 1948), est un ouvrage très critique sur la révolution de la presse, mais ses restrictions néanmoins semblent bien minces par rapport à l'invective de Claude Hisard dans son *Histoire de la spoliation de la presse française* (Paris, 1955). L'inquiétude continuelle de la Fédération Nationale de la Presse Française à propos du statut de la presse nouvelle se reflète dans son mensuel, *La Presse Française,* et dans des pamphlets tels que *La Presse de Pétain va-t-elle chasser la presse de la Résistance ?* (Paris, s.d.). Les divers imbroglios légaux qui entourent la loi du 11 mai 1946 sont évoqués en détail par Gérard Lyon-Caen, *L'Application de la loi du 11 mai 1946 sur la dévolution des biens des entreprises de presse* (Paris, 1950) ; Marguerite Richard, « La Société Nationale des Entreprises de Presse » (Thèse de droit non publiée, Université de Paris, 1959) ; Pierre Terrou, « Le Statut Juridique de l'Entreprise de Presse en France », *Études de Presse,* N° 8 (hiver 1953). Jacques Kayser fait une synthèse de la presse française d'après-guerre sous divers angles dans *Le Quotidien français* (Paris, 1963).

Tout ce qui peut être intéressant concernant l'épuration des écrivains est mentionné en notes, au bas du texte. Les *Tribulations de l'espérance,* de Georges Duhamel (Paris, 1947) et ses *Éclaircissements* (s.l., 1947) ainsi que *Quarante ans chez les quarante,* de Henri Bordeaux (Paris, 1959), ont éclairé l'attitude de l'Académie française vis-à-vis de ceux de ses membres qui s'étaient « compromis ». L'étude anonyme [Anne Siegfried ?] « Les Élections à l'Académie française : Analyse d'un Scrutin significatif, l'Échec de M. Paul Morand », *Revue Française de Science Politique,* VIII, 3 (septembre 1958), est intéressant également. Le rôle de l'Église sous Vichy est encore un sujet de querelle. Pour l'accusation, voir *L'Église a-t-elle collaboré ?* (Paris, 1946) et *L'Église et Pétain* (s.l.n.d.) de Jean Cotereau ; pour la défense, Mgr Émile Guerry, *Le Rôle de l'épiscopat français sous l'occupation allemande* (Lille, 1945) et *L'Église catholique en France sous l'occupation* (Paris, 1947). Sur la révocation des évêques, le meilleur ouvrage et de loin, est celui d'André Latreille, conseiller auprès du ministère de l'Intérieur pour les affaires religieuses au début de 1945 : « Les Débuts de Mgr Roncalli à la Nonciature de Paris : Souvenirs d'un Témoin, décembre 1944-août 1945 », *Revue de Paris,* août 1963.

Les deux meilleurs écrits concernant cette période critique de l'histoire du mouvement ouvrier français sont ceux de Georges Lefranc (lui-même un « épuré »), *Les expériences syndicales en France de 1939 à 1950* (Paris, 1950), et de Henry W. Ehrmann, *French Labor from Popular Front to Liberation* (New York, 1947). Ils peuvent être complétés par l'*Histoire du travail en France : Mouvement ouvrier et législation sociale,* d'Édouard Dolléans et Gérard Dehove (Paris, 1953-55) ; *The French Labor Movement,* de Val. R. Lorwin, (Cambridge [Mass.], 1954). La longue déposition de René Belin dans *Les Événements survenus en France,* ainsi que l'étude du P.C.F. de Rieber et la thèse de Kaminsky (toutes citées plus haut) ne sont pas à négliger. *La Révolution Prolétarienne* comportait de nombreux articles sur l'épuration des syndicats dans les années qui suivirent la Libération. On peut suivre également dans *La Revue Syndicale* ce qu'il est advenu des bélinistes exclus et leurs activités, car c'est en quelque sorte leur journal de bord.

Certains acteurs de théâtre célèbres touchés par l'épuration évoquent leur expérience dans des mémoires : Sacha Guitry, *Quatre ans d'occupation* (Paris, 1947) et *Soixante jours de prison* (Paris, 1949) ; Maurice Chevalier, *With Love,* (Boston, 1960) ; Corinne Luchaire, *Ma drôle de vie* (Paris, 1949).

VIII

Les modifications d'avant-guerre des Codes pénaux français en ce qui concerne la trahison sont exposés dans « Wartime Collaborators : A Comparative Study of the Effect of their Trials on the Treason Law of Great Britain, Switzerland and France », *Yale Law Journal,* LVI, 7 (août 1947). Jacques Charpentier, qui était à la tête du barreau de Paris, raconte certaines des discussions clandestines qui ont précédé l'instauration des cours spéciales dans *Au service de la liberté* (Paris, 1949). On trouve les commentaires sans doute les plus judicieux et les plus pertinents sur la nouvelle législation dans *Code pénal annoté* d'Émile Garçon, 3 vol. (Paris, 1952-59). Voir aussi René Floriot, *La Répression des faits de collaboration* (Paris, 1945), et Pierre H. Doublet, *La Collaboration, l'épuration, la confiscation, les réparations aux victimes de l'occupation : Exposé et commentaire suivis des principales ordonnances* (Paris, 1945). Sur les cours de justice, voir aussi Albert Colombini, « Les Cours de Justice : Commentaire de l'Ordonnance du 28 novembre 1944 », *Les Lois Nouvelles,*

N° 3 (5-15-25 mars 1945), 1re partie, et N° 5 (5-15-25 mai), 1re partie ; René Vigo, « Les Cours de Justice » (thèse de droit non publiée, Université de Paris, 1950). Sur un autre aspect du programme judiciaire du Gouvernement, voir Henri Faucher, « L'Indignité Nationale » *La Semaine Juridique*, 1945, 1re partie, N° 454 ; Germaine Fauvet, « L'Indignité Nationale » (thèse de droit non publiée, Université de Paris, 1947). Raymond Lindon raconte l'histoire des « Hautes Cours » dans *La Haute Cour de justice en France* (Paris, 1945) et dans le *Bulletin Hebdomadaire d'Informations Judiciaires,* N° 3 (28 avril 1945). Celle qui nous intéresse est évoquée du point de vue de l'organisation et de la procédure par Louis Noguères, *La Haute Cour de la Libération : 1944-1949* (Paris, 1965). Pour une attaque systématique de la nouvelle législation et des nouvelles institutions, voir Louis Rougier, « La France est-elle un État de Droit », *Écrits de Paris,* février 1950.

IX

Les minutes de nombreux procès ont été publiées, en général sous une forme quelque peu abrégée. Un certain nombre sont parues dans une série publiée par Maurice Garçon : *Le Procès du maréchal Pétain,* 2 vol. (Paris, 1945) ; *Le Procès Laval* (Paris, 1946) ; *Le Procès de Charles Maurras* (Paris, 1946) ; *Les Procès de collaboration : Fernand de Brinon, Joseph Darnand, Jean Luchaire* (Paris, 1948) ; *Les Procès de la Radio : Ferdonnet et Jean Hérold-Paquis* (Paris, 1947). Parmi les autres procès publiés on compte : Jean-Louis Aujol, *Le Procès Benoist-Méchin* (Paris, 1948) ; Jacques Isorni, *Le Procès Robert Brasillach* (Paris, 1946) ; Maurice Ribet, *Le Procès Georges Claude* (Paris, 1946) ; Geo London, *L'Amiral Estéva et le général Dentz devant la Haute Cour de justice* (Lyon, 1945) ; *Le Procès Flandin devant la Haute Cour de justice* (Paris, 1947) ; Robert Dufourg, *Adrien Marquet devant la Haute Cour* (Paris, 1948). On peut trouver des manuscrits d'autres procès à la Bibliothèque Nationale et à la B.D.I.C.

Jacques Isorni, principal avocat de la défense au procès de Pétain, a écrit sur ce jugement *Je suis avocat* (Paris, 1950), *Souffrance et mort du maréchal Pétain* (Paris, 1951), et *Témoignage sur un temps passé* (Paris, 1953). Voir aussi Jean Schlumberger, *Le Procès Pétain* (Paris, 1949), pour les commentaires perspicaces d'un spectateur. Les trois avocats de Laval ont écrit sur son procès : Jacques Baraduc, *Dans la cellule de Laval* (Paris, 1948) ; Yves-Frédéric Jaffre, *Les Derniers propos de Pierre Laval* (Paris, 1953) ; et Albert Naud, *Pourquoi je n'ai pas défendu Pierre Laval* (Paris, 1948). Simone de Beauvoir commente le procès dans « Œil pour Œil », *Les Temps Modernes,* I, 5 (février 1946).

Les volumes de *L'Année Politique* pour 1944-45 et 1946 sont indispensables sur le sujet de la vie politique à la période de la Libération. Les meilleurs travaux sont ceux de Dorothy Pickles, *France Between the Republics* (Londres, 1946) ; Gordon Wright, *The Reshaping of French Democracy* (New York, 1948) ; et André Siegfried, *De la IIIe à la IVe République* (Paris, 1956). Pour les communistes, voir les œuvres citées plus haut ; B.D. Graham évoque *The French Socialists and Tripartisme : 1944-1947* (Londres, 1965) ; Francis de Tarr analyse *The French Radical Party from Herriot to Mendès France* (Londres, 1960).

X

Les clauses des amnisties successives sont commentées dans « Présentation méthodique des principales dispositions de la Loi d'amnistie du 16 août 1947 », de Jean-René Bricaut, dans *La Semaine Juridique,* 1948, 1re partie, N° 681 ; Henri Faucher, « Amnistie et Collaboration avec l'Ennemi (Loi du 16 août 1947) », *La Semaine Juridique,* 1947, 1re partie, N° 658 ; Albert Colombini, « La Loi du 5 janvier 1951 portant Amnistie et modifiant les effets de la dégradation nationale », *Les Lois Nouvelles,* 1951, N° 6 (20 mars-5 avril), 1re partie ; René Tunc, « L'Amnistie, la Collaboration et les activités antinationales (Commentaire de la Loi du 5 janvier 1951) », *La Semaine Juridique,* 1951, 1re partie, N° 904 ; Jean Copper-Royer, *L'Amnistie, loi du 6 août 1953* (Paris, 1954) ; René Tunc, « La Loi d'Amnistie du 6 août 1953 », *La Semaine Juridique,* 1953, 1re partie, N° 1123. On trouve des remarques intéressantes sur l'atmosphère politique lors du passage de ces lois dans *Political Justice: The Use of Legal Procedure for Political Ends,* d'Otto Kirchheimer, (Princeton [N.J.], 1961).

Index des principaux noms cités

Table des matières

L'impression de ce livre
a été réalisée sur les presses
des Imprimeries Aubin
à Poitiers/Ligugé

pour les Éditions Balland

Achevé d'imprimer en mars 1985
N° d'impression, L 19837
Dépôt légal, mars 1985

Composition APS

ISBN 2.7158.0516.0
F 2 6532

Imprimé en France